Public Administration and
Public Management Classics

ACADEMIC FRONTIERS SERIES

ACADEMIC FRONTIERS SERIES 公共行政与公共管理经典译丛

学术前沿系列 Public Administration and Public Management Classics

“十二五”国家重点图书出版规划项目

公共行政的精神

（中文修订版）

[美] H·乔治·弗雷德里克森 著
（H. George Frederickson）

张成福 刘 霞
张 璋 孟庆存 译

张成福 校

The Spirit of Public Administration

中国人民大学出版社
·北京·

《公共行政与公共管理经典译丛》
总　　序

在当今社会，政府行政体系与市场体系成为控制社会、影响社会的最大的两股力量。理论研究和实践经验表明，政府公共行政与公共管理体系在创造和提升国家竞争优势方面具有不可替代的作用。一个民主的、负责任的、有能力的、高效率的、透明的政府行政管理体系，无论是对经济的发展还是对整个社会的可持续发展都是不可缺少的。

公共行政与公共管理作为一门学科，诞生于20世纪初发达的资本主义国家，现已有上百年的历史。在中国，公共行政与公共管理仍是一个正在发展中的新兴学科。公共行政和公共管理的教育也处在探索和发展阶段。因此，广大教师、学生、公务员急需贴近实践、具有实际操作性、能系统培养学生思考和解决实际问题能力的教材。我国公共行政与公共管理科学研究和教育的发展与繁荣，固然取决于多方面的努力，但一个重要的方面在于我们要以开放的态度，了解、研究、学习和借鉴国外发达国家研究和实践的成果；另一方面，我国正在进行大规模的政府行政改革，致力于建立与社会主义市场经济相适应的公共行政与公共管理体制，这同样需要了解、学习和借鉴发达国家在公共行政与公共管理方面的经验和教训。因此无论从我国公共行政与公共管理的教育发展和学科建设的需要，还是从我国政府改革的实践层面，全面系统地引进公共行政与公共管理经典著作都是时代赋予我们的职责。

出于上述几方面的考虑，我们组织翻译出版了这套《公共行政与公共管理经典译丛》。为了较为全面、系统地反映当代公共行政与公共管理理论与实践的发展，本套丛书分为六个系列：(1) 经典教材系列。引进这一系列图书的主要目的是适应国内公共行政与公共管理教育对教学参考及资料的需求。这个系列所选教材，内容全面系统、简明通俗，涵盖了公共行政与公共管理的主要知识领域，涉及公共行政与公共管理的一般理论、公共组织理论与管理、公共政策、公共财政与预算、公共部门人力资源管理、公共行政的伦理学等。这些教材都是国外大学通用的公共行政与公共管理教科书，多次再版，其作者皆为该领域最著名的教授，他们在自己的研究领域多次获奖，享有极高的声誉。(2) 公共管理实务系列。这一系列图书主要是针对实践中的公共管理者，目的是使公共管理者了解国外公共管理的知识、技术、方法，提高管理的能力和水平，内容涉及如何成为一个有效的公共管理者、如何开发管理技能、政府全面质量管理、政府标杆管理、绩效管理等。(3) 政府治理与改革系列。自20世纪80年代以来，世界各国均开展了大规模的政府再造运动，政府再造或改革成为公共行政与公共管理的热点和核心问题。这一系列选择了在这一领域极具影响的专家的著作，这些著作分析了政府再造的战略，向人们展示了政府治理的前景。(4) 学术前沿系列。这一系列选择了当代公共行政与公共管理领域有影响的学术流派，如新公共行政、批判主义的行政学、后现代行政学、公共行政的民主理论学派等的著作，以期国内公共行政与公共管理专业领域的学者和学生了解公共行政理论研究的最新发展。(5) 案例系列。这一系列精心选择了公共管理各领域，如公共部门人力资源管理、组织发展、非营利组织管理等领域的案例教材，旨在为国内公共管理学科的案例教学提供参考。(6) 学术经典系列。这一系列所选图书包括伍德罗·威尔逊、弗兰克·约翰逊·古德诺、伦纳德·怀特、赫伯特·A·西蒙、查尔斯·E·林德布洛姆等人的代表作，这些著作在公共行政学的发展历程中有着极其重要的影响，可以称得上是公共行政学发展的风向标。

总的来看，这套译丛体现了以下特点：(1) 系统性。基本上涵盖了公共行政与公共管理的主要领域。(2) 权威性。所选著作均是国外公共行政与公共管理的大师，或极具影响力的作者的著作。(3) 前沿性。反映了公共行政与公共管理研究领域最新的理论和学术主张。

在半个多世纪以前，公共行政大师罗伯特·达尔（Robert Dahl）在《行政学的三个问题》中曾这样讲道："从某一个国家的行政环境归纳出来的概论，不能够立刻予以普遍化，或被应用到另一个不同环境的行政管理上去。一个理论是否适用于另一个不同的场合，必须先把那个特殊场合加以研究之后才可以判定"。的确，在公共行政与公共管理领域，事实上并不存在放之四海而皆准的行政准则。按照建设有中国特色的社会主义的要求，立足于对中国特殊行政生态的了解，以开放的思想对待国际的经验，通过比较、鉴别、有选择的吸收，发展中国自己的公共行政与公共管理理论，并积极致力于实践，探索具有中国特色的公共行政体制及公共管理模式，是中国公共行政与公共管理发展的现实选择。

本套译丛于1999年底由中国人民大学出版社开始策划和组织出版工作，并成立了由该领域很多专家、学者组成的编辑委员会。中国人民大学政府管理与改革研究中心、国务院发展研究中心东方公共管理综合研究所给予了大力的支持和帮助。我国的一些留美学者和国内外有关方面的专家教授参与了原著的推荐工作。中国人民大学、北京大学、清华大学、厦门大学等许多该领域的中青年专家学者参与了本套译丛的翻译工作。在此，谨向他们表示敬意和衷心的感谢。

《公共行政与公共管理经典译丛》编辑委员会

译者前言

20世纪60年代，在整个世界范围内，充满着动荡和变革的压力。公共行政，作为一门回应和解决社会公共问题的科学，也在孕育着新的变革，回应新的挑战。在当时，人们对公共行政提出了许多的批评，如：回避时代的主要问题；在建构新的观念和理论方面无所作为；充塞在公共行政领域的是60年代之前的观念、概念和理论；对于社会和组织的变革关注不够；过分信赖专业化和组织的能力，对于官僚体制的运作缺乏反思；对于公民的需要和要求以及政治的回应性关注不够；对于政府和行政的作用盲目乐观。

1968年，在公共行政学大师沃尔多（D. Waldo）的倡导下①，一帮年轻的公共行政学者聚集在美国雪城大学的明诺布鲁克会议中心（Minnowbrook Conference Center，Syracuse University），彻底反思传统的公共行政，探讨公共行政所面临的时代挑战和问题，研究公共行政未来发展的方向和远景。这次会议，标志着新公共行政理论和学派的诞生。

在这次会议中所发表的论文和评论，都收集在马芮尼（F. Marini）所编的《走向新公共行政：明诺布鲁克的观点》一书

① 沃尔多教授当时发现，主导公共行政话语霸权者主要是年长的人，而年轻学者鲜有发表主张的机会，公共行政的研究出现了“代沟”，而公共行政研究的未来取决于年轻的一代。出于这种历史的责任感，沃尔多教授组织了这次以年轻学者为主的会议。沃尔多教授的风范由此可见一斑。

中。新公共行政的主要特征为①：

主张入世的公共行政。传统的公共行政建立在技术理性的基础之上，这种做法局限了行政的视野和活力，导致公共行政成为盲动的理论。因此，公共行政应重视规范反思的作用，并执著于基本价值的考虑。公共行政的研究应该走出象牙塔，研究动荡时代的效果问题，研究社会所面临的问题，研究公共行政的实践者所面临的问题。

采用后逻辑实证主义。传统的公共行政的方法论乃是逻辑实证主义（positivism），重视的是经验理论（empirically-based theory）的建构，主张价值中立（value-free）的公共行政。新公共行政重视价值在公共行政研究过程中的作用，重视规范性的判断与反思。当然，新公共行政并不否定逻辑实证主义，而是主张运用其科学与分析的技术，从而有助于分析、试验和评估公共政策。

适应动荡的环境。新公共行政学者认为，变革乃是公共行政的重要特征之一。因此，新公共行政应该修正传统公共行政的那种遗世而孤立、忽视环境影响的理论观点。新公共行政要面对动态的社会、政治环境，并在此基础上重新调整公共组织的形态和运作模式，建立有机式的、动态式的公共行政。

发展新型的组织形态。基于入世、对抗和动荡环境的考虑，传统的官僚组织无法适应时代的需要，公共行政必须发展新型的组织形态。为此，行政学者可哈特曾提出协和式组织模式（consociated model）②。

建立受益者导向的公共行政。新公共行政认为，公共行政的合法性是建立在满足受益者的需求和利益的基础之上的。公共行政要关注公共利益的实现，更要关注少数族群和弱势群体的利益。公共行政要关注和致力于实现社会的公平和正义。

根据弗雷德里克森教授和马丙尼教授的回顾③，新公共行政的历史性影响在于：公共行政的研究重点从传统的重视机关的管理转移到政策的议题和政策的建议；公共行政从单纯地强调效率和经济，到强调社会的公正；公共行政从价值的中立到思考公共行政的价值和信仰问题；政府的伦理、诚信、责任问题成为公共行政强调的重点；变革而非成长成为公共行政重要的理论问题；有效率的公共行政是在主动与参与的公民意识的系络中加以界定的；理性模型的正确性和官僚模型的有用性，受到质疑和批判；虽然多元主义长期以来被人们用于解释公共权力的运作，并视为有效的制度设计，但它已经无法成为公共行政实践的标准。很显然，从历史发展的视野来看，新公共行政无疑是公共行政历史发展上的一个里程碑，任何研究和了解公共行政历史发展的学者都不应否认其价值。

在新公共行政发展的历程中，弗雷德里克森教授一直起着核心的作用。在我看来，如果说沃尔多教授是新公共行政的倡导者和领航者，那么弗雷德里克森教授就

---

① 详细内容可参阅 F. Marini（ed.），*Toward a New Public Administration*，1971，New York：Chandler。

② 详细内容可参阅 L. Kirkhart，"Toward a Theory of Public Administration，" in F. Marini（ed.），*Toward a New Public Administration*，1971，New York：Chandler，pp. 127－163。

③ 详细内容可参阅 H. George Frederickson and F. Marini，"New Public Administration，" in J. M. Shafritz（ed.），*International Encyclopedia of Public Administration and Policy*，Westview Press，1998，pp. 1801－1805。

是新公共行政运动的先锋者，甚至于一直在扮演旗手的角色。在 1968 年的会议上，他发表了《走向新公共行政》一文，在这篇论文中，他首次把“社会公平”的价值引入公共行政。他对建立在逻辑实证主义基础上的公共行政进行了批评，他认为，传统的或者古典的公共行政追求下面两个问题的答案：我们如何以现有的资源提供更多更好的服务（效率）？我们如何以花费最少来维持服务的水准（经济）？新公共行政加上另外一个问题：这种服务能够促进社会公平吗？社会公平价值的提出，在某种程度上保证着公共行政典范的变化。

1980 年，弗雷德里克森总结了自己数十年对公共行政的思考，出版了《新公共行政》（*New Public Administration*）[①] 一书。在这本被誉为新公共行政的扛鼎之作中，他系统地阐述了新公共行政的理念和主张。传统的公共行政把有效率地、经济地、协调地管理公共事务作为其目标；而公共行政存在的正当理由在于更好的管理。在他看来，这种界定和理念是不准确和不完善的，公共行政应该把社会公平作为自己的核心价值。

在他看来，社会公平是一个包含着一套价值偏好、组织设计偏好和管理风格偏好的词汇。社会公平强调政府服务的公平性；社会公平强调公共管理者的决策责任和项目执行的责任；社会公平强调公共管理的变革；社会公平强调公共行政要回应公民的需要而不是公共组织本身的需要；社会公平强调公共行政的研究、教育应该体现多学科的、应用的和解决问题的特质。[②]

除了强调社会公平之外，弗氏所积极主张的新公共行政还有其他重要之处。第一，他抛弃了传统公共行政的政治—行政二分法，认为公共管理者并非是中立的，公共管理者既要信奉并致力于实现良好管理的价值，也要信奉和致力于实现社会公平的价值。第二，公共行政要积极致力于社会的变革，要试图消除那些阻碍实现社会公平的政策和结构。第三，公共行政要支持建立取代传统官僚组织的新型组织形态，分权化、分散化、责任的扩大、对抗、顾客参与等等都是这种新型组织的要素特征。第四，新公共行政主张强有力的政府。公共管理者不仅要有效率地执行立法机关的指令，而且要影响和执行那些旨在改善全体人民生活质量的政策。第五，新公共行政主张参与的行政，这种参与既包括政府雇员的参与，也包括公民对公共事务的参与。第六，新公共行政的方法论是后逻辑实证主义，或者是后行为主义（post-behavioralism）。与实证主义和行为主义不同，新公共行政强调公共行政的“公共性”。新公共行政的主张者不是反实证主义者或者反科学主义者，在他看来，科学理性乃是实现更高目的的手段，也是十分重要的。

自从弗氏的《新公共行政》出版以来，公共行政的发展无不受其著述和思想的影响。自此以后，弗雷德里克森教授一直以入世的精神、批评的精神和人文主义的精神关注着公共行政领域的一切变化和发展，发表了一系列有影响力的经典论文和

---

① 该书简体中文版译本已正式出版：H·乔治·弗雷德里克森：《新公共行政》，北京，中国人民大学出版社，2011。

② 可参阅 H. George Frederickson, *New Public Administration*, University of Alabama Press, 1980, pp. 1-12。

著作，如《公共行政与社会公平》(1989)、《走向公共行政的公共理论》(1989)、《新公共行政与政府再造运动之比较》(1997)、《公共行政的精神》(1997) 等。

从 20 世纪 80 年代起，新公共管理理论成为一种时髦的理论，企业型政府也大行其道。弗氏再次从诠释理论和批评理论的立场出发，对新公共管理和企业型政府提出了批判。在他看来，用企业型政府的方法解决政府出现的问题根本是牛头不对马嘴，并不是解决政府问题的良法，因为：以节省经费来达成良好政府的承诺是简单的和误导的；政府不是市场，市场已经造成了大量的社会问题，必须停止把政府视为市场的错误思考方式；公民不是顾客，是主人，顾客至上的政府再造运动摧毁了公民神圣的观念；政府的真正问题在于权力和政治，而不能归罪于政府公务员；民营化、市场化和放松管制会导致更大的腐败。因此，他认为政府问题的解决之道在于更多的政府，而不是更少的政府①。

1997 年，弗雷德里克森教授发表《新公共行政与政府再造运动之比较》一文，对新公共管理主义进行了深刻的批判，认为所谓的新公共管理只不过是新瓶装旧酒。他分析了二者的异同：

关于变革的观念。新公共行政和新公共管理都主张变革，但变革的观念和主张不同。新公共行政主张变革的理由是：过分信任官僚体制的专业知识和组织能力，但没有质疑官僚体制的运作能力；主张追求适应性变革，适应动荡的环境；官僚体系对公民的要求缺乏回应；过分信赖官僚体系的所作所为。而新公共管理主张变革的理由是：官僚体系已经瓦解；主张创新和企业家行为；强调对顾客授予权能；把官僚服务转变为个人授能。

关于相关性、回应性和授能。新公共行政和新公共管理都强调回应性、相关性和授能的价值，但是，新公共行政回应和授能的对象是公民，而新公共管理回应和授能的对象则是顾客；新公共行政致力于公平与有效的公共服务，重视公共行政的伦理，特别是人道主义和社会公平的伦理，但在新公共管理那里，公共服务是空洞的。

关于理性的理论。二者都认为政府的理性角色应该是掌舵者而不是划桨者，但新公共行政所主张的理性是“折中理性”(buffered rationality)，而新公共管理所主张的理性是“工具理性”；新公共行政不强调政治与行政的分离，而新公共管理则主张分离；新公共行政强调政府的导航功能，未来的方向是“公民社会”，而新公共管理虽然强调导航的功能，但未来导航的方向则是更大的生产力；新公共行政是把政治与行政结合起来的治理理性，而新公共管理则是把政治从行政中分离出来的治理理性。

组织设计。二者都强调组织设计的分权化、扁平化、公私伙伴关系等，但是，新公共行政采取的是制度论的观点，主张服务的提供和更多的管理，而新公共管理则采取解构制度的观点，重视诱因结构、契约监督和管理创新的发展。

管理与领导的理论。二者都强调民主与参与的领导与管理，但是新公共行政主

① 参阅 H. George Frederickson，“Painting Bull's Eyes Around Bullet Holes,” *Governing*，December 1992。

张授权团队，主张政府工作的中心由政府内部转向外部关系，主张公平与正义的公共行政；而新公共管理则主张权力下放到员工，主张企业型政府，主张效率与效果的公共服务。

认识论、方法论与价值议题问题。二者在价值议题方面都十分重视更佳的、更创新的、更具创造力的或者更敏感的管理，都重视组织结构与设计的重要性。但是，在认识论和方法论方面，新公共行政基本上是反实证主义的，是反行为主义的，在价值议题上，关注的是政治、民主政府、多数统治与利益团体等政治性议题；而新公共管理不重视认识论和方法论问题，在价值议题方面，也不关心政治议题，关心的是与政治无关的管理议题。

笔者主持翻译的弗雷德里克森的著作《公共行政的精神》，是他继《新公共行政》之后，在新的历史环境和条件下，进一步阐述公共行政重大理论和现实问题的著作。正如作者本人所说的那样，《公共行政的精神》一书涉及了当代公共行政所面临的一些亟待解决的问题，如如何有效和公平地管理的问题，但是，它更关注的是当代公共行政领域内所面临的重大问题，即**公共行政的信念、价值和习惯问题**。这些问题包括：如何界定公共行政的公共性？如何在民主政治的背景和框架内实现有效率的公共行政？如何平衡效率、经济和公平的价值？如何实现符合伦理要求的公共行政？为什么公民精神对公共行政是至关重要的？

《公共行政的精神》一书的微言大义，核心体现在作者所阐述的公共行政的新原理之中，这些新原理包括：

(1) 公共行政的前辈们明智地选择"公共行政"而非"政府行政"一词来表明这一领域的性质。公共行政包括国家的活动，的确也根植于国家。但是，其范围更广，并且应该更广，还包括集体的公共行为的行政或执行层面的各种形式及表现。

(2) 公共行政的任务在于高效、经济及公平地组织和管理所有具有公共性质的（包括政府、准政府的及非政府）机构。

(3) 公共行政的范围是执行公共政策，有效地组织与管理公共机构，不带任何党派偏私地支持公共机构，为了全体公民的利益而维护政体的价值。

(4) 公共行政，无论在学术研究方面，还是在实践的领域，均应公平地把关注的焦点放在美国联邦体制下的联邦、州及地方政府层级上。

(5) 我们应当以这种方式，即以增强变革的前瞻性、回应性及公民参与的方式，管理公共组织和机构。

(6) 在民主政治环境下，公共管理者最终应向公民负责。正是因为这种责任，我们的工作才显得崇高神圣。

(7) 无论在理论上还是实践上，公共行政对公平与平等的承诺，都应该与对效率、经济和效能的承诺同等重要。遵循公平与平等原则能够把我们时代的人民紧紧联系在一起，同时也使我们与未来一代的联系更加紧密。

(8) 公共行政的精神是建立在对所有公民的乐善好施的道德基础之上的。

笔者在 20 世纪 80 年代中叶开始学习和研究公共行政，在那个时候，便认真地拜读了弗雷德里克森教授的文章和著作，在读其著作的时候，总是有一种心灵震撼的感觉。自己一直有一个愿望，希望把他的著作翻译为中文，希望更多的学人分享其智慧。我一直认为，弗雷德里克森所提出的这些公共行政的重大问题，是跨越国界的，也是中国公共行政的理论研究者和实务工作者需要认真思考和反思的问题。

在我看来，以弗雷德里克森教授为旗手的新公共行政的发展过程，是公共行政寻找其灵魂之旅。翻译《公共行政的精神》的过程，对自己而言，也是一次涤荡灵魂之旅。

张成福

致 谢

尽管《公共行政的精神》一书主要是由我撰写的，但是许多人对该书的内容和最后的完稿做出了直接或间接的贡献。其中直接对该书贡献良多的，是我要衷心感谢的来自理查德·胡克（Richard W. Hug）、查尔斯·埃普（Charler Epp）、拉尔夫·钱德勒（Ralph C. Chandler）、戴维·柯克伍德·哈特（David Kirkwood Hart）、戴维·弗雷德里克森（David G. Frederickson）的帮助。他们对《公共行政的精神》从一些概念、某些用语、一直到其中所蕴含的精神实质，都做出过贡献。乔西-巴斯出版公司公共行政系列丛书的编辑詹姆斯·佩里（James L. Perry）给我提供了许多颇有价值的建议和及时的鼓励，哈尔·雷尼（Hal G. Rainey）和肯尼斯·梅尔（Kenneth J. Meier）对著作的手稿从头至尾进行了精心整理并提出了许多重要的建议（其中有的我已经采纳了），这从实质上和精神上都对本书起到了重要的提升作用。

一些朋友和同事通过非正式的讨论、电子邮件、电话交谈和面对面交谈的方式激发了我的写作思路和创作热情。他们是：巴巴拉·罗姆兹克（Barbara Romzek）、约翰·纳尔班迪安（John Nalbandian）、菲利普·库伯（Phillip Cooper）、斯科特·福斯勒（Scott Fosler）、加里·沃姆斯利（Gary Wamsley）、托德·拉·波特（Todd La Porte）、约翰·科林（John Kirlin）、切斯特·纽兰（Chester Newland）、罗斯·克莱顿（Ross Clayton）、劳伦斯·林恩（Laurence Lynn）、查尔斯·古德塞尔（Charles Goodsell）、唐纳德·凯特（Donald Kettl）、朱莉·邦特（Julie Bundt）和斯蒂文·梅纳德-穆迪（Steven Maynard-Moody）。

我十分感谢堪萨斯大学给予我的埃德温·斯滕尼（Edwin O. Stene）教授之职的支持，以及堪萨斯大学城市管理培训班忠实的学员们，是他们对我的研究给予了无私的支持，如果没有这样的支持，《公共行政的精神》就不会问世。此外，堪萨斯大学公共行政管理系的我的同事和学生们，也给了我热情的支持与鼓励。更为重要的是，他们提供了让人身心愉悦的学术环境，表现出良好的合作意愿，而这正是我身边无处不在的公共行政的精神。

乔西-巴斯出版公司的艾伦·施雷德（Alan R. Shrader）、戴维·霍恩（David B. Horne）、苏珊·威廉姆斯（Susan R. Williams），不仅从最好的出版者的角度为我提供了许多帮助，而且作为谙熟公共行政专业领域的编辑专家，为本书提供了最好的洞见与判断。

我还要十分感谢我的研究助手托马斯·迈克尔·朗德尔（Thomas Michael Rundle）杰出的技能、忠诚与奉献。他从本书手稿的起草到修改完善直至最终成书都作出了颇具见地的贡献。

最后，我要特别感谢我的妻子玛丽（Mary），她给了我很多的支持并对本书提出了许多建议，正是在她的关注之下，才有现在这本书。

H·乔治·弗雷德里克森

目　　录

第2部分 公正的问题

第3部分 公共行政中的伦理、公民精神和乐善好施

导言

理解公共行政

1 行政部门的活力是决定政府好坏的首要因素。舍此，不能保护国家免遭外国的侵略；不能确保法律的平稳执行；不能保障公民的财产免受那些联合起来、破坏正常司法势力的巧取与豪夺；不能保障自由，以抵御野心家、帮派、无政府状态的暗箭与明枪……决定行政部门活力的主要因素首先是团结一致，其次是意志坚定，第三是充足的供给，第四是足够的权力。

——亚历山大·汉密尔顿（Alexander Hamilton），
《联邦党人文集》，第 79 篇

本书的主题是公共行政精神。它从宏观的视野出发，对公共服务的理论与实践问题进行了探讨。《公共行政的精神》也探讨了一些眼前亟待解决的问题，如如何有效率地、有效能地、公平地做事，这便是管理问题。但是，公共行政领域的一些重大问题往往是与公共管理者的信念、价值和习惯有关的。《公共行政的精神》所关注的是公共管理领域的一些重大问题：如何界定公共的意涵；如何在民主政治背景下开展有效的公共行政；如何平衡效率、经济和公平；怎样成为一个讲求伦理的公共行政管理者；公共管理者为什么要成为代表性公民。

2 本书的目的不仅仅是为了促进我们对公共行政这门学科的了解，还在于要加强对公共组织和公共背景下的公共工作的理解，这是本书的焦点所在。平心而论，公共行政在提高美国民主政府的质量方面起到了十分重要的作用。但是，在这个时代，人们对我们的公共机构及其管理者提出了严厉的批评，换句话，人们对官僚组织进行了猛烈的抨击。这是一个人们对公共雇员充满敌意，主张人员精简，实行公共服务的契约外包、民营化和政府减负的时代，在这个时候，强调公共行政在改善政府组织和其他所有的公共组织的管理方面会发挥至关重要的作用，似乎是不合时宜的。但这恰恰是本书的核心观点所在。

对于个人而言，公共行政的精神意味着对于公共服务的召唤以及有效管理公共组织的一种深厚、持久的承诺。公共行政的实践者（或者准备从事这种实践的人）在许多方面都了解这种精神，如个人对政府（尤其是民主政府）的目的和前景的看法与信念；关于人类集体事业的性质及如何更有效地达成集体行动的目标的看法和信念；关于公共生活中的伦理与道德的看法和信念。

整体而言，公共行政精神说明了集体的看法和信念存在的原因，公共行政的职业协会和培养未来公共管理者的学校和学院所开设的课程都表达了这种看法和价值；更重要的是，这种看法和价值也反映在政府和非营利性公共组织的行政文化和习惯之中。

公共行政精神既是外显的，也是内隐的。之所以说其是外显的，是因为它与公共行政的环境，尤其是与公共行政不断变化的本质有关；它与不断变化的公共行政的环境与公共行政实践之间的互动有关。官僚的态度、信念、规范、价值观与行为方式都来自于这样的环境。公共行政精神也是内隐的，它是一面镜子，反映着公共行政官员的行为及引导其行为的价值观、行为规范和信念。它同样反映了公共组织的行为操守，包括公共组织是为谁服务的以及它们提供服务的效果如何。要理解公
3 共行政精神，我们必须从外显的与内隐的两个角度出发。

公共行政精神融合了两种类型的知识或者两种依据经验、智慧和判断获取知识的方式，即理性的知识和经验的知识。理性的假设和社会科学的传统对于创立可靠的、经得起检验的公共行政理论都是必要的。但是，单纯地从理性假设和社会科学研究的方法中所产生出的理论还不能很好地解释这一领域所存在的某些重要的力量，如同情、勇气和乐善好施。《公共行政的精神》首先要引导读者了解公共行政的知识，更重要的，还要引导读者加深对公共行政的理解。

在论述公共行政的精神时，我们首先对公共行政中的“公共”的含义进行了考察，接着我们对公共行政中的公正和社会公平问题以及公共行政的伦理问题进行了探讨。然后，我们对公共行政中的公众与民主政府中公民精神之间的特殊关系进行了讨论，最后，《公共行政的精神》通过考察第二次世界大战期间欧洲人对待犹太人的态度，将公共行政的公共精神、爱国主义与伦理结合在一起加以讨论。

第一个明确使用公共行政这个术语的人是威尔逊（Wilson，1887），那时，他还没有担任美国总统，只是一个年轻教授。他用公共行政一词描述一种古老的公共事务的处理，即公共事务的执行与实施。他写道，徒法不足以自行，而必须由人来执行（Rohr，1986）。在现代公共行政极其复杂的情况下，有效地履行公共责任需

要知识、技能和经验。

自从威尔逊倡导政治与行政分离，倡导以功绩为基础的公务员制度以来，时间已经过了一个多世纪。在这一个多世纪里，公共行政发生了很大变化。在美国以及其他“发达”国家，公共事务的行政部分急剧膨胀。在美国，直接受雇于各级政府机构的大约 2 000 万人，而受雇于私人企业的也不过是 1 亿人左右［《统计摘要》 4
（*Statistical Abstracts*），1993］。据估计，政府通过契约的方式，间接雇用的人数达 1 000 万人。这就是所谓的“影子官僚”。此外，大约还有 1 600 万人受雇于非营利部门（Schervish，Hodgkinson and Gates，1995），而且我们还无法知道在公共事务领域究竟有多少志愿者。最保守的估计认为，每六至七个美国人中就有一个人从事各种各样的公共服务。正如沃尔多（Dwight Waldo，1949）所言，我们的国家是一个行政国家。

公共组织的效率和效能一直是一个颇具争议的问题（Osborne and Gaebler，1992）。但是，毫无疑问，构成公共行政的这些公共组织和个人，其规模庞大，涉及的范围广泛而且影响力巨大。如果威尔逊看到现代公共行政的这一景象，他也会大为震惊的。

但是代价也是巨大的。行政国家的首要损失在于，它逐渐丧失了公共行政中的公共性。尽管在我们这个时代，人们通常把公共行政等同于政府行政，但是，威尔逊等人称之为公共行政而不是称之为政府行政，显然是有充足的理由的。在《公共行政的精神》的第 1 章，我将描述人们是如何通过用“政府”的概念取代“公共”的概念，从而丧失了公共行政的公共性的。人们已经剥夺了“公共”和“公共责任”这些概念所具有的丰富内涵和生命力。

“公共”是一个涵盖范围很广的、前政府的概念（Mathews，1994）。它体现在许多方面，如邻里、志愿团体、教堂、俱乐部等人类活动的许多领域，并由此分解出许多的公共机构。政府是体现公共性的一个重要部门，但它只是体现公共性的部门之一（Bozeman，1987）。要理解公共行政，必须重新发现公共性，而这又必须从理解什么是“公共”开始。

不幸的是，许多公共行政的文献把这一领域界定得十分狭窄，通常把公共行政界定为政府行政。而当我们只是把公共行政界定为政府行政时，许多政府的活动，如选举、政治、预算、人事管理以及公共服务的提供，自然就成为研究的对象。而 5
如果我们把公共行政界定为公共功能，包括实现政府功能的全部手段，那么，公共行政的主题就变成了人类组织的模式：组织和群体的价值以及人们是如何体现这些价值观的；志愿组织、非营利组织、企业和政府部门都是如何运作的；政府组织、非政府组织和企业组织是如何相互作用的。我们生活在一个权力分享的世界里，在这个世界中，政府组织、准政府组织、非营利组织、私人组织共同参与政策的制定和政策的执行（Kettl，1993a）。

狭义的公共行政往往只注重效率和经济等管理层面的价值。广义的公共行政，除了重视管理的价值之外，还强调公民精神、公正、公平、正义、伦理、回应性和爱国主义等的价值。在公共行政领域，尽管管理的价值是重要的，但那些与广义公共行政相联系的价值使得公共行政的日常工作显得无比崇高。在本书第1章，我们从广义的角度对公共行政中的“公共”进行了界定，这种界定方法不仅意味着公共行政研究主题的重大变化，也意味着指导公共行政实践的价值的巨大变化。

现代公共行政是一个由各种类型的公共组织纵横联结所构成的网络，包括政府组织、非政府组织、准政府组织、营利组织、非营利组织、志愿组织。公民从各个方面以各种形式参与公共事务的管理。正是出于这个原因，公共行政的核心价值，或者公共行政的精神，不仅包括了在一般意义上对公共的承诺，也包括了在具体意义上对具体的公民和公民团体的回应。

几年以前，在一项有先见之明的研究观察中，赫伯特·考夫曼（Herbert Kaufman，1985）构建了一个解释私人利益与私人利益、私人利益与公共行动之间关系的周期理论。他描绘了一个摆幅很大的弧形体，在这个弧形体上，一端关注效率、
6 经济和良好管理，另一端则关注回应性（尤指政治意义上的回应性）。当然，在改革运动和进步党人时代，人们对早期存在的领导专权、政党分赃和贪污腐败反应强烈，特别是对美国城市管理中的这些现象反应强烈。在改革运动时期，人们关注的重点从回应性转向效率。

但是，这场改革已经终结。在过去的20年中，我们所看到的是，人们关注的焦点又开始从效率转向政治回应性。作为改革运动的一个组成部分，大多数采用市经理制政府形式的城市对此进行了改革，改革的措施包括直接选举市长，以区为单位选举市议会的委员，市长、市议会的委员以及市政府工作人员和其他辅助民选市长工作的人员实行全职全薪制。换言之，而今的市政管理工作已不再只是注重效率与经济，而且更加关注政治上的代表性。

另一方面，公共服务的契约外包和民营化也呈大幅度的增长态势。在某些方面，这一趋势与考夫曼关于公共行政的性质发生周期变化的观点背道而驰。政府功能民营化的主要理由是，民营化可以使政府更有效率或者能够像企业一样经营。一些人还认为，民营化，特别是把民营化与特定的地方政府或权威部门联系在一起时，可以使公共的功能免遭政府更替的影响。在政府服务的契约外包和民营化的运动中，对其起推动作用的是管理与效率的隐喻，而不是政治回应性的价值。

周期理论的第二种观点对私人利益与公共行动之间的“转换包含”关系进行了细微的和复杂的描述。阿尔伯特·赫希曼（Albert O. Hirschman，1982）对“公共”进行了界定，认为“公共”“包括公共行动、追求公共利益以及公共幸福的行动，也就是政治领域中的所有行动，以及公民参与公共与社区事务的行动”（p. 6）。赫希曼指出，“相比较而言，‘私人’则意味着为个人或为家庭追求更好的生活，这里所说的‘更好的生活’主要是指物质福利的提升。当然，这只是当今人们对追寻公共利益与谋求个人利益之间差异的一般理解”（p. 7）。赫希曼继而又说明了在公共利益与私人利益之间的循环转换的原因。他认为，人们为公共行为和/或私人利益而改变偏好的原因是由人们的失望造成的。他这

样写道：

> 人们之所以从事消费行为和参与公共事务的行为，是因为人们期望从中得 7
> 到满足，其中同样也会产生失望和不满。尽管人们从事消费和参与行为的动因不同，方式不同，程度各异，但是，考虑到人们的失望并不会随着其期望值的瞬间下调而全部消失，任何消费模式和时间消耗模式都有其自身的规律，打个神圣的比喻就是：自食其果（p. 10）。

与经济学家和社会学家提出的理性解释相比，失望能够更好地解释公共利益与私人利益之间的转换包含关系。赫希曼是这样挑战理性的观点的：

> 我认为这是一种对于人类行为的错误看法。在本文中，我所试图理解的世界是这样一个世界，在这个世界中，人们认为他们想要得到某种东西，等到他们得到这种东西时，他们失望地发现，那几乎不是他们原先想要得到的东西，或者是根本不想要的东西，现在倒成了他们真正想要得到的东西（p. 21）。

在公共行政领域，人们可以看到，几乎所有类型的集体行动都存在着某种程度的局限性。事实上，我们经常要求政府做那些“不可能的工作”（Hargrove and Glidewell，1990），人们对政府产生失望不满情绪也就不足为奇了。所有的集体行动，不论是公共的还是私人的，在某些方面都可能失败，或者会令人失望。人们失望了，就试图寻求“新的”方案。如果我们对公司或私人利益（市场失灵）产生失望，我们会转而寻求公共的解决方案。如果我们对公共行为尤其是政府的行为感到失望（非市场失灵），我们会从公司、非营利性组织或志愿组织中寻找解决问题的方案。

考夫曼和赫希曼的模型掩盖了一个基本的事实。我们履行公共责任的方式完全是混合式的，因此，公共与私人二分法，或者效率与回应性的循环理论根本无法对此做出解释。这并不意味着考夫曼和赫希曼所描述的那种循环情形不存在，而是意味着这种循环所发生的环境背景销蚀了他们理论的解释力。

然而，很显然，在政治领域，的确存在着公与私、效率与回应性问题。政治可 8
以理解为对价值的权威性分配。要理解公共行政，特别是要理解公共行政的价值，必须首先理解政治。《公共行政的精神》的第 2 章将从公共行政的角度出发，特别是从沃尔多（Dwight Waldo，1949）的观点出发，对政治进行分析。沃尔多认为，事实上，公共行政是政治的一种表现形式。

新治理

25 年前，克利夫兰（Harlan Cleveland，1972）曾经指出，人们所想要的和需要的并不一定是更多的政府，而是更多的治理——这意味政府组织、准政府组织、非营利性组织、承包组织、志愿组织等各种组织广泛地参与公共事务的管理。在

《公共行政的精神》的第 3 章中，我们将讨论克利夫兰关于治理的观点。

在所谓的新治理模型［有时与斯科罗内克（Skowronek，1982）对新美国的描述有关］中，我们并不预先假定某些事务是政府的还是私人的，而是假设政府事务和私人事务都是公共的。关于新型政府治理模型，吉瑞德·加维（Gerald Garvey）在其《直面官僚制：公共机构的生存与死亡》（1993）一书中作了十分有趣的描述。在这本书中，他提出了两种相互对抗的公共行政理论，即传统理论和新理论。

传统理论是与行政国家的建立联系在一起的，行政国家不仅包括联邦政府，还包括州和地方政府。传统理论的核心是主张专业化和层级节制。以职位分类、功绩为基础的文官制度的发展是把专业化引入政府的正式途径。人事行政是一种科学的方法，通过这种科学方法，确定人们的功绩，选拔最好的人到政府任职。人们把科学管理理论运用于政府日常事务的管理，这样，便在行政的日常实践与政治影响之
9 间设置了一道防火墙。预算制度、政府采购制度和听证制度以及许多专业化的管理方法都被引入到政府管理中。市经理制，特别是企业管理的模式，也被引入到美国地方政府的管理中，美国几乎一半以上的城市把市经理制作为法定的政府管理模式。传统理论所关注的焦点是行政部门：在联邦政府层面，是总统；在州政府层面，是州长；在地方政府层面，是市长或者市经理。在美国公共行政史上的政府改革运动中，从布朗罗报告（Brownlow Report）到胡佛委员会（Hoover Commission）的建议，乃至现在的“政府再造”运动，其主要的目的都在于扩张行政部门的权力，加强对政府行政机关的控制和指导，减少政治对立法机构的影响。

新理论所阐述的是治理的理念。新理论中的第一条原则来自赫伯特·西蒙（Herbert Simon，1947）的著作以及其有限理性的观念。西蒙认为，人类的理性行为几乎是不可能的，大多数公共官员做事，只是以满意为标准，他们只能在其所知的范围内，在政治行政环境允许的范围内，尽其所能干好事情。后来，渐进主义的观念又对西蒙的满意标准做了细微的调整和修改（Lindblom，1959，1965；March and Olsen，1995）。

新理论的第二条原则来自经济学。新理论的主张者深受经济学逻辑的影响，尤其是交易成本理论的影响。新理论的主张者认为，在自然状态下，人们是理性的和自利的，偏好自由市场的作用。在市场中，所有的交易都是有成本的。简单的交易所花费的时间和精力成本比较少，而复杂的大宗的交易则需要大量的信息、劳动和时间。新理论并不将组织看成是由上级和下级关系构成的层级结构，而是把组织看成是出于自身利益或组织利益进行着平等交易的委托人和代理人之间的关系模式。不用说，新理论对公共官员形象的描绘还是相当逼真的，描述的是在服务自我与贪欲驱动下的公共行政景象。

现代公共行政的理论都承认正式的政府官僚组织的存在。但是，“影子官僚”也同等重要。

10 尽管私人承包商在传统的服务中是局外人，但是在政府日常事务的运转过程中，他们通常成为局内人。作为政府项目的参与者，承包商往往花费大量时

> 间在政府办公大楼里工作。他们的合作伙伴包括联邦政府的公务员，甚至包括与自己竞争的咨询公司的承包商。事实上，影子官僚所发挥的作用相当于联邦机构正式官员所发挥的作用（Garvey，p. 37）。

吉瑞德·加维所描述的在联邦政府中存在的正式行政官员与影子官僚之间的关系的情况，也同样适用于州政府和地方政府（Milward and Provan，1994；Milward，Provan and Else，1993）。这里，最重要的一点在于，无论是直接受雇于联邦政府的公务员，还是影子官僚，他们都是公共部门的雇佣人员。前者享有工作安全和福利的保障，在政府里拥有永久的职位；后者既为非营利组织工作，也为营利组织工作，这些营利组织主要是靠与政府签订承包合同来运作。可以把它们视为公共行政的替代品。

契约外包和分包模式（尤其是涉及国家宇航局和美国国防部合作项目之类的大型复杂任务）一般会出现这样的情况，即项目由与政府有着长期合作关系的同一个承包商承揽。在州政府和地方政府亦是如此，特别是在诸如精神康复之类的领域，更是如此（Milward and Provan，1994）。而今，政府机构把诸如预算制定、数据处理、存货管理之类的行政工作承包出去已经是习以为常的事情（Kettl，1993a）。除此之外，还有这样一批人，加维称之为“短途旅客”，他们为营利组织与非营利组织或大学工作，为它们提供政策建议，或者与政府签订契约，在政府中从事短期的研究工作。这些人一般都是训练有素的专业人员，他们在政府所从事的都是技术性比较强的工作。

新理论，即治理模式，极力主张公共工程的契约外包模式，因为这种模式要比
大规模的公务模式更具有弹性，传统的公务模式倾向于层级控制、持久性和连续 11
性。政府模式同样具有减少和降低交易费用的潜力，但是，政府服务契约外包的倡导者们却从来不关心这样的问题，即承包商是否会像公共雇员那样具有公共责任感和公共精神。他们也从来不关心契约管理是否能广泛地确保公民的正当利益。即便假设政府是一个相当精明的商人，也无法确保与政府签订契约的私人公司主要不是出于营利的动机而行事。

在《公共行政的精神》第 3 章，我们将详细讨论这些关于公共行政的新观点。我们把这种新理论称之为“作为治理的公共行政”。

社会公平

本书的第 2 部分，我们要对公共行政的根本目的进行讨论。

在美国公共行政的传统中，效率和经济是公共行政的基本出发点。从 20 世纪 60 年代后期开始，社会公平成为公共行政的目标或目的。人们开始强调政府要向公民（或者顾客）提供公正、平等的服务，这大大强化了公共行政的精神。

对社会公平的强调是一剂有效的强心针，它向公共政策的制定者和执行者传递了这样的信息，即成本和收益的公平分配问题与效率和经济问题同等重要

(Lineberry，1977；Mladenka，1981)。例如，有人可能认为，20 世纪 90 年代中期在比尔·克林顿总统领导下进行的医疗保障改革问题的实质就是社会的公正与公平问题。美国有着世界一流的医疗保障体系，但是，在医疗保障的成本和利益分配上，却存在着严重的不公平。

本书第 4 章到第 6 章探讨了公共行政领域中的社会公平问题。我们首先讨论了行政自由裁量权这一富有挑战性的问题，因为如果不存在自由裁量权的话，那么许多社会公平的观点都会悬而不决。我们的结论是，允许行政机关具有广泛的自由裁
12 量权，在理论上是正确的，在实践上也是适当的。然后，我们将注意力转向有关社会公平问题的文献和公共行政理论。接着，我们探讨了社会公平理论在当代以及代际之间的应用问题。最后，我们将社会公平理论与本书前面讨论过的话题即公共性和公民精神联系起来进行讨论。

公民精神

当人们在公共行政中寻找公共的意涵的时候，便会发现，公共与公民的角色密不可分。依据美国人对政府的体验，特别是对州政府和地方政府的体验，在公民和那些参与公共事务的人之间，一直存在着一种独特的联系（Tocqueville，［1835］1985）。在社会不甚发达的时代，公众通过参加城镇的会议，参加预备役，从事中西部谷仓建设及其他集体行动，在公共事务中发挥着作用。大约在 175 年以前，托克维尔（Alexis de Tocqueville）就认为，美利坚是具有组织性、喜欢群聚的民族，他们喜欢结成各种地方群体，处理各种集体问题。这些群体是公共的组织，但不是政府组织；公民们组织起来，一起行动，但又不愿意放弃业已正式确立的政府对服务的责任。在这种背景下，政府组织、非政府组织、准政府组织之间相互融合、相互作用，关系密切。美利坚成为一个具有活力、积极向上的民族。

1835 年，托克维尔曾经对美国作了这样的描述：

> 美国人，无论年龄大小、社会地位和气质性情如何，都不断地组成各种协会。他们不仅建立商业和工业公司，人人都参与这些公司，还建立了数以千计的、各种各样的协会。这些协会有的是宗教、道义性质的；有的比较严肃，有的比较轻浮；有的面向大众，有的只限于某些人参加；有的规模庞大，有的人员稀少。美国人建立协会的目的也是各种各样，如：娱乐，举办研讨会，开旅馆，建教堂，分发图书，向异教徒布道传教。通过这种方式，他们开办了医院，设置了监狱，建立了学校。如果人们打算向其他人灌输某种真理，或者通过鼓励而树立伟大的榜样、培养某种情感的话，他们就是在塑造社会。无论在哪里，你都会发现，在法国，政府处在新事业的首位；在英国，贵族处在首位。可是在美国，处在首位的则是协会（［1835］1985，p. 198)。

随着美国都市化、专业化、工业化的发展，公民精神的特点也在不断发生变

化。公民通过直接参与非政府及准政府群体和组织的活动，进而参与到政治中，包
括参加选举，参与政党活动，到政府任职。公民精神，从直接参与集体的公共的活 13
动逐渐演变成个人与政府机构（如市、县、学区、州和联邦政府）之间的联系。这个演变的过程主要是通过政党这个中介环节，而不是通过以公民为基础的非政府组织实现的。政府在不断地扩张，州政府和地方政府的扩张尤为明显。与此同时，政治恩赐、利益分赃、贪污腐败、领导专权现象也层出不穷。美国人那种传统的公共性的表现形式和公民精神不见了，取而代之的是政府、政府职位、政党和政治。

在19世纪末，针对政治领域存在的贪污腐败、利益分赃状况，美国人展开了改革运动和进步主义运动。这便是美国现代公共行政的起源，改革同时也给这一领域注入了充满活力的精神。在这个时期，公共行政强调专业化和职业化，以功绩为基础的任用和晋升以及主张把管理科学运用于政府管理。此外，还确立了独立于政治和政党之外的公共行政。社会大众和公民热烈拥护改革运动。实际上，在公共行政研究的初期，人们曾经把公共行政这一研究领域称为“公民精神和公共行政”。

随着政府管理职业化的发展，政府的效率和效能得到了改善，腐败现象也减少了。但是，公共行政也面临着一个挑战，那就是理解并清楚地表达职业的公共服务与公民之间的关系。公民继续以其特有的美国方式组织起来，但是他们不大再像从前那样，组织起来的目的在于解决社会问题，提供公共服务，而是组织起来，形成各种利益集团以便对政府施加影响。到了20世纪50年代，对政府与公民之间关系的最佳描述就是“多元主义”，它指公民组成各种利益集团，对政府施加影响的倾向。从前那种充满活力、自我管理的公民精神几乎已丧失殆尽。关于公民精神的研究也越来越多地集中在选举、参与利益集团和接受政府服务等方面。

自20世纪70年代开始，在公共行政的理论和实践领域，掀起一股重建公民精
神理念的浪潮。在《公共行政的精神》一书中，我们探讨了这些理念和思想，主张 14
把职业的公务员（如教师、警察、管制者等）与公民（他们有助于构成一种真正的和具有合法性的公民精神）联系起来。这是托克维尔1835年所观察的现象的现代翻版。在现代公共行政中，我们可以看到，职业化的、掌握专业知识的、具有公共理念和公民精神的公务员，与作为个体的公民或私人营利组织、非营利组织、志愿组织、准政府组织和政府组织中有组织的公民群体之间，存在着日常的积极的相互作用。通过这种相互作用，公民们就可以越来越多地直接参与治理。在“邻里守望”群体和社区保卫中，在家庭教育中，在政策问题论坛上，在焦点群体中，我们都能看到这种情形。这种公民精神已经超越了政府，它是一种公共的精神。作为公民精神的一种形式，它和选举、公职的竞选一样，是完全可信和合法的。

伦理

《公共行政的精神》以3章的篇幅讨论公共行政的伦理问题。你也可以认为，整本书都是讨论公共行政的伦理问题的。当然，前几章对公共行政中的公共的界定，以及对公民精神与公共行政相互关系的讨论，是为后面讨论社会公平的伦理问

题作铺垫的。的确，库珀（Terry Cooper，1991）认为，伦理、公民精神与公共行政的理论与实践之间存在着密不可分的关系。

从第 7 章到第 11 章，我们从伦理模型和知识（尤其是研究基础上的知识）与伦理之间的关系出发，考察了公共行政的伦理问题。其中第 9 章对公共行政的伦理问题做了一个简短的综述，并且运用行政伦理思想分析了第二次世界大战期间欧洲人对待犹太人的态度问题。通过这种讨论，我们把公共行政的精神与爱国主义和乐善好施的伦理联系在一起。没有这种高尚的伦理，公共行政的精神就会消亡。

公共行政学是一门大学科，它涉及许多学科、许多理论和哲学，以及各种各样的政策问题。《公共行政的精神》是从宏观的角度对公共行政进行研究的。公共行政是建立在价值与信念基础之上的，用“精神”这个概念描述这些价值和信念最合适不过了。在公共行政中，管理，即我们如何做事，是重要的，但更重要的是我们要做什么和为什么要这样做。本书的目的在于表明当代公共行政的价值和信念，这些价值和信念解释了公共管理者应该做什么以及为什么要这样做；并且建议，我们要信守对这些价值和信念的承诺。

第1部分

治理、政治和公共

第 *1* 章

公共行政中的公共

19 政府是公众集体行动的工具。政府是公共的财产。公共与政府的不同之处在于，公众之间的政治关系是横向的（人与人之间的关系），而在政府，这种政治关系则通常是一种垂直关系（从权威到下级的关系）。

——戴维·马修斯（David Mathews），《公民政治》，第 202 页

公共行政既是一门职业，也是一个研究领域。我们设想“公共行政”一词既指在公共行政的实践中所形成的理论和观念，也指那些构成我们这一职业的决策和行动。因此，难道我们不应该同样设想，人们应该对公共行政中的两个词语，“公共”与“行政”，作出完满的界定和全面的理解？“行政”一直是人们研究、分析的主题。有关行政的理论十分丰富，如何改善行政的方法也比比皆是。

然而，“公共”一词就并非如此了。何谓“公共”，人们几乎没有作出过界定，公共与公共行政领域是什么关系，人们也没有详细地予以说明。人们经常使用其他一些词语，如公民精神、公共利益、公共产品、公共意愿等来替代“公共”一词，这些词语也成为某些研究和理论建构的主题。在尝试理解“公共”一词的时候，人们想当然地认为，政府与公共是同一个概念。但实际上
20 我们知道，这两者不仅不是一回事，而且还有本质的区别。当然，政府是政治科学赖以存在的基础，对于政府问题，我们已经建立了完备的理论，实践的经验也比较丰富。

在公共行政领域，我们总是用“政府”替代“公共”，尽管我们仍然使用“公共行政”一词，来意指公共行政的理论和实践，而不用政府行政或政府管理，但实际上，我们对公共行政中的“公共”的寓意缺乏深刻的理解。

如果我们坚持使用公共行政一词，如果我们坚信这个词是对公共行政理论和实践的最佳描述，那么，更加全面地描述和界定公共的寓意，并在此基础上发展公共行政的公共观念和思想便显得尤为重要。

本章所要探讨的就是公共行政中的公共的寓意。

1.1 公共的含义

公共一词的古典含义有两个来源。首先来自希腊语“pubes”或者“maturity”（成熟），在希腊语的意思中，它们表示一个人在身体上、情感上或智力上已经成熟，它所强调的是，一个人从只关心自我或自我的利益发展到超越自我，能够理解他人的利益。它意味着一个人具有这样一种能力，他能够理解其行为对他人所产生的结果。这样，公共（public）一词意味着一个人业已进入成年，能够理解自我与他人之间的关系，能够理解二者之间的联系（Palmer，1981，p. 18；Mathews，1994）。

公共一词的第二个来源是希腊语“koinon”。英语中的“common”一词也来源于此。而“koinon”一词则来源于希腊语中的另外一个词语“kom-ois”，意思是“关心”。“共同”和“关心”都暗含着相互关系的重要性。

成熟和超越自我看待问题的观念似乎暗示着，“公共”既可以指一件事情，如公共决策，也可以用来指一种能力，如能够发挥公共作用，能够与他人相处，能够理解个人行为对他人产生的后果（Mathews，1984）。把“common”（共同的）和
21 “care with”（关心）这两个词与“maturity”（成熟）加在一起就使得“public”这个词意味着一个人不仅能与他人合作共事，而且能够为他人着想。

马修斯（David Mathews，1984）提醒我们：“在希腊语中，有两个词语表示‘私人’的意思，一个词语所描述的是这样一种人，这种人只能理解自己的观点。希腊语中的这种人和我们今天英语中所说的‘白痴’差不多。但是关于‘私人’的另外一个词语，却并不完全是贬义的，而是恰恰相反。第二个词语源于希腊文‘oikos’，指为了家庭的利益或持家。持家没有什么错误，不参加公共事务也没有什么错误”（pp. 122—123）。

从“私人”一词的本意来看，它似乎含有脱离公共生活的意思。帕尔默（Parker Palmer，1981）曾经直率地提醒我们，“我们如今如此看重私人的地位，我们对私人生活投入了大量精力和注意力，然而，我们所看重的恰恰是人们曾经视为脱离了公共生活的东西”（p. 18）。

希腊人把政治共同体（城邦）视为公共，所有的公民（即成年男子和自由民）

都可以参与这种政治共同体。政治共同体的目的在于设立通行的标准和惯例，并且支持、宣传和实施这些标准。这些标准有利于公民的最大利益。公民有对城邦国家保持忠诚的义务，城邦国家也有保护和“关心”公民的责任。

在现代英语中，“公共”既保留了这个词所具有的一些本来寓意，也丧失了自身所具有的一些本来寓意。我们用公共泛指社会中的所有的人，而对他们不加以区分。比如，公立学校是向所有的人都开放的学校，人们认为公立学校是向人们传授一般知识的地方。大众传媒也是面向所有人的，公共图书馆亦是如此。英国的酒吧（是公共场所的简称）一直是社区居民聚会的场所。我们用“公众人物”一词来描述那些人们都了解其责任、甚至其生活的人。

但是，“公共”一词的本义大多已经丧失。“公共”已经成为“政治”和“政府”的同义语。我们研究政治与政府，也从事政治与政府的实践，但是，正如马修斯（Mathews，1984）所说的那样，我们似乎不能把公共作为一个“孤立的概念”来看待（pp. 122-123）。人们通常认为，“公共”一词的意思模糊不清、模棱两可，因此无法使用。对某些人而言，公共意味着一种对个人主义的挑战，对某些人来说，它意味着和私人企业相对立的公共企业；而对另外一些人而言，它则意味着一种集体主义倾向。更糟的是，对许多人而言，“公共”一词意味着琐碎、普通、庸 22
俗和大众化的东西（Mathews，1984，pp. 122-123）。当“公共”一词与其他词一起连用时，比如，公共物品、公共利益，人们会觉得这些词语太理想化或者太浪漫，因此没有实用的价值。

结果怎么样？一个半世纪以来，功利主义哲学取代了希腊人的公共观，并且支配着政治的思想和实践。对个人的欢乐或所得、个人效用或成本收益的斤斤计较，取代了为了更大的善而治理的集体努力。政府的目的被降低为为私人谋取福利。人们以结果或后果作为判定福利、快乐或者效用的标准，而结果或者后果是通过官僚化的、技术的或者科学的方法来测定的。这里已毫无公共可言，公共成为原子化的个体的集合。除了个人利益的简单相加之外，不存在任何公共利益之类的东西（Leys，1952，pp. 13-32）。

功利主义哲学与市场经济模式的发展是相伴而生的。在市场经济中，市场规则是判断结果的手段。公共选择理论把功利主义的逻辑和市场规则引入公共行政（Downs，1967；Ostrom，1973；Niskanen，1971）。相信科学和技术能够回答问题、解决问题，这种想法与功利主义哲学和早期的公共行政理论如出一辙。法律领域的实证主义也是主张功利主义的，实证主义法学认为，法律是主权者的命令，而不是民意或者最大的善的法典化。最后，那种试图运用“决策理论”分析，从而使公共机构实现效率和经济的目标的企图也是功利主义的（March and Simon，1958）。

由于强调效率、经济、官僚体制与技术，功利主义在公共行政的改善方面起到了很大的作用。但是，在使得公共这一崇高的理念丧失方面，功利主义也发挥了很大的作用。当然，我们现在所使用的“公共”一词，已经远远脱离了这个词所具有的本来寓意。但是，无论是传统意义上的公共含义，还是现代意义上的公共含义，它们都对公共行政的理论和实践有很大的启示。

1.2 关于公共问题的哲学观

23 虽然从未有人关注过公共行政中的公共一词的确切内涵，但是在 20 世纪的哲学中，公共的概念已经得到了广泛的运用。正如杜威（John Dewey，1954）所说的那样，20 世纪研究公共问题的人一般都同意这样的看法，“公共似乎已经消失，这的确令人费解。我们对政府、官员以及他们的活动了解得很清楚。立法者纵情地制定法律；官员花费很大的精力执行这些法律，法院的法官要尽其所能处理堆积如山的各种诉讼。但是，这些官员应该代表的公共又在何方呢?”（pp. 116-117）

在哲学的讨论中，所讨论的问题通常变成了私人事务和公共事务的区别。当然，私人事务与公共事务的明显区别在于，人的行为仅仅是对一个人还是对许多人产生影响，或者人的行为是以自我为中心的还是以他人为中心的。根据杜威（John Dewey，1954）的看法，当某些人的行为会对其他人的福利产生影响的时候，这种行为就“需要一种公共的能力”（p. 13）。在杜威看来，公共并不是固定不变的，而是可以创造的或再创造的，这取决于人的行为和人们之间的相互作用。公共之所以丧失，是因为人们似乎不能或不愿意组织起来，参与到以维护共同利益为目的的政治共同体之中。公共之所以丧失，是因为它不能像公共那样行事。

然而，李普曼（Walter Lippmann，1955）却认为，公共之所以丧失，是因为缺乏一种公共的哲学。在他看来，主张个人权利所导致的结果便是人们不关注个体决策的后果，丧失了公共责任感。根据李普曼的观点，在缺乏公共哲学的情况下，由于没有人对公共行为负责，所以大多数人的行为的后果都是相当自私的。

理查德·森尼特（Richard Sennett）在《公共人员的堕落》（1977）一书中，同意前面两种观点，他大胆地断言，公认的公共领域是不存在的。专心关注私我导
24 致我们把发生在自己之外的任何事情都理解为自我的反应，而非区别于自我的事情。因此，人们往往从行动会对每一个个体产生什么样的影响的角度来判定所有的行动。从这个观点出发，森尼特认为，在个体的集合之外，根本不存在什么公共。在这种情况下，个体或个体的集合怎么可能会为集体的行动承担责任?

公共一词的含义在我们这个时代是如此的褊狭，这令人感到迷惑不解。我们把公共看成是与政府、选举和民选官员的行为有关的事情。当然，我们也把公共与代议制政府所制定的政策联系在一起。帕克·帕尔默（Parker Palmer，1981）说道：“这个词（指‘公共’——译者注）本应成为联系不同人的共同纽带，但是，为什么只具有如此狭隘的政治含义呢? 我猜想，答案在于，在我们社会的政治思想中流行这样一种假设，即只有通过政府的程序才能创造出公共，只有通过立法机关的立法才能使多数人的意志合而为一”（p. 47）。

一直深受功利主义哲学影响的政治理论，似乎主要关注自我的利益。如果情况果真如此，公共基本上是作为一种多样性的自我利益的仲裁与控制手段而出现的。

根据帕尔默（Parker Palmer，1981）的观点，“政府的任务是提供一种规则和刑罚的框架。在这个框架内，人们在个人利益整合的基础上构建政治共同体。依照这样的政治理论，公共被降格为这样一种领域，在这个领域中，人们为其最大化的利益而竞争，而政府则成为仲裁者”（p. 47）。帕尔默认为，这样的公共的形象根本没有反映出对诚信的公共生活所应做出的任何承诺。它没有为政治共同体提供任何的远景，也不能团结和引导人们加入共同体。

关于公共性丧失的一致性的看法似乎与自由主义和保守主义无关。的确，无论是自由主义哲学家，还是保守主义哲学家，他们都似乎同意这种观点，他们所持的理由或许是错误的。自由主义哲学家威廉姆·沙利文（William Sullvan）在其《重建公共哲学》（1982）一文中指出，现代自由主义的观点来自霍布斯、洛克、亚当·斯密和约翰·密尔，它们的主要特征是：

> 鼓励极端的个人主义，反对公共精神，主张相互对立的自我利益集团之间的竞争；他们极力反对公共利益意识，认为人类完全是以自我利益为取向的。
> 自由主义哲学把人类的组织视为一种必要的恶，认为政治是一个能够依据法 25
> 律，或多或少地对个人利益和群体利益的冲突加以调和的舞台。作为一种政府和社会生活的哲学，自由主义既认为人的利益是至高无上的，也认为完善追求这些利益的方法是重要的。极端的自由主义哲学否定意义和价值，甚至否认共同目的的观念，或者古典意义上的政治（p. 14）。

著名的保守党人乔治·威尔（George Will，1983）曾对此作过类似的评论。他认为，政治学已经从关心公共的美德转向了强调权力和秩序。他特别关心社会契约，因为社会契约“在理性的自利人的协议中，找到了政府的起源。驱动人们结合在一起的动机，既不是和睦（情感），也不是政治的忠诚（持有相同的政治哲学观），而仅仅是对人身与财产安全的焦虑而已”（p. 109）。

这些观点具有说服力，但是并不完全正确。所谓的公共概念的自由主义渊源，虽然助长了自我利益和个人主义，但同样也在正义和自由方面给社会带来了很大的好处（Murchland，1984，p. 15）。现在，正义提倡不同性别、年龄、民族、种族的群体都要享受公民的权利（Glendon，1991）。程序性正当的法律程序的权利已经被人们广泛运用于追求公民权利的过程之中。强调把正义作为权利已经产生了许多积极的效果，特别是在选举权领域。自由权也成为我们宪法和法律制度的一个组成部分，得以牢固地确立。社群主义认为，我们在确立个人的正义与自由领域所取得的成果，要比我们在决定和执行公共利益的集体制度方面所取得的成果还要大（Etzioni，1991）。换言之，我们在实现权利方面所展示的个人能力，要比在实现公共目标方面所展示的集体能力更大。

戴维·马修斯（David Mathews，1984）指出，当我们把公共区分为作为实践的公共和作为一种理念的公共时，我们会发现，由于后者含混不清，因此也不知道前者为何物（pp. 122－123）。因为我们不能把公共的概念作为行动或者能力付诸实

26 践或者予以发挥。因此，我们也就无法确立一种令人信服的公共的观念，更不用说建立一种公共的理论了。

现代的政治学学者，特别是那些主张行为主义或逻辑实证论的学者，一直在研究公共利益问题。在他们看来，公共只有在群体及其他复杂的利益整合过程中才能得以展现。此时的公共行动或公共行为都被认为是为了达成公共利益。如果真有公意存在的话，那么，公意就是合法化的利益集团，通过政府和政治的程序，进行相互作用的结果（Schubert，1960）。

在当代有关“公民资本”的研究文献中，我们也可以找到这种理论的翻版。丹尼尔·凯密斯（Daniel Kemmis，1990）、罗伯特·帕特南、罗伯特·伦纳迪和莱法瑞拉·南内提（Robert Putnam，Robert Leonardi and Raffaella Nanetti，1993）、弗朗西斯·福山（Francis Fukuyama，1995）、戴维·马修斯（David Mathews，1994）、本·巴伯（Ben Barber，1986）等人认为，公民信任度的下降，缺乏公共的对话，一致性集体行动的弱化，都表明公民资本已经普遍丧失。这些知识分子和舆论的领导者认为，有必要重新对公民资本进行投资，这意味着学校要加强有关公民资格和公民精神的教育；要加强公民的参与，使公民能够参与政策的制定，尤其在地方政府一级更要如此；个人和群体要重新承担起政治的责任来。

公民资本的观点看到了问题之所在，但却没有提出解决问题的办法，出现这种情况的部分原因在于解决问题要比发现问题更为困难。人们所提出的一种解决方案是“小政府”模式，这种模式强调治理（本书第 4 章要对此主题进行讨论）。另一种解决方案是弱化联邦政府的作用，强化州和地方政府的作用（Kemmis，1990；Mathews，1994）。此外，人们还提出了另外一种方案，那就是重建政治文化，而重建政治文化的主要途径在于改革“公共”新闻机构，强化公民教育，发挥政策论坛和核心群体的作用（Mathews，1994）。

尽管哲学家、经验主义者和舆论的领导者持否定的观点，但是，美国社会仍然在运转，这一事实的确表明了公共精神还是在发挥作用的。社会存在着各种形式的公共生活，它们把个人和集体的力量引导到共同的或者公共的目的上来。自利、个人主义、消费主义的确在我们的社会到处泛滥，但是我们的政体仍在运作。公共行政研究者和实践者所面临的问题是，如何将关注的焦点放在公共行政上，而不是仅仅放在政府行政上。

1.3 公共行政中的公共

27 人们通常把公共管理者视为政府的雇员。这样，我们的理论和实践始终围绕着市、县、州和联邦政府如何运作，也就不足为奇了。我们是否能够假定这些实体或者管辖范围将会确立公共行政的研究议程？除了围绕特定的政府发挥作用以外，公共行政是否还有其他的作用？我们要对最终的服务对象——普通民众，承担什么样的责任？

现代社会的特征对现代公共行政的有效运作产生了阻碍的作用。奥瑞·怀特(Orion White, 1981)提醒我们，公共机关的能力或者发挥公共权威作用的能力明显地下降了。他指出，“正是因为美国人对于权威的偏见才导致我们接受了这样一种具体的印象，即人类仅仅是一个寻求满足的有机体。现在我们拥有了我们想要拥有的一切：一个没有权威的社会，在这个社会中，我们每一个人各自为战，人们主要通过技术性的基础设施，才结合在一起，形成一个社会”(p. 126)。

毋庸置疑的是，在当今社会，一个政府的运行并不是那么容易的事。怀特的建议是，要超越传统的公民精神的理念，它只能使我们谈论诸如我们想要什么东西，这样我们会感觉好一些之类的话题，人们要寻求一种能够沟通有关我们相互实现和发展话题的模式。在怀特看来，这种取向的观点能够使我们对权威性的社会制度的建立持更加开放的态度。如果人们认为使用权威旨在促进人民的成熟和发展，而不是一种为人们通过竞争，满足其所需的资源进行裁决的手段，那么，人们可能更容易接受权威的使用(p. 218)。

文化并不是阻碍公共观念充分发展的唯一因素，公共行政本身也有问题。在当代公共行政理论中，其中一个占主导地位的理论就是所谓的公共选择理论，这个理论主要是建立在功利主义的逻辑基础之上的。倡导公共选择理论的研究者和实践者主张最低限度的政府，认为政府存在的目的只是为人们进行成本和利益的竞争制定 28
规则。这种理论倡导的是极其简便易行的运算，这是方法论专家们的强项。运用电脑、合适的软件和数据，分析者就可以计算出资源的最佳配置方案。这种理论把公共行政的作用降低为只是作决策，即从最小限度的政治接受度出发，计算个人成本和利益的分配。除了日复一日的日常性工作（毕竟这是我们最擅长的）之外，这样的公共行政完全丧失了目的。

在现代公共行政中，另外一个共同话题是公共行政和所谓的私人行政的区别。这种对公共行政理论和实践极其狭隘的看法，已经导致了我们今天所说的私人或企业行政伴随着公共行政的增长而增长。看看事情的变化过程吧。当然，一开始时，这类公司是政府机构为了公益的目的特许开展商业活动的公共企业。正如罗伯特·贝拉(Robert Bellah, 1985)及其同事所说的那样：

> 公司化运营是公共权威特许私人集团进行经营，而作为回报，私人集团要为公共利益提供服务，承担有效的公共责任。重申这一理念，将有助于改变目前人们所谓的“公司的社会责任”的现状，使其从目前的那种好像是装饰在公司布丁上面的奶油似的公共关系，变成公司本身就是颇具积极意义的一种社会元素。这种变化随之又会引起管理者的角色与训练发生根本性的变化。管理就成为传统意义上所谓的一种职业，管理所涉及的不仅仅是技能标准，而且还涉及公共责任的标准，在出现利益冲突的时候，这种公共责任的标准能够压倒管理者对公司老板的责任(p. 290)。

依照这种公司责任的理念，人们可能认为，政府雇员和公司雇员都是公共管理

者（Bozeman，1987）。一方面，公共雇员直接参与政府事务的管理，如治安、消
29 防、国防等，提供所谓的不可分割的公共产品。另一方面，公司雇员也从事向公众提供销售的产品和服务。那么在何种程度上，公众能够感觉到哪些产品和服务是由政府组织和提供的，哪些产品和服务是由公司准备销售给公众的？

毫无疑问，传统的对于公共行政与私人行政的简单区分已经不合时宜了。例如国防部和国家航空航天局（NASA）与大型武器和飞机制造公司签订合同，何者与公共服务更为直接相关呢？是国家航空航天局的签约官员，还是负责提供安全可靠、价格低廉的防御设施与航空航天设备的私人公司？难道它们不都应该同时对公众负有责任吗？

我们对公共和公共利益的界定是如此的狭隘，以至于赋予了公众看似十分自由的个人空间以及自由放任的企业环境。而我们同时又如此宽泛地界定私人和私人利益，以至于人们反而找不到有效的和权威的途径来表达那些超越于个人利益之外的共同利益。狭隘地界定公共所导致的结果是，在讲授工商管理课程时，人们严厉地指责企业的短视，缺乏竞争力，通过合并展现虚假的繁荣，而实际上并没有真正地成长与发展。

对于公共行政思想与实践的批评也好不到哪儿去。我们追求效率、经济、秩序和可预测性。和功利主义者一样，我们倾向于关注道德的模糊性。我们强调的是操作层面上的效率和程序性正当的法律程序，强调保护每一个机关的界限，保证它们长盛不衰，强调把所有的重大的实质性问题都简化为手段问题和短期收益问题。我们竭力规避讨论那些具有意义的和长远目标的政策问题。路易斯·高思罗普（Louis Gawthrop，1984b）称之为“礼貌的伦理”：我们遵纪守法，依照法规与标准行事，而不是依照人民的意愿行事。我们竭力想弃恶从善。我们无法确认究竟何者为善，但发现和界定何者为恶却易如反掌。我们假定，只要我们详细地说明何者为恶，公共官员自然就能行善政。高思罗普认为，这使得公共行政呆板机械，枯燥乏味，单调无聊，平庸无奇，缺乏回应力。他还指出，这种“礼貌的伦理”难以革新（pp. 138-145）。

从杜威的哲学观点出发，高思罗普提出一种创造性的伦理，这种伦理是针对动态的世界而非静态的世界而设计的。依据这种观点，因为世界是处于动态变化之中的，人们不可能在静态的实在中发现社会政治的现实，而只能在相互关系与社会交
30 往中发现它。“客观环境总是被不断演化着的环境所取代，这在相当大程度上取决于人的积极进取的经历的积累”（Gawthrop，1984b，p. 146）。在高思罗普看来，“现实存在于交往之中，存在于主体与客体行为互动之中。现实是从这些交往的无穷无尽的演变中形成的，并且的确与环境有关，这种环境也可以称之为演变的环境”（p. 146）。

高思罗普在此所描述的既是作为一种理念的公共，也是作为一种能力的公共。这里所谓的能力是指公共管理者、利益集团、民选官员和公民发现不断变化的民意的结构性互动模式。按照这种模式，没有人能够逃脱责任，也没有集体责任的存在，人们所承担的只是个人的责任。因为我们是为政府工作的，我们不能免除责

任；同时因为我们是为公司工作的，我们也不应该免除责任。在某种意义上，我们全都是公共官员。

依照这种公共行政的理念，作为公共雇员，我们不仅承担着有效地执行法律的义务，而且我们也负有不断地践行关爱邻居和公民的行为伦理的责任。

前面我们回顾了有关公共行政中的公共问题的哲学的、经验的和理论的观点，现在我们开始讨论社会科学中人们提出的关于公共的五种模式。我们将对这些模式作简单的评价和比较。至少，这可以有助于我们更好地理解公共行政所赖以存在的复杂的社会背景。在此之后，我们将提出一个关于公共行政中的公共的一般性的理论。

关于公共的五种观点是：

1. 公共是利益集团（多元主义的观点）；
2. 公共是理性选择者（公共选择的观点）；
3. 公共是被代表者（立法的观点）；
4. 公共是顾客（服务提供的观点）；
5. 公共是公民。

公共是利益集团：多元主义的观点

在美国政治科学中，多元主义的观点十分发达。多元主义描述了利益集团的自然发展，利益集团就是各种具有相同利益追求的人聚集而形成的群体。在政府中，各种利益集团相互作用、相互竞争，追求构成利益集团的个人的利益与偏好。当然，利益集团促进了公民的权利，使他们组织起来，争取和维护他们在政治市场中的利益。在20世纪50年代中期，两位著名的政治学家戴维·杜鲁门（David B. Truman，1957）和罗伯特·达尔（Robert Dahl，1956）曾经详细阐述了利益集团对民主政府所发挥的作用。此后二十余年，在公共理论方面，多元主义便成为占主导地位的观点。 31

多元主义理论有其特殊的价值，因为它为研究者界定和描述特殊利益集团及其策略或权力使用的方式与效果提供了有用的工具。政治学家既可以界定集团相互作用的自然过程，也可以断言这种相互作用的过程构成了民主的实践。多元主义同样有对个人主义、私人财产权和资本主义提供支持的优点。公共体现在利益集团的相互作用过程之中。有人认为“公共利益”是利益集团相互作用的直接结果（Flathman，1966；Schubert，1960）。

有大量证据表明，在公共行政的实践领域，也不乏多元主义的拥护者。专业化是公共行政的一项关键原则，政府行政机构都是专业化设计的。有效的利益集团会在特定的专业化的政府机构中寻求自己的支持者。如此，道路建设公司和沥青供应商以及沙石供应商等结合成利益集团，并与联邦高速公路管理局保持密切合作关系也就不足为奇了。同样，现代计算机硬件和软件公司会与掌握大量数据的联邦、州及地方行政机构保持密切关系。利益集团和政府机构如影随形，相伴而存，在立法过程中相互寻求对方的友好支持与合作，形成所谓的“铁三角”。在美国公共行政的传统中，这种形式的多元主义已经在实践中比比皆是，产生了很大的影响。

32 一些持批评意见的人士坚信，如今政府存在的许多问题都与多元主义有关。伯恩斯（Burns，1963）认为，精心设计的制衡制度导致政府机构相互掣肘，政府在任何行动之前都得征得各方利益集团和领袖人物的一致性同意；正是这种制度导致政府行动迟缓，丧失活力（p. 6）。洛伊（Lowi，1969）认为，特殊的利益集团导致了我们社会的割裂，威胁我们整个的政府制度。洛伊还指出，一种受特殊利益集团制约的制度不能真正地代表人们的利益。

政治学家本杰明·巴伯（Benjamin Barber，1986）对多元主义的批评或许最为尖锐。在巴伯看来，多元民主是有缺陷的，因为它是建立在“自由市场、假定的自由和讨价还价的代理人都是公平的神话”的基础之上的；因为它不能产生任何的公共思考和公共目的；因为它对真实的权力世界一无所知……因为它运用代议制的原则；因为它对自由市场和看不见的手充满幻觉，对单纯的功利主义充满幻觉；（认为）通过自由市场和看不见的手，追求个人的私利可以神奇地产生公共产品（p. 144）。

除了上述的批评之外，还有人指出，利益集团理论对经济和效率基本上持反对的态度，而经济和效率与有效的公共行政关系密切。耶茨（Yates，1982）对多元民主的价值和行政效率的价值进行了比较分析。他认为，多元主义者主张权力的分散和分割，而公共管理者的主张恰恰相反。尽管耶茨对多元主义者的观察是准确的，但是，由于公共行政的旨趣在于专业化和专才，因此许多公共管理者倾向于赞成权力分散。在耶茨看来，多元主义者主张分权，而行政效率却要求集权。公共管理者的这种主张是不正确的，因为分权化是公共行政理论和实践的共同主题。

耶茨还指出，多元主义者往往对行政权力或任何形式的权力集中都持怀疑的态度。在多元主义者看来，权力应该掌握在公民、利益集团和政治家手里。相比之
33 下，公共管理者则认为权力应该集中在民选的行政首长和公务员手里。公共管理者感觉到，为了执行公共政策，充足的权力是必要的，这种感觉是正确的。但是，多元主义者和公共管理者在观点上的差异并不像耶茨认为的那么大。

最后，多元主义者主张政治上的讨价还价和妥协，而公共管理者则主张政治与行政的分离。因为在十多年以前，人们已经抛弃了政治与行政二分法，所以耶茨对公共行政的看法已经不符合实际了。

利益集团的多元主义理论和实践，与公共行政的公共理念之间的差异是巨大的。然而，其差异并不在于主张集权还是主张分权，不在于主张权力的分散还是主张权力的集中，更不在于主张政治上的讨价还价还是主张行政专才。耶茨自己也在调和这些观点。二者之间最根本的差异在于对公共利益持截然不同的观点，公共行政的公共理念主张，普遍的公共利益大于私人利益的总和。现代公共行政的理论认为存在着一种普遍的公共利益，公共行政所要追求的正是这样的利益。

多元主义或利益集团的理论是否能够充分地代表公共的利益？回答是否定的。除了前述的批评意见之外，我们越来越清楚地看到，利益集团并没有真正充分地对许多公民的偏好、态度和需求作出反应。特别是对于那些在经济上和政治上处于弱势的群体，他们的偏好几乎得不到有效的表达。相反，有身份地位和经济富裕的群体则有能力出头露面，代表公众的利益。

有证据表明，作为一项普遍的准则，某个问题如果在经济上或者在政治上对某一特定的集团不利，那么这个问题很难引起注意。当然，也有一些例外的情况。例如，美国公众十分关注酒后驾车问题，相应产生的利益集团也关心这个问题的解决（Gusfield，1986）。尽管这个问题既不是自然行政选区的问题，也不是一个明显的政治问题，但酒后驾车却的确引起了公众持久的关注。许多引起公众广泛关注的问题，比如贫困问题，仅仅通过利益集团的过程，都不能得到很好的表达。尽管酒后驾车问题的例证似乎证明多元主义者的观点是有说服力的，但是许多同样严重的社会问题却不能刺激某一个有效的利益集团，促使其解决这些问题。

公共是理性选择者：公共选择的观点

在何谓公共的问题上，多元主义者的观点和公共选择的观点密不可分。个人主 34
义是把多元主义和公共选择理论联系在一起的纽带。边沁（Bentham，［1789］1948）对此做过最好的说明：“社会是一个虚构的组织，它是由被看作是社会成员的个人所组成的。社会的利益是何物？它是组成社会的个体成员的利益的总和”（p. 3）。这种观点就是众所周知的功利主义观点，它追求的是个人的利益、自我快乐和幸福，它并不特别关注社会的价值和观念，诸如伦理、更大的善或公共利益的可能性。根据功利主义的观点，利他主义虽然很好，但在现实中是找不到的。因此，占主导地位的观点必然是个人主义的观点。

从自我利益的假设出发，有人把公共视为市场上的消费者。简言之，这种假设把市场经济规则运用到公共部门。

经济学家主要的方法论假设是，人们必须把公共行动理解为利益完全不同的个体追求自己利益的行动。每个人都是追求个人利益的理性人。政府和社会秩序只是为个人的自由选择提供一种稳定的环境。每个人的效率是与经过计算了的效用相等的。布坎南和塔洛克（Buchanan and Tullock，1962）将市场模式的经济和个人主义的假设用于解释美国政治体制的运作。他们所关注的主要问题是，怎样组织一个民主政府，使得个人利益的追求成为一种必需品。

唐斯（Downs，1967）继承了公共选择的这种观点，他把市场经济规则引入到官僚体制和公共行政领域中。唐斯运用经济学的理论来解释官僚体制。他认为，官僚体制就相当于一个对个人的偏好进行理性计算的人。和人一样，官僚体制也有一种“官僚意识形态”。依据唐斯的理论，政府机构总是：

1. 强调官僚行为的正面收益，不重视成本。

35 2. 强调官僚服务的扩张是众望所归的，而任何精简都是人们所不愿看到的。

3. 强调官僚机构为社会提供的服务是面向大众，而不是面向某些“特殊”利益集团的。

4. 强调官僚机构目前工作的高效率。

5. 强调官僚机构的成就和能力，不提或少提失败与无能。

官僚意识形态已成为官僚文化的一个组成部分，正如唐斯指出的那样，这使“所有的官员都对掌握着他们工作安全与职位晋升的组织表现得忠心耿耿”(p. 267)；因此，行政的专业化和官僚的社会化改变着公务员的观念。结果，教师、警察、军人、社会工作者全都认为他们对社会未来的福利起着最为关键的作用。这种倾向导致这些人更多地把自己视为教育者和警察，而不是把自己视为公务员或者公共官员。

奥斯特罗姆（Ostrom）在其《美国公共行政的思想危机》（1973）一书中继承了唐斯的观点，该书把政治哲学和公共选择的观点结合起来，并将之运用于公共行政。奥斯特罗姆宣称，由于盲目地接受威尔逊的政治与行政二分法和韦伯式的集权的官僚组织模式，公共行政误入了歧途。奥斯特罗姆提倡一种公共行政的公共选择理论，该理论强调分权化的小规模的管辖范围，它像一块公用地，在这块公用地上，理性的个人追求其政治的利益。

这种观点存在许多问题。尽管许多学者越来越倾向于把公共过程看成是一个群体之间相互争斗的过程，但是，作为一种描述性理论，这种观念并不完全准确，因为它并未反映公共行政的全貌。例如，它并没有注意到，一大批政府官员、利益集团和公务员都在竭尽全力促使他们心目中的公共利益最大化。正如弗莱希曼（Fleishman，1981）所指出的那样，“然而，比不完整性更为糟糕的是，这种理论
36 模式已经跨越了边界，从片面的描述走向提出解决问题的药方，即使它们是无意的。这种理论隐含的逻辑是，既然某些利益集团公然利用政治谋求自身利益的最大化，那么所有的群体和个人也都会这样做。可事实上，正是因为他们这样做了，他们的行为才是不理性的，这种模式不能解释他们的行为”(pp. 56-57)。

公共选择观点的第二个缺点是，对公共官员的意图持玩世不恭的犬儒主义态度。正如唐斯（Downs，1967）所说的那样，公共官员行为的唯一动机“就是为了从担任公职中得到收入、声望和权力；这样，在我们的模式中，政客从来就不把公职视为执行政策的手段；他们唯一的目标就是从担任公职中得到好处。他们把政策纯粹视为实现私人目的的手段，而他们只有当选上了官员，这些目的才能实现”(p. 28)。

我们可以看到，这种观点是在为毫无顾忌地追求自我利益寻找正当的理由。公共和政治过程的这样一种形象是令人失望的。它所赞赏的动机和行为恰恰是历史上以及当今时代的大多数人所鄙视的，即使这样的动机和行为并非是不道德的。正如弗莱希曼（Fleishman，1981）所言，“如果为了整个社会的利益而有意牺牲自我利

益是一种最令人钦佩的、最合乎道德的政治，那么，与诚信的政治家形成鲜明对照的便是那些贪得无厌、鼠目寸光、野心勃勃的政客”(p. 57)。

公共问题上的多元主义观点和公共选择的观点，不管它们是简单的描述性理论还是规范理论，或许都会成为公共官员不道德行为的重要起因。通过对个人追逐自我利益的动机大加赞美并赋予其合法性，这些观点鼓励公民、民选的行政官员和公职候选人追求自我利益的行为。正如弗莱希曼所说的那样，“自我利益事实上无需鼓励便呼之欲出”(p. 57)。

与多元主义的观点一样，公共选择的观点对社会的弱势群体漠不关心。如果你拥有可以买卖的资源，你尽可以在市场上一显身手，而你如果没有这些资源，市场便属于那些更有特权的人。的确，公共选择的观点只适用于一些精英人士，如果你拥有资源，你就可以做出“公共选择”：你就能够移居市郊，避开犯罪高发区，享受良好的教育及相应的社会政治经济待遇。可是如果你没有资源，你想作出这种选择，连门儿都没有。

在公立教育领域，抵用券是公共选择理论经常论及的话题。公民使用抵用券， 37
就可以为其子女在其所选择的公立或私立学校中“购买”教育。这种做法明显地弱化了公立教育，限制了公立学校向那些无力或无法将子女送入私立学校读书的家长提供公共服务。

公共选择的观点是否完全地、公正地代表了公共的利益？答案是否定的。

民主政府的生存取决于被统治者的支持。人民对统治者的动机和行为所持有的信念，极大地影响着他们对政府的支持程度，影响着他们遵纪守法的意愿。根据弗莱希曼的看法（Fleishman，1981），“如果人们确信民选的或者任命的公共官员所关心的并非是选民们的利益，而是这些官员的自我利益的话，再也没有任何一种事情，如判断的失误、浪费、低效、高税率、过度的管制、甚至战争的伤亡，会比这种信念更能动摇代议制政府的根基。如果选民长时间普遍持有这样的信念，那么，公众不仅会对从事治理的官员失去信任，而且会对整个政府本身失去信任”(p. 58)。

信任是问题的关键所在。如果公众对政府失去信任，对民选的官员和任命的官员失去信任，那么，公众就会对政府决策的执行持不合作的态度，特别是在出现危机或者资源短缺的时候，如果这些决策的执行需要某些牺牲，公众是不会合作的。如果公务员是公众的信托者，负责执行公众的意愿，那么，正是他们的自我服务行为损害了公众的信赖，最终使政府失去公众的信任。

公共是被代表者：立法的观点

在大多数情况下，现代民主政府在实践中采用的都是间接民主而不是直接民主。公众授权国会、州立法机构、县委员会、市议会、学校董事会，让它们代表自己的利益，并且为自己的利益而行事。因为民选官员直接代表公众，他们对公共问题的看法持有最合法的发言权。人们期望公共管理者管理行政机构，遵守和执行立

38 法机构通过的法律。

在政府实践中，公共管理者在执行法律时具有较大的自由空间。但是法律经常是模糊的、不完善的，或是自相矛盾的，司法的解释则相当迟缓。尽管有法律，而且立法的意图也是明确的，但民选的行政首长往往期望公务员跟随自己的政策偏好。尽管如此，公众选举出来的代表是唯一能够明确地表达公众观点的人。

然而，代表的方式也是多样的。雷福德（Redford，1981）曾提醒我们："在行政领域，民主理想的实现很少是通过多数决定的方式达成的，而是通过决策者之间相互作用过程中对各方利益的包容而达成的"（p. 44）。所以，立法者的投票可以代表公众，利益集团的行动也可以代表公众。

朗（Long，1952）、克里斯罗夫（Krislov，1974）和迈耶（Meier，1985）都证明，在统计学意义上，公共服务要比民选官员更能代表公众。公共服务领域有各种专业人才，再加上平等的就业机会和弱势群体保护计划所产生的影响，公共服务还是有可能代表公众的。

在有关公共行政的公共问题上，这个观点是否存在一些问题？问题还是存在的。曾经有一种古老的说法：在代议制政府中，选民只有在他们投票的那一天是自由的。如果公众只能通过有限的方式行使自己的公民权，而且如果公众除了行使自己的公民权以外，对公共事务漠不关心，那么何不把公共事务交给只能在最低程度上反映公众意愿的政府去做？对代议制提出最严厉批评的人是巴伯（Barber，1986）。他指出：

> 代议制原则使个人丧失了对价值、信仰和行为的最终责任。代表与自由是
> 水火不相容的，因为它转嫁了责任，因而也疏远了人们的政治意愿，它是以牺
> 39 牲自我管理和自治为代价的……而自由与公民精神是相互依存的。人们如果不
> 对决定其共同生活的政策做出一致的考虑，进行共同的决策，采取集体的行
> 动，对此不承担直接的责任，那么人们就根本没有真正的自由可言，不管他们
> 享有多少保障权、隐私权和不受干涉的自由权（pp. 145-146）。

那些相信代表论观点的人很快就会发现，公民和公民群体经常感觉到他们所选举的代表并未有效地代表他们的意愿。公民所关心的问题和感到委屈难过的事情经常得不到解决。

在公共行政中的公共问题上，代表论的观点是否已经足够了？尽管这一观点是必要的，但并不是充分的。

公共是顾客：服务提供的观点

在何谓公共问题上，最有趣的观点之一是把公共视为顾客。在这里，我们把顾客定义为低层官僚所要提供服务的个人和群体。因而，举例来说，学生是老师、夏

令营管理员、校长、督学和校董事会的顾客；犯罪的受害者（和罪犯）是警察的顾客；病人或者有身心残疾的人则是医疗机构从业人员的顾客。所有公民在此时或者彼时都是政府的顾客。当然，我们全都是国家税务总署的顾客。

作为顾客的人是否能够形成一种公共的观点？在某种意义上而言，是可以的。对于为其提供服务的成千上万的公共雇员来说，顾客无疑就是公共。尽管这种公共是分割的，相互之间没有联系甚至只是潜在的，与利益集团相比，它或许更能代表一般老百姓。但由于利益集团通常是经过精心组织的，而且有充足的经济后盾，所以它们比一般顾客更具影响力。

利普斯基（Lipsky，1981），这位对基层官僚组织与其所服务的顾客有着精辟分析的分析家指出："通过官僚机构向消费者提供低层次的政策本身就是自相矛盾的。一方面，服务的提供者是人，服务的接受者也是人，这样就产生了一种人际互 40
动、关爱和责任的模式。另一方面，服务又是通过官僚机构来提供的，在资源有限条件的情况下，会产生一种不偏不倚和平等对待的模式，关爱与责任是有条件的"（p. 69）。

人们期望基层官僚能够支持他们的顾客，能够运用其专业技能和知识为他们的顾客提供最佳的服务。教师、警察、社会工作者、律师、医生的教育和训练也要求他们必须把顾客的需求放在重要位置，要求他们有利他的精神和奉献的精神。然而，社会机构几乎没有充足的资源能使基层官僚最大限度地发挥他们的利他主义精神。病人太多，医生无法为每个人提供高质量的咨询服务；教室太大，老师照顾不到每个学生；监狱、缓刑和假释制度已在超负荷运转。在这样的条件下，让公务员真正维护顾客的利益简直就是不可能的。基层官僚所在组织往往受制于各种规则与程序（这经常都是政治干预的结果）。为了满足顾客的需求，官僚往往要寻找漏洞，通过裁量后再提供服务。

基层官僚机构的工作往往导致异化。公共服务人员脱离了他们的顾客和工作的产品，因为他们从事的往往是工作的一个部分。他们无法控制其工作的结果，无法控制其工作的原材料，也无法控制其工作的进程（Lipsky，1981，p. 74）。

公共服务人员对此的反应如何？正如利普斯基所指出的那样："公共服务人员由于拿着高薪和享受高福利待遇而分享着越来越多的国民财富，拥有越来越强的集体讨价还价的力量，他们默许和鼓励在顾客服务方面实行专业化、计算机化，主张责任的分割。通过运用更加人道主义的顾客参与模式，或者牺牲顾客利益，基层官僚已经强化了他们在政治体系中的地位，忽视了服务选民的一面"（p. 79）。

如果利普斯基的看法是正确的话，显然，那种认为公共是顾客的观点是站不住脚的。尽管存在例外的情况，但顾客似乎不能发挥公众那样的作用。事实上，基层官僚本身已经组织起来，成为利益集团，他们通过政治过程表达自己的利益，实现 41
自己的利益，在某些情况下甚至会以牺牲公共利益来获取自己的利益。这样，和多元主义模式一样，自我利益占主导的地位，对于公众而言，利益的盛行似乎没有必要，但对于服务公众的人而言，情况便不一样。

公共是公民的观点

公民精神的观念与现代公共行政的缘起密切相关。在改革年代，人们不仅呼吁有教养的、以功绩为基础的公共服务，也同样需要谙熟宪法、热心公共事务、见多识广的公民。这种公民精神的观念主张公众不应该仅仅追求自身的利益，而且应该追求公共利益。在公共行政的早期观念中，公民就是公共（Frederickson and Chandler，1984）。这种思想早在政府迅速发展之前，在利益集团的形成之前，在多元主义理论和公共选择理论等理论出现之前就已经存在。

在 20 世纪 30 年代，公共行政开始脱离强调公民精神的轨道，几乎完全转而关注管理问题。到了 20 世纪 60 年代后期，公共行政又开始转回头来关注公共行政中的公共问题；但是在那时，多元主义理论和公共选择理论成为公共问题上的主流观念，人们对公民精神不感兴趣，美国名牌大学的大腕学者对公民精神更是不屑一顾。

公民精神的真正觉醒出现在美国的城市之中。在中部城市，公民参与政策制定的模式得到了联邦政府的支持。一些政府开始尝试在提供服务方面实行公民参与。到了 20 世纪 80 年代中期，公民参与已经改变了公共政策领域内传统的决策方式并成为民主行政的重要特征。尽管处在权力位置上的某些人并不情愿公民群体这样做，但是历史潮流是不可阻挡的。如果一切照此发展下去的话，在不远的将来，我们将会看到公民更加直接地参与管理（Ventriss，1984；National Performance Review，1993）。

42 在公共行政领域，人们又开始对公民精神感兴趣了。与公共行政早期的情况一样，人们主张公民与公共管理者、立法者及利益集团一道，积极地参与政策制定的过程。一般而言，在公共行政领域，现代的公民精神理论假定，充满活力的公民和有效的公共行政是相辅相成的。的确，主张公民精神的理论家们都认为，见多识广、充满活力的公民是有效的政府管理的基础所在（Frederickson and Chandler，1984）。

然而，公民精神的观念走得更远。本杰明·巴伯（Benjamin Barber）在《强势民主：新时代的参与型政治》（1986）一书中指出，代议民主制、以功绩为基础的文官制度、多元主义和公共选择理论，全都减弱了公共自治的能力（参见 Marone，1990）。“强势民主要求实行公民参与，实行无中间环节的自治。它需要一种制度，这种制度能够使个人在社区事务和国家事务中都能参与共同的对话，参与共同决策和政治判断，参与共同的行动”（p. 261）。

巴伯承认，他的这些建议具有乌托邦的成分。因此，他建议采取比较稳健的步骤，把“强势民主放在一个制度的框架内，并在这一制度框架内对其实现的现实可能性进行评估”（p. 262）。他还特别建议，要通过以下活动强化公民直接参与政府管理（pp. 262－311）：

1. 邻里聚会。
2. 电视会议和公民之间的沟通。
3. 公民教育和平等获取信息的机会。
4. 辅助性的制度，包括代表的城镇会议，通过抽签的方式决定何人担任公职，合法化，非专业人员担任法官。
5. 全民创制和全民公决程序。
6. 电子投票。
7. 通过抽签进行选举：抽签和轮流。
8. 抵用券和通过市场途径进行公共选择。
9. 全国性的公民精神和公共行动：普遍的公民服务以及相关的志愿者计 43
划、培训和雇佣的机会。
10. 邻里范围的公民精神和公共行动：广泛的志愿主义和平等的付出。
11. 工作场所的民主。

尽管巴伯提出的有些建议似乎缺乏可行性，但是其中的许多观点已经被人们接受，并且成为现代公民精神理论的重要组成部分。

公民精神的途径对公共行政中的公共的界定是否完全正确？是又不是。其优点在于，它认识到，通过大家共同关心共同的利益，有强化和崇尚公共精神的潜能。其缺陷在于，它没能认识到公共问题的复杂性，没有认识到专业知识和领导的关键作用，没有认识到激励公众参与的问题。

1.4 公共行政的公共理论的构成要件

我们所提到的有关公共问题上的五种观点表明，无论是社会科学还是哲学都对这一问题产生重要的影响。政治学家一般更加关注利益集团、代议制和公民精神；而经济学家则强调市场、顾客和理性的重要性。传统的公共行政理论主张职业主义、行政专才和强有力的行政部门；相比较而言，当代公共行政则主张小政府，更直接的公民参与，政府服务的契约外包和民营化，以及市场化的激励机制。

在回顾了这些观点之后，我们现在要仔细考虑的是，构成公共行政的公共理论的前提条件应该是什么。我们试图确认哪些观点符合公共行政的精神。要发展比较完备的公共理论，我们尚需做许多工作。我们在此的目的只是先勾勒出一个理论的框架，确立这一理论的前提条件。

公共行政的公共理论必须是独特的，这种理论设计的目的并不仅仅在于理论本 44
身的发展，同时还能够指导公共服务的实践。因为这种理论是由政府管理的实践者所运用的，所以这样的理论必须具有实践上的可操作性。它还必须是建立在经验基础之上的。当然，它必须既能促进公众的特殊利益，还能促进公众的普遍利益。

前面我们所提到的五种观点都对构建一个一般性的公共行政的公共理论有所助

益。尽管每一种理论都不是十分的完善，而且如果机械地把这些理论堆放在一起，就会过于冗长和累赘。

宪法

公共行政的公共的一般理论的第一个要件是，它必须建立在宪法基础之上。人民主权原则、代议制政府原则、权利法案中的公民权利、程序性正当的法律程序、分权制衡，以及联邦宪法和州宪法中的许多规定，都是这种理论的基础，这种基础是稳固的、不可动摇的。

在《行宪论》一书中，约翰·罗尔（John Rohr，1986）表明，现代公共行政不仅要与宪法相一致，而且还要实现宪法的愿景。在罗尔看来，在宪法之下的公共管理者不仅要在专业技术上是能胜任的，而且还必须对宪法承担道德上的责任，而这种道德的责任必须是超越行政绩效的技术要求的。据罗尔的观点，美国政府的根本目的就是为所有公民确保美国的立国价值，使民主制度成为达成这一目的的手段，而不使民主成为目的本身。

根据罗尔的观点，政府存在的合法性基础是因为政府接受并服从于宪法，而不是因为民主选举把政府选出来了，政府就算合法了。所以，政府的合法性主要体现
45 在政府的行为、意图及其可接受性上（Dewey，1954）。因为宪法仅仅是一张纸，宪法的合法性来源于拥有最高主权的人民为其注入生命的行为。所有的政府官员，无论是民选的还是任命的，其存在的合法性基础是人民，他们是人民的代表。这些官员应该受制于比多数决策原则更高的原则，那就是宪法的秩序。公共管理者的基本的道德责任就是成为立国价值的保护者和保证人。

宪法要件与公共的代表论观点和公民精神的观点是一致的。

品德崇高的公民

公共行政的公共的一般理论的第二个要件是，这种理论必须建立在得到强化了的公民精神的理念的基础上；在有些地方，人们把这种理论一直称为“品德崇高的公民”理论。人们认为，一个好政府必须有一群它所代表的好公民。得到强化了的公民精神的观念应该成为一种公共行政的承诺，这是恰当的。

哈特（Hart，1984）曾经指出，品德崇高的公民有四个方面的特征。首先，公民要能够理解立国的重要文件，能够“实践道德的哲学”，即能够对那些促进公民一般利益和特殊利益的公共政策，以及和宪法相一致的公共政策进行判断。公民应该过着这样一种生活，即做出哲学的判断是其生活的重要组成部分。

信念是品德崇高的公民的第二个特征。公民必须坚信美国政体的价值是真实的和正确的，这些价值并非仅仅是一些能够在心理上令人满意的或者是被大多数人所接受了的观念。哲学家将这些价值称为“天赋人权”。正如哈特所指出的那样，“如果我们不相信美国政体的价值，那我们为什么要接受这些价值并付出必要的牺牲？

我们如何才能确定优先考虑的重点？如果所有的事情都要得到大多数人的批准，如果大多数人都同意某种邪恶的事情（例如种族歧视和性别歧视），难道我们也要对此表示同意吗？人们不仅要理解美国政体的价值，而且还要相信这些价值，没有商量余地地接受这些价值”（p. 114）。

品德崇高的公民的第三个特征是公民能够承担起个人的道德责任。不论何时何地，当政体的价值遭到损害时，品德崇高的公民都必须行动起来，捍卫政体的价值。因此，在碰到种族主义、性别歧视、侵犯隐私权、违背正当法律程序的情况 46
时，公民应该奋起反对。这可以激励公民，使他们不仅仅关注政府的渎职与腐败问题，而且要使我们所有的人都要对其他人的基本权利承担个人的道德责任。

最后，哈特认为操守是品德崇高的公民的一个重要特征。公民操守的第一个方面是容忍，这就是说，公民要能够理解：公共的规则无法强迫人们拥有美德，这些规则和要求应该维持在最低限度，这样不至于损害人们的自由，人们不能对人类的制度抱有过高的期望。宽容是操守的第二个方面。在宽容中，我们理解到，观念像是公民市场的硬币，人们是不可能通过道德的对话来压制观念的表达的。但是，行为则是另外一回事了。人们必须禁止任何损害政体价值的行为。

培育品德崇高的公民是公务员的责任，而品德崇高的公民则应尊重、关心和爱护公共服务。

对集体的和非集体的公共的回应

公共的一般理论的第三个要件是发展和维持这样一种制度和程序，它能够听到集体的和非集体的公共的利益要求，并能够对他们的要求做出回应。一般而言，集体性的公共（利益集团）能够找到表达和追求自己观点的机制。但是，由于公共行政所追求的是效率、时间和秩序，因此公共行政往往避免成为利益的表达机制。而事实上我们所需要的正好与此相反。听证、论证、监督专员、救济程序、阳光法案以及诸如此类的做法，对于公共行政的公共理论尤为重要。

当然，更为困难的工作是如何代表不发达的公共的利益和福利。依据宪法的原则和要求，依据崇高品德的公民理论的要求，公共管理者应当对不发达的公共利益做出回应。依据宪法所要求的，每一位公民毕竟都有资格享有法律平等对待的权利。毫无疑问，这意味着公共管理者必须平等地对待所有的公民。公共服务分配中所存在的明显的不公平，或者就业机会上所存在的明显不公平，是人们所不能容忍 47
的。正如我们在其他地方已经强调过的那样，公共行政不仅仅要致力于效率和经济，而且要致力于社会的公平（Frederickson，1980）。

乐善好施与爱心

公共的一般理论的第四个要件是这种理论必须建立在乐善好施与爱心的基础之上。乐善好施，或者对他人的爱心，是关键。史密斯（Smith，1982）曾经这样认为：

> 在一般情况下，对国家的爱包括两个不同的原则，首先是对宪法或已经建立的政府的敬畏；其次是一种要尽我们所能竭力争取使自己的同胞过上安全的、体面的和幸福的生活的强烈愿望。不尊重法律，拒绝遵从政府管理的人不是一个好公民；不愿意竭尽全力促进全社会的共同福利的人，不是一个好公民（p. 231）。

政府的目的就是把政体价值的保护范围扩大到所有的公民。拥有一种建立在乐善好施基础之上的公共的观念，是公共行政的目的。乐善好施所要体现的是一种服务的意识，这种意识长期以来一直与公共行政密切相关。同样地，为大多数人的利益而承担责任和义务并为此而献身于公共行政专业领域的信念也是十分重要的。人们对公共行政不尊重，也毫不奇怪；而公共行政要想重新赢得人们的尊重，唯有通过乐善好施、尊重公共才能达到。

1.5 结论

在我们的文化中，思想从来就没有行动那样重要。在指导行动方面，经验通常比理论更为重要。伯纳德·默奇兰德（Bernard Murchland，1984）说得特别好：“经验而不是理论产生一种在公共生活中占支配地位的隐喻：过程、多数、实验、增长。这就是为什么这个国家的朴素哲学是激进的实用主义的经验哲学的原因。问题的关键并不是观念不重要，而是如果人们无法从经验中认识到观念，人们永远不知道这些观念究竟意味着什么”（p. 14）。

48 这种在行动中学习和通过经验学习的实用主义哲学的最大危险在于，它可能会导致反智主义和盲动，而这又会削弱公共发挥作用的能力。默奇兰德指出：“在我们知道我们可能遇到只可意会不可言传的危险之前，我们的感觉是真实的……而事实是，没有理论，实践很快会变得十分的幼稚，实用主义者自己也总是难以在这些观点之间找到平衡”（p. 14）。正因为如此，理论和行动是同等重要的。理论可以确保实践牢固地建立在合法的概念、隐喻、愿景和观念的基础之上。正如默奇兰德所指出的那样，“强烈的公共意识意味着知晓和行动；它首先意味着我们共同知晓单凭我们自己所从来不能知晓的事情”（p. 14）。

由狭隘地理解公共所造成的不幸的影响与职业主义有关。在我们的公共行政教育中，如果我们只把自己定位为政府雇员，那么我们便为职业主义和个人主义的产生提供了温床。而如果我们在更广泛的意义上看待公共行政，把公共行政视为政府机构、非营利组织和公民为了改善公共的利益而相互作用的过程，那么，这便增大了这样一种可能性，即人们有可能出于其他方面的原因而不是出于政治野心从事公共行政。

在公共行政的许多领域，公共似乎是一个大而空的概念。对于个人而言，无法有效地辨识并对其作出回应。的确，在某些方面，功利主义是对都市化与工业化的回应，理由是事情太大太复杂，无法像希腊城邦那样进行管理。正因为如此，我们一直迟迟没有发展出一种有说服力的公共理论。或许会突然出现一种理论，果真如此，那么这种理论应该包括以下四个概念：第一，陌生人之间的交往；第二，解决公共空间和公共关系问题；第三，非人情化关系的有效性；第四，发展当代相互依存的公共关系。

陌生人之间的交往

在陌生人的交往中，能否存在一种真正的公共生活？帕克·帕尔默（Parker Palmer，1981）指出，“在人们相互之间有直接的体验，产生感情的共鸣，体验到人们之间是相互依赖的，不需要政府律法的调节的时候，社群的愿景和现实便来到 49
了。在人民有许多机会可以在公共领域进行互动，而这种互动又能够吸引和鼓励人们生活在一起的时候，社群的愿景和现实便来到了”（p. 49）。我们发现这种互动在公共街区十分的普遍。在公共街区，陌生人追求着自己领域的满足。公共生活能够使拥有共同领地（如社区）的陌生人聚集到一起，这表明人们之间有相互承认的需要，也有生活在一起的冲动。公园、广场、咖啡屋、博物馆、画廊等都是公共生活的领域，陌生人在此相遇，在相互的寒暄中消磨时间，分享共同的兴趣爱好。集会、论坛、听证、辩论等活动使得人们相互交往的机会成倍地增加，在此过程中，便出现了陌生人之间更为正式的互动（Brown，1995）。邻里也是一种公共生活的重要场所。越来越多的志愿者协会也提供了陌生人聚集在一起的机会。

换句话说，健康的公共生活是围绕着人们在无数次分离聚散的场合，与出出进进的人们不断地互动而进行的。这种公共生活是真正的公共生活，是人类体验的一种有效方式，和其他更为亲密的人类互动方式一样，这种公共生活能够证明共同的、共享的生活是有效的。这种公共既是一种作为理念的公共，也是作为一种能力的公共（Lasch，1990，1995）。

公共空间问题

人们可以通过人际互动所发生的空间的质量来确定公共生活的性质。当人们把邻里和商业区分割开来，又把邻里、商业区和公园或公共广场分割开来的时候，要看到陌生人之间的结构性互动是十分困难的。显然，陌生人需要离开一排一排的房屋、长长的办公走廊，去寻找城镇的广场或者其他公共空间。

目前我们对空间的安排并不能提升公共的生活。但是有两方面的发展变化使我们看到了一些希望：（1）公共场所建筑的重要性的提高；（2）当代通信技术和电视的发展。查尔斯·古德塞尔（Charles Goodsell，1988）就曾经谈到过公共聚会场所 50
的建筑的重要性。公共用地的有针对性的设计应该远胜于商业利益的考虑，因为在广场、市政厅、州议会中心、学校和其他公共场所举行的公共活动对形成有效的公共生活是极为重要的。

公共会议的电视系统对于公共生活也大有裨益，如果这个系统能够使“远距离”公众的提问与评论得到及时的反馈，其作用则更大。汽车成为主要的交通工具，以及人们上下班使用汽车这种交通工具，减少了陌生人交往的机会。现代计算机的数据交换系统，以及越来越普遍的因特网和网上服务，有力地证实了陌生人之间的交往在发展真正的公共生活方面所起的重要作用。它们也是运用现代技术克服影响有效公共生活发展的一些因素（如建筑、交通的限制）的最好例证。

非人情化关系的有效性

在某些方面，公共生活也受到我们这个时代的心理和思维模式的影响。理查德·森尼特（Richard Sennett，1977）对今天占支配地位的信念做了这样的评价：个体之间的紧密联系是一种道德的善。如今占支配地位的欲望就是通过与他人的密切关系和热情，发展个性。今日占主导地位的神话是，人们把社会的罪恶理解为非人情化、疏离和冷漠的罪恶。这三条加在一起就是一种亲密的意识形态：各种社会关系都是真实的、可信的、诚实的，人们之间越是亲近就越能进入到对方的心灵深处。这种意识形态把政治的范畴转变为心理的范畴。它确认了一种没有上帝的社会的人文关怀精神，热情就是我们的上帝（Sennett，1977）。

这种意识形态的问题在于它会使人产生这样的印象，即所有有意义的关系都必须是密切的和充满热情的。对于私生活而言，这些特点是很重要的，但是，正如帕尔默（Palmer，1981）所言，“如果我们把这种亲密关系的规范强加在公共生活领域，那么就会出现问题。在公共领域，在大多数情况下，人们之间的关系需要保持
51 距离，而且要保持一种非人情化的关系。要求人们保持亲密和热情的关系可能会歪曲并且会逐渐摧毁公共生活的基础”（p. 47）。我们十分关注他人的特点、风格和长相。公共生活中的这些个性化的特征（而非那些对普遍利益产生影响的智力、看法与观点）成为我们所关注的重点。此外，如果我们把公共生活个性化，我们会开始担心自己是否能够进入公共的行列，我们的私人生活是否要受到审查和批评（Lasch，1978）。这会使我们望而却步。正如帕克·帕尔默（Parker Palmer，1981）所指出的那样：“在历史上，美国人一直担心公共权力侵入私人领域。但是，我们现在也知道，人们如果把私人关系的心理强加到公共领域，也同样会出现问题。我们必须学会接受和理解这样一种事实，即公共生活在本质上是非人情化的生活……人们要想从公共生活领域得到大量的好处，就必须认识到非人情化的关系自有其有用之处”（p. 47）。

相互依存的当代公众

如今的世界是如此的复杂，因此要想重建希腊城邦国家是根本不可能的，但

是，如果人们认识到人类是相互依赖的，那么重建公共领域还是有可能的。原子化时代的许多现实问题，如全球范围的空气和水污染、饥荒、经济全球化等，都表明我们生活在一个全球相互依赖的时代。无家可归、吸毒、贫困儿童失学、交通堵塞等问题也表明我们生活在一个地区之间相互依赖的时代。通过科技，我们可以直接了解到战争和饥荒所造成的恐怖景象。

因为人们越来越具有一种强烈的相互依赖意识，因此公共领域的重建是可能的。陌生人之间的交往既是地方性的，也是全球性的。在各种各样的公共场所，我们和素不相识的人谋面、交往，这种交往往往是短暂的和偶然的。如果在这些交往的过程之中，我们有一种普遍的公共利益意识，至少在基本的人性层面上（营养、起码的居住条件、教育、工作、人身安全），如果我们相互之间有一种集体责任感的话，我们就会发现我们共有的地球村正在形成。相互依存促使我们投入到其他人的怀抱之中。

我们在此看到了公共行政精神中的公共观念的端倪。这样一种公共的观念应该
包括承认公共一词与政府并不是一回事，其内涵远比政府更为丰富。公共生活与政 52
府相互依赖，政府只是公共生活的一种表现。

我们认为，公共既是一种理念也是一种能力。如果我们把公共等同于政府，我们事实上限制了人民参与公共事务的能力。作为一种理念，公共意味着所有的人们，为了公共的利益，而不是出于个人的或者家庭的目的才走到一起来。作为一种能力，公共意味着为了公共的利益而在一起工作的一种积极的、获取充分信息的能力。在许多情况下，这样的行动都是通过政府而进行的，但并不是所有的行动都要通过政府的。志愿者协会、非营利组织、公司都是公共的表现形式。

因此，公共的职责和责任意味着它能使公民制定一致同意的社群标准和目标，为了公共的利益，大家一起工作，实现设立的目标。公共的职责和责任既是公共管理者的责任，也是公司管理者的责任。一个人不能躲在一个“私人的”或“企业的”招牌之下，逃避公共的责任，也不能躲藏在一个组织、一个政府或者一个企业之中，逃避公共的责任。公共责任不是集体的责任，而是我们每一个人的个人责任。

依据宪政的框架和美国政体价值的要求，公共管理者有责任构建组织与公共之间的良好关系，为了组织也为了公众，促进公共利益这一不断变化着的观念的发展。选举、立法机关的决议、公共政策的执行、法院的判决以及公共官员与公众之间的各种相互作用方式，这些都应该表达公共偏好。我们必须培育和保护这些互动的方式，尽可能地实现创造公共、了解公共的意愿，弘扬公共行政精神。

第 2 章

公共行政的政治背景

53 要理解政治理论，就必须要理解它所建构于其上的那些现实环境和意识形态框架，美国公共行政的政治理论亦不例外。尽管人们不时地认为公共行政是一门有着普适原则的科学，美国的公共行政仍显然地是与其特定的经济、社会、政府和意识形态的事实密切相关的。

——德怀特·沃尔多（Dwight Waldo），
《行政国家》，第 7 页

影响公共行政的首要要素，也是最重要的要素，乃是政治。欲理解和培养公共行政之精神，便必须懂得政治，理解政治，并了解政治的局限性。首先让我们看看以下一些历史的片段。

在暴乱发生之后，当问及为何会发生暴乱时，监狱的看守人员回答道："都是因为政治。公民希望严格执法，希望延长犯人的服刑期限，警察和法官对公民的要求做出了回应，因此监狱人满为患。然而，由于通货膨胀，监狱的预算却没有跟上。犯人的住宿条件恶劣；犯人的食物以及为犯人提供的教育、咨询服务也很差，狱政人员的素质也比较差。发生暴乱是迟早的事情，现在不幸发生了。归根到底都是政治所造成的。"在发表了这一番评论之后不久，这名看守便被调离了，州长任命了一个工作组来研究将监狱服务承包出去的可能性。

吉米·卡特、罗纳德·里根、乔治·布什、比尔·克林顿等
54 总统均主张对企业放松管制，包括放松对航空的管制。联邦航空

管理局（FAA）不再负责航班、票价及服务等事务的管制，让航空公司之间相互竞争。放松航空业管制所导致的一个结果就是航空公司之间的兼并。在 1977 年开始运营的主要航空公司中，只有不到一半的航空公司维持运营至今。一些大的机场，如圣路易斯、明尼阿波利斯、圣保罗机场仅仅只有一家航运公司运营。现在，从一个中心城市飞往另一个中心城市的乘客，所花机票的费用更低，而选择航班的余地却很大。然而，来往小地方的乘客，所面临的情况正好相反：不仅票价昂贵，而且选择服务的可能性减少了。航班延误在大城市的机场是司空见惯的事情。自 1980 年放松航空管制以来，尽管空中运输量增加了，但航空控制系统并没有回到以前的水平。

在 20 世纪 80 年代至 90 年代，出现了一些新的有竞争力的航空集团，它们以大客运量、低票价吸引顾客。这些航空集团通过把买来的旧飞机重新整修，对飞机的保养及其他服务实行外包，降低飞行员及其他雇员的工资等措施降低机票的价格。1996 年 5 月，一架载有 111 名乘客的飞机在佛罗里达坠毁，无人生还。这场灾祸发生的原因是由于行李舱内的氧气罐发生爆炸。氧气罐按理是不能由载客飞机负责运送的（显然是航空公司私下签订合同运送这些特殊物品的）。尽管交通部长和联邦航空管理局的官员立即发表声明，称在美国航空旅行是安全的，但是，许多政治首脑人物呼吁重新实行管制，要求对事故展开调查。

1977 年，美国食品与药品管理局（FDA）宣布禁止销售糖精，因为研究表明食用糖精可能导致癌症。在经过一番政治斗争之后，国会决定把这项禁令的实施推迟 18 个月（到 1979 年年中终止销售），到目前为止，这项禁令仍未得以执行。

那么，如何解释上述的情况？上述情况都与政治有关。监狱看守、交通部长以及美国食品及药物管理局所经历的正是美国公共行政中一直存在的最具特殊意义的现象。的确，公共行政包含在政治之中。因此，公共行政的有效性取决于对政治和政治过程了解的程度，以及在政治背景下管理公共部门的能力。

2.1　理解政治和公共行政

从最佳意义上而言，政治是人类从事集体活动的能力的杰出表现，它存在于企 55
业、村落或者国家之中。正是通过政治，人们才把分散的个体的特殊利益整合在一起，形成一种共同的或者普遍的意志。

从最坏的意义上而言，政治则意味着利用权力，谋取一部分人的利益，牺牲他人的利益。因此，对于那些希望获得人们特别关注的人，或者希望对他人实施不公正控制的人而言，政治是最佳的场所。

正如《韦伯斯特新国际词典第三版》所说的那样：政治的好坏体现在政府管理的科学和艺术上。政治是公共行政运作的环境背景。政治的表现形式多种多样，每种形式都以不同的方式影响着公共行政。政党政治、利益集团政治、官僚政治、媒体政治、公司政治和董事会里的政治等等，都是政治的表现形式。在美国，各种形式的政治，都是依据联邦宪法、州宪法中由制宪者达成的政治协议来进行的。

2.2 美国宪法

要理解政治和公共行政的关系，就必须从了解美国的宪法开始。然而，理解美国宪法并不能调和人们在美国民主政府的公共行政问题上所持的各种不同观点，因为各种不同的观点来源于人们对宪法的不同看法。唐纳德·F·凯特尔（Donald F. Kettl，1993b）对此作了如下的描述：

> 公共行政研究的不同途径通常来源于美国政治中所存在的两种互相冲突的传统，而每一种传统对于公共行政在美国民主政治中所扮演的角色持有完全不同的观点。一些研究公共行政的学者基本上遵循的是汉密尔顿式的传统。和亚历山大·汉密尔顿（Alexander Hamilton）一样，他们主张建立一个有活力的国家，主张强有力的行政。他们认为行政的任务就是有效地执行已经公开制定的目标；他们认为有活力的政府是可以行善的。然而，一些公共行政的研究者遵循的是麦迪逊式的传统。和詹姆士·麦迪逊（James Madison）一样，他们
> 56 担心政府的干预活动太多，他们对政府权力的集中，特别是行政权力的集中，持审慎的态度。和麦迪逊一样，他们认为权力制衡是免遭独裁的最有效的途径。在他们看来，政治利益集团之间的竞争可以减少官僚体制对个人自由的侵害的风险（p. 408）。

因此，公共行政领域的原初基础，与早期人们对国家在美国民主中所扮演的角色的争论有关。

依据美国宪法与各州的宪法，主权在民，民主的政府是建立在主权在民的基础之上的政府。这也就是说，民主政府是建立在被统治者的同意的基础上的。人民主权并不意味着实行公民的自治。在一般情况下，人民主权是通过代表的选举表现出来的，如选举参议员、众议员、州参议员和州众议员、县委员会委员及市议会成员等。民选的代表依据宪法制定法律，确定税率，并提供公共服务。几乎在所有的情况下，代表们都是多数选民选举出来的，这和大多数立法的通过是一样的。

在美国代议制政府下，由多数决定的规则是人民主权这一概念的基础，但是，拥有主权的多数人在立法时，不能侵犯宪法保护的个人权利。人权法案保障公民的言论自由、集会自由和宗教自由。它同样保障公民的隐私权，保护个人免遭政府权力的侵害；它特别保护少数人免遭多数人暴政的侵害。

由于有经历欧洲独裁统治的体验，美国的制宪者设计了一个有限政府的体制，这样，就避免了全部的权力都集中在一个人或者一个集团的手中。有限政府的第一个原则就是分权。立法者负责通过法律和控制预算，民选的行政首长负责执行法律，而法院则负责保护公民的权利并对其他政府部门的行为进行司法审查。

有限政府的第二个原则是制衡，立法、行政、司法三个部门相互制衡，防止一

个部门侵害其他部门的权力。路易斯·D·布兰代斯（Louis D. Brandeis）大法官曾 57
指出："分权原则的宗旨不是为了提高效率，而是为了防止权力的滥用"（Seidman and Gilmour，1986，p. 280）。

有限政府的第三个原则是联邦制，实行分权化的政府。在联邦制下，所有没有授予联邦政府的权力均被保留给各州政府。而各州则依法将权力下放给各县、市及其他地方区域以执行政府公务。美国联邦和州宪法具有明显的麦迪逊主义的色彩。

宪法同样授权公民，公民有权组织起来，谋求自己的或者共同的利益。通过保证这样的权利，宪法基本上确认了多元主义存在的合法性。

历经多年，美国宪法一直在不断地进行修正，许多州的宪法几乎完全得到了修改。例如，在经过许多年的政治斗争后，人民主权（通常表现为选举权）已经扩展到妇女和少数族裔，他们也拥有了选举权。从公共行政的角度来看，美国宪法最关键的变化是宪法第十四修正案以及其中的"法律的平等保护"条款，正是这种变化才使少数民族享有了平等的权利（在这里有必要指出，在过去的 20 年中，许多州对其宪法进行了修改，强化了州长的权力和权威）。

美国宪法从未提及政党、利益集团或行政，但是，这三者显然已成为当代美国政府极为重要的组成部分。不能因为联邦宪法没有提到行政（在大多数州宪法中都提到），人们就可以断言公共行政在政府中没有合法的地位（Rohr，1986）。政府权力的合法性既可以通过联邦、州宪法得以体现，也可以直接通过政治过程得以体现。正是通过政治过程的方式，公共行政发展成为美国政府的一个合法组成部分
（Goodsell，1995）。的确，公共行政不仅能够有效地管理政府日常事务，它还通过 58
为公民提供更多的机会，使公民更多地参与政府决策而非仅仅参与选举活动，从而为促进美国公民的自我管理进程做出了重要贡献（Rourke，1987，p. 230）。

约翰·罗尔（John Rohr，1986）对公共行政在宪法秩序中所扮演的角色曾经作了透彻而有说服力的评价。他描述了公共行政的合法地位，纠正了美国宪法存在的一个缺失。罗尔指出，宪法"没有规定有关公民参与政府决策的条款。而政府的官僚体制为许多人提供了参与政府活动的机会。公民可以以公务员的身份参与政府活动，可以以公民的身份参与公听会，或者利用其他各种机会参与行政机关的许多活动"（p. 230）。显然，这些现代公共行政的捍卫者所持的观点是典型的汉密尔顿式的观点。

立法政治

在实践宪法秩序的政治过程中，立法者制定法律，并授权行政机构，赋予它们管理联邦、州及地区事务的权力。一旦设立了一个行政机构，配备了行政人员（通常是人事机关依据有关标准进行人员的选拔和任用），那么立法机关就要通过年度预算，提供经费。立法机关还要对行政机关的日常运作进行监督。专职的行政人员要负责机关的日常运行。

在传统的公共行政理论中，这种做法被称之为“政治—行政二分法”。所谓政治—行政二分法是指，民选的代表通过政治程序决定政府应采取何种方案，而行政官员则负责具体执行这些方案。一旦一个机构的使命得到确立，立法机关通过了行政机关的预算，那么政治的过程便结束了，而行政的过程也就开始了。人们不希望政党政治介入日常的行政事务，也不希望行政人员介入政党政治（Wilson，W.，1887）。

政治—行政二分法是一种“理想的模式”，是一种理论构思或是一种抽象概括，它试图把政治性的政府过程与行政性的政府过程加以区分。然而，和人们出于描述
59 的目的而进行的任何抽象一样，实践与理论之间通常存在着很大的差异。在人们开始运用这一概念时，政治—行政二分法还是一个便利的工具，因为它能有效地把以专才、职业主义、功绩制为基础的行政实践与以妥协甚至腐败为基础的行政实践区分开来。正是在这个初始的意义上，那些从事公共行政的人宣称自己是中立的，至少从党派政治的意义上是中立的。这也正是汉密尔顿式的人物所想达到的最终目标。

公共行政与美国宪政结构中的行政部门密切相关。简单地说，总统（州长或者市长）位于官僚层级结构的最高层。因此，政治—行政的分离类似于将权力分离为立法的政治和行政的管理。到 20 世纪 50 年代，德怀特·沃尔多（1949）认为，诸如效率和经济之类的行政价值在本质上都是政治的价值。此后不久，约翰·高斯（John Gaus，1950）说过这样一句名言：“公共行政的理论也是我们这个时代的政治理论”（p. 168）。于是，人们开始不再把政治—行政二分法作为公共行政领域的理念基础。这样，在公共行政领域，便出现了一个问题：如果政治中立、职业主义和科学管理的原理都不是公共行政的基础，那么什么才是公共行政的基础呢？

对于这个问题，存在着许多争论。从麦迪逊主义的传统出发，格拉海姆·阿利森（Graham Allison，1971）解释了多元主义在公共行政中的地位，他主张公共行政应该以官僚政治的理念为基础。文森特·奥斯特罗姆（Vincent Ostrom，1973）、安东尼·唐斯（Anthony Downs，1967）、威廉姆·尼斯卡宁（William Niskanen，1971）等人提出了公共选择理论，主张把市场的逻辑应用于公共行政。公共选择的观点是麦迪逊主义的观点。研究公共政策的学者也提出了政策执行理论，他们所持的观点也是麦迪逊主义的观点（Pressman and Wildavsky，1984）。对公共行政领域提出最直接挑战的理论是所谓的官僚控制理论。这一理论是由洛伊（Lowi，1969）提出的，具有浓厚的麦迪逊主义的色彩。他主张在强势民主的背景下，建立一种没
60 有裁量余地的官僚制，在强势民主的背景下，民选的官员甚至连最小的应用问题都能够解决。这四种观点都有一套理论，在本书后面的章节中，我们将会对这四种观点作进一步的探讨。

《公共行政的精神》一书所持的观点在很大程度上是汉密尔顿主义的观点，而不是麦迪逊主义的观点。它所遵循的是公共行政的理论和实践的传统。它与当代的“新公共管理理论”，以及目前公共行政领域所流行的领导的观念有关。《公共行政的精神》所描述和主张的是这样一种公共行政和政策执行的模式，即官僚自治在处

理公共组织的日常事务过程中，应具有广泛的自由裁量权。

这种主张的理由何在?

实际上，立法机关所制定的法律通常是比较模糊的。一般而言，法律对政府规划的描述往往使人不易理解。经验告诉我们，为了使不具体的甚至矛盾的立法语言具体、明确，公共管理者必须行使相当大的自由裁量权（Seidman and Gilmour，1986）。

实际上，预算的执行也很少完全符合立法者的意愿。公共管理者的一个重要任务就是把预算的现实和合理的意愿整合在一起，把法律的大话与合理的意愿结合起来。

在实际生活中，当政府部门无法实现立法者的意愿，或者无法实现因政治承诺而导致的公民的过高期望时，立法者经常把矛头指向政府——指责行政部门存在官僚主义，或者暗示行政机关存在贪污腐败。

实际上，联邦立法机关、州立法机关以及较大城市的市议会和地区委员会，都遵循劳动分工的原则。在这些机构内部，围绕着各种各样的政府职能，都建立了各种各样的委员会和分委员会，如在联邦立法机关中的国防委员会，在州及地方立法机关中的执法委员会。一般而言，这些委员会和分委员会与政府建立的负责有关法律执行的机构是相对应的。在立法政治中，在具体委员会或分委员会中的立法者与政府行政机关的高层官员之间，通常存在着密切的工作关系。有时候他们之间的关系十分密切，非同一般，例如，州立法机构中的高速公路委员会与州政府的高速公 61
路管理局之间、国会的农业委员会与农业部之间的关系就是如此（Kelman，1987）。

在立法政治中，高层立法者一般会遵循下层立法者的偏好。如果某一个立法分委员会主张某种观点，这种观点也往往会得到母委员会或者所有的立法者的支持。这就是委员会或者分委员会中主席为什么会有那么大的权势的原因。他们通常是依据资历选出的，并且得到执政党的支持。为了使委员会人选的任命符合他们的特殊利益，立法者往往会使用各种不正当的手段。

因为立法者是由州或州内的县选出的，因此他们所面对的就不仅仅是地区性偏见和压力问题，同时也有可能面临以地域为基础分配政府服务或项目的问题。一个典型的例子就是由美国工程军团负责执行的河流和码头建设项目的年度拨款的分赃。国防部和工程军团直接参与这些项目的开发。它们在立法委员会进行预算拨款之前就极力表示支持，并支持地域分配的政治。通过支持这种地区性的项目，立法者便向公众表明他们已经促使政府有效地服务于地方的利益。

在过去，联邦和州立法机构的人员配备，无论是在数量上，还是在人员的专业能力上，均有欠缺。然而在如今，事实上，所有的联邦立法委员会和分委员会以及大多数州、主要城市的立法机构都是人才济济。立法者再也无须完全依赖于公共行政的专业人员或专家了（Seidman and Gilmour，1986）。

最后，影响立法政治及公共行政的一个最重要的因素是“铁三角”。“铁三角”的一个例子就是立法机关的高速公路立法委员会和行政机关的高速公路管理局得到高速公路利益集团或是代表道路建筑公司、卡车公司、卡车司机联合会以及沙石、土木和沥青公司利益的院外集团的支持。在美国的绝大多数公共政策领域，人们都可以发现这种“铁三角”关系。

62 “铁三角”的隐喻，是人们用来描绘立法—行政—利益集团政治的一种方式，它有时也可能发生某些变化。在许多高科技政策领域，如金融政策和军备控制，“铁三角”则让步于问题网络（issue network），因为在这些领域中，复杂的知识和技能已经变得比经济利益的分配更为重要（Heclo，1978）。在某些特定的社会服务领域，如老年人或残疾人的权益问题，法院也积极地介入，因为法院的介入，“铁三角”现在逐渐被四边形所代替。法院、立法委员会、行政机构、利益集团都成为影响政策及政策实施的重要力量（Shapiro，1981）。

劳伦斯·E·林恩（Laurence E. Lynn，1996）甚至主张，要理解现代公共行政，就必须彻底了解利益集团、立法集团和行政机构所形成的网络结构。

行政首长政治

民选的行政首长——总统、州长、市长——在最近的 20 年里对政府开支上涨的反应十分强烈。尼克松、卡特、里根和克林顿总统以及许多州长及大城市的市长均在其施政纲领中主张缩小政府规模、杜绝浪费和贪污、削减政府的预算。这些做法取得了很大的成效，在里根总统任期内，成效尤为显著。克林顿总统也承诺削减公务员的规模，放松管制，重塑政府（Osborn and Gaebler，1992；National Performance Review，1993）。

一旦民选的行政首长走马上任，他们就会发现自己的公共行政指挥权十分有限。他们很快明白，绝大多数机构并不会因为它们是政治的幸存者而感激行政首长，行政首长的领导与其说是权威的产物，还不如说是政治派别的产物。哈利·S·杜鲁门离任时，曾经对他的接班人艾森豪威尔讲过这样的话：“干这个，干那个！其实什么也干不成，可怜的艾克——这儿可绝不是军队。你很快会十分泄气的。”（Neustadt，1960，p. 9）

在一般情况下，行政首长在公共政策的形成过程中还是能够发挥重要作用和影响的。行政首长经常能够有效地安排讨论新政策方向的议程（Kingdon，1995）。然而，各个行政机构却常常是专业化的，机关所配备的人员也有其狭隘的利益，并且通常对变革持抵制的态度。机构和部门的利益往往为立法机构、利益集团所钳制，
63 因此，在有些时候，它们往往不理睬行政首长的命令。

行政首长也同样会很快地认识到，预算的弹性余地通常也是很小的。联邦或州预算的每一个部分均会涉及人们的权利，诸如社会保障、退伍军人的福利、农业补助、社会福利等，因此削减预算谈何容易。新当选的行政首长往往会感到他们在竞选时所提出的政治抱负太过于理想化，因而他们时常为如何实现这些政治主张而烦恼。

民选行政首长的政治问题并不完全是官僚体制的问题。一个问题是分权；另一

个问题是一长串的、依据立法政策所要承担的义务，而这些义务的背后有着强有力的政治支持。要改变这些义务是极其困难的。对于民选的行政首长而言，与其直接面对来自民选的立法者的政治抵抗，还不如直接面对来自官僚机构对其政策的抵抗。

最近几年，行政首长的政治情况发生了巨大的变化。自 20 世纪 30 年代开始一直延续到 20 世纪 60 年代的政府行政部门的迅速扩张，民选的行政首长已经不再单纯地反对官僚体制，他们还发展其自身的行政能力。一度曾出现这样的现象，几乎所有政府行政机关的最高层职位都是由依据功绩所选拔的人员担任的。在联邦政府一级，内阁成员和接近总统的非正式顾问班子的成员，是由总统任命的，总统信任的秘书班子和司机也是总统任命的。每个内阁成员也可以任命若干个职务。

如今的情况已不再如此了。现在，在联邦政府的行政机构中，有上千个政府任命的职位，在州及地方政府，类似的现象也愈来愈多。正如劳伦斯・E・林恩（Laurence E. Lynn，1987）指出的那样："里根政府似乎从一开始就有这样的想法：在关键职位上有忠诚的支持者是行政领导的有力工具。政治任命人员的主要资格在于一个人和总统的价值观念是否相吻合，这甚至比一个人的管理能力、行政经验和 64
对问题的熟悉程度还重要。"（p. 340）

曾一度出现过这样一种现象：总统、州长及市长被那些寻求政府职位的人（通常是寻求较低级职务的人）所困扰，由于政治分赃的盛行，这些人往往能够达到自己的目的。1880 年至 1940 年间大规模的政治改革基本上废除了政治分赃制，在大部分政府部门均实行了以功绩制为基础的文官制度。如今，我们发现，行政部门政治化现象又开始抬头。事实上，正如切斯特・A・纽兰（Chester A. Newland，1987，p. 55）所说的那样，如今的时代是一个"高层分赃"的时代。他指出：

> 20 世纪 60 年代以来的情况表明：在当代，在总统直辖的政府机构中，人们与其说是关心政府的卓越表现，还不如说是关心政治的忠诚和高层职位的政治分赃。与早期的政治分赃情况相比较，如今被任命的官员往往与国会缺乏长期的紧密联系（在以前这增加了分权的力度）；他们对特殊的利益集团表示他们的忠诚，并且与他们保持联系，而利益集团则是总统支持力量的来源以及总统得到经济支持的来源。在这个弱政党、强利益集团以及通过大众传媒进行形象设计的时代，要进行这种新型的政治分赃，便需要得到总统的支持（p. 50）。

在《行政总统制》一书中，理查德・P・内森（Richard P. Nathan，1983）分析指出，在里根政府里，上千个政府任命的官员都必须得到白宫的认可，而一个人是否能够得到任命，主要是看其是否对总统的观点保持忠诚。情况的确如此，内森引用里根曾经说过的话："把那些赞同我的经济哲学的男男女女任命到高层政府职位任职，对于实现我的政府支出战略至关重要。在本届政府中，高层所发出的指令不会在官僚组织中被丢失或者隐瞒……［我们会带来］一个全新的总统内阁架构，这将会使内阁成员成为国家行政的管理者，而不是官僚组织或者利益集团想要指使

的俘虏。”（p. 72）

除了对行政机构进行强有力的政治控制之外，大部分行政首长也会处心积虑地增加与自己亲近的人在身边任职。尽管他们在口头上说要对“内阁政府”负责，但
65 是许多民选的行政首长愈来愈少地依赖于他们的内阁部长（以及部长身边的人员），却愈来愈多地依赖自己网罗的心腹。尼克松当政时的霍尔德曼（Haldeman）、埃利希曼（Ehrlichman），里根当政时的米斯（Meese）、贝克（Baker）和迪弗（Deaver），克林顿当政时的帕内塔（Panetta）都是典型的例证。在民选行政首长实行这种策略的地方，联邦政府及州政府机关的行政效率明显地下降。然而，民选行政首长在政治上介入行政事务在某种程度上强化了他们的意识形态偏好。

但是，这样做所付出的代价是巨大的。尼克松政府为此付出的代价是“水门”事件；尼克松也因此失去了总统宝座。里根当政时期，白宫卷入“伊朗门”事件，从而损害了总统的威信。当然，“伊朗门”和“水门”丑闻、住房和城市发展部的丑闻及借贷丑闻均表明，在联邦政府政治任命的人员中，无能、贪污、在经济上谋取好处、违法乱纪的现象有明显增长的趋势（Pasztor，1995；Welfeld，1992；Light，1993b）。

一方面，许多新当选的行政首长反对浪费、腐败、贪污；另一方面，政府部门浪费、贪污和腐败却仍有增无减（*Time*，1987），这似乎是自相矛盾的。浪费、腐败和贪污显然与公共行政及公务员没有多大的关系，而与民选行政首长的政治任命直接相关。

在分权体制下，人们把公共行政几乎等同于行政首长的政治。官僚组织被人们视为一种行政层级制。然而，总统政府的时代已让位于现代的国会政府。在国会政府中，政府的各个行政机构之间是合作管理的（Gilmour and Halley，1994）。显然，合作管理是对以行政首长为基础的公共行政理念的一种严重挑战。在本书第3章，我们会对这种挑战作详细的分析。

利益集团政治

66 在第1章讨论“铁三角”和网络隐喻的时候，我们曾指出，利益集团和立法机关的立法委员会或分委员会，与行政机关的有关部门具有密切的联系。利益集团的历史几乎与政府一样悠久。自其诞生之日起，利益集团注定在美国政府中发挥着极为重要的作用。在20世纪，艾森豪威尔在关于军事—工业联合体（一种在政治上十分强大的网络）的演讲中，曾经对“铁三角”进行了猛烈的抨击。人们曾经把来自华盛顿州的两位参议员亨利·杰克逊（Henry Jackson）和沃伦·马格努森（Warren Magnuson）称为“波音”公司的参议员。人们同样以公路、烟草、饮品、农场、保健等大公司的名字称呼某些参议员，他们在联邦及州政治中发挥着巨大影响力。

在本章的开头，我们曾讲到美国食品与药品管理局无力落实糖精销售禁令，尽管专家和研究人员已经发现糖精中含有致癌的化学成分。而那些在软饮料生产中使

用糖精作为添加剂的食品工业的利益集团通过立法程序，极力推迟糖精制品销售禁令的实施。如果一个行政机构有一两个利益集团作后盾，那么它在政治过程中就会得到强有力的支持，正如本章开头所讲的监狱，也许监狱缺乏利益集团的支持。最近几年，法院是监狱主要的支持力量，法院依据宪法的有关规定，严禁虐待犯人。如果没有某种自发的顾客群体或者利益集团的支持，那么肯定会出现危机，如出现暴乱或者丑闻，或者出现法院干预行政机关改善机关效能的情况（Hargrove and Glidewell，1990）。

近些年来，利益集团政治又出现了新的变化和发展。利益集团经常为政治候选人提供经济上的支持。不过我们如今又发现，出现了一些强大的和有经济实力的"政治活动委员会"（PACs），它们已由1974年的608个发展到1995年的6 000多 67
个。大约75%的政治活动委员会的政治献金均投入到了支持选举的活动中。政治活动委员会的官员（主要是与利益集团合作的资金筹措专家），在新总统或州长走马上任时，有时会被任命到某些政治职位上。这的确是一种新型的政治分赃制，这种制度既为行政首长（立法者）的选举活动提供了大笔的竞选经费，又为一些人讨价还价，在政府谋取一官半职创造了机会（Newland，1987）。

媒体政治

美国政府通常包含着一种特殊的媒体政治。的确，人们之所以接受美国的宪法，与联邦党人富有成效的宣传是分不开的。一些早期的政治家，如本杰明·富兰克林都来自媒体，那时的媒体主要是报纸、杂志、小册子和书。如今媒体在政治过程中的影响力量显然是今非昔比了。许多新闻评论员和播音员，后来都在政府中担任了公职，如西雅图前市长查尔斯·罗耶（Charles Royer）、北卡罗来纳州的参议员杰斯·赫尔姆斯（Jesse Helms），当然，还包括罗纳德·里根（Ronald Reagan），他最初成名，还是因为他是一个电影明星。

在现代媒体政治中，主要的问题都与电视的力量和电视这一媒体在处理复杂公共问题时的低效能有关。不过，在刻画人的个性时，电视所能够发挥的作用还是巨大的。结果，我们生活在一种高度个性化的政治时代，而与之相伴的却是政党的苍白无力，我们处理复杂的政治问题的能力和制定政策、解决问题的能力的削弱。媒体政治是一把双刃剑，它既能夸大政治家、社团领导、运动员及影视明星的个性和私生活的重要性，同时，也能够暴露他们的言行失检，惩罚他们。

新时期的媒体政治需要大量的金钱，尤其是需要大量的金钱支付电视广告费。政治活动委员会（PACs）的出现与媒体政治的开销之间存在十分紧密的联系，这也不足为奇。那些能够控制重要政治活动资源的，自然也能支配电视的舆论导向。 68

对媒体的有效运用长期以来被认为是一种高超的政治技巧。在公共行政的舞台上，颇具传奇色彩的胡佛（J. Edgar Hoover）曾运用电影、杂志及早期电视来引发人们对联邦调查局（FBI）的兴趣；肯尼迪在其任众议院议员期间，由于他在议会中独善演讲的个人魅力而一举成为总统候选人；罗纳德·里根的演技权且算是一个特例；相反，倒是林登·约翰逊（Lyndon Johnson）娴熟的政治技能未能被捕捉到；克林顿周旋于以华盛顿媒体为中心的全美各地刚刚诞生的媒体机构之间，充分运用其脱口秀，使他在更广泛的意义上赢得了民心，这比电视新闻宣传更有效。

华盛顿、各州政府以及多数较大城市都是美国政府与公众联系的中心。公共关系公司为各路候选人更有效地展现自我提供建议和意见。它们引导政治人物确定公众利益之所在，并对这些政治人物加以精心包装。公共关系公司同样也与行政机构紧密合作，以改善这些机构的公共形象。当然，利益集团也会有效地利用这些公共关系公司。商业公司则不仅利用公共关系公司来推销其产品，还委托公共关系公司为其设计公众形象，以便于增加它们获得政府授权与签订合同的可能性，并强化它们在特定政策问题上的影响力。

在当代美国政治中，有三种介入其中的途径：（1）以高昂费用为代价的媒体政治；（2）政治活动委员会（PACs）融资支持着的利益集团政治；（3）选任立法者及行政官员的民选政治。诚如切斯特·纽兰（Chester Newland，1987）指出的那样：正是这三种力量使美国联邦政府既是总统制又是国会制——它机械地高速运转着，各方特殊利益就在相互妥协之中得以实现。相比之下，正如詹姆斯·麦克乔治·伯恩斯（James MacGregor Burns，1963）的研究中引用纽兰的话所表明的那
69 样，领导人专注的是，以领导方式的改变来求得价值取向在更高层次上的真正变化（Newland，1987，p. 49）。

总之，按照纽兰的说法，尤其是在联邦一级和州一级，政府的行政效率和政府权能都大为下降了。

代理的政府政治

在过去的25年里，一种新的强有力的政治形式诞生了。人们广泛地认为，政府正在发生着戏剧性的变化。在这25年的时间里，联邦财政预算的规模以及州和地方政府开支均呈戏剧化的增长。此外，政府也更多地涉足于诸如环境保护、同工同酬、能源、健康、教育、产品安全以及经济发展等领域。对此，人们早已司空见惯并理解。然而，更有一些同样的根本性变化却很少惹人注目——人们不再关注政府活动的范围，而是更加关注政府活动的形式（Salamon，1989）。这种新的政治形式被称为代理的政府政治，或称为第三者政府，或是民营化。

代理的政府政治采取多种形式，主要的类型有（Kettl，1993a）：

1. 联邦、州及地方政府与私人部门（营利公司或商业企业，如波音航空公司）或非营利组织如心理健康咨询门诊以及兰德（Rand）公司等签订合同，为社会提供物品和服务。1990年，这样的合同就占联邦开支的21%。国防部成为最大的签约部门。政府采取这种合同制方式正日渐频繁。

2. 授权并与州及地方政府签约。这样的合约量已上升到联邦开支的11%左右。联邦政府在诸如州际高速公路建设、福利管理、污染治理设施建设等项目上，对州政府招标，州政府则将道路建设的权力再进行招标，县、乡则对智力保健服务进行

招标，凡此种种。

3. 联邦和州的税收制度。这是一个由关税特惠、减税、漏税等相关规定构成 70
的复杂的制度体系。每个人据此调整其经济行为，以利用有利的税收环境。即使有了 1986 年的税收改革法案，对于私人企业而言，税率增加仍是一个主要的问题。例如，假如不允许减免房屋抵押和财产税，房地产业还能继续兴旺吗？通过减免抵押利息税并为购房者提供低息贷款，联邦政府就可以促进房地产业的发展。

4. 联邦政府的贷款能力。几乎在每一件事情上——从住房到教育——联邦政府都可以为公民贷款。目前，联邦政府的贷款额已高达 1 万亿美元。政府贷款的利息率远低于私人部门所能提供的贷款利息率，所以联邦政府的贷款制度使其能够取信于民。

5. 各级政府均参与管制商业及私人活动。对私益物品和服务的管制费用——如保障食物及药品的安全性或为商业企业颁发许可证——是一笔巨额开销。政府花在商业管制和规范社会公民身上的费用是未可知的，或许根本无法测算。但有一点是可以肯定的，这笔款项无疑是大得惊人的。

在里根总统任职期内，这种代理的政府政治十分突出。1982 年，里根任命了一个以工业企业家 J·彼得·格利斯（J. Peter Grace）为首的格利斯委员会。该委员会声称：如果政府更多地与外界签约，寻求代理或是将田纳西河管理局、伯纳维尔电力管理局甚至国家公园系统全都民营化，将会为联邦政府“节约”几十亿美金。事实上，格利斯委员会的这些主张在很大程度上由于其过分夸大其词，再加上这是个政治上无法接受的改革目标，而成为联邦政府的政策或行政管理改革中一次典型的方向完全错误的尝试（Downs and Larkey，1986）。

不足为奇的是，这种看待公共事务的特殊观点会受到利益集团——尤其是大公司——的青睐。因为果真如此的话，所有形式的代理公共行政、影子官僚以及上述
将被民营化的部门，均会得到巨大的政治支持。例如，本章开头讲到的监狱暴动事 71
件就并非虚构：将监狱中的许多事务承包给私人部门，组成营利性“监狱”，现在已成为一个十分严肃的政策选择方向了，而这些公司的股票市值正飞速飙升。

这个观点之所以极具影响力还有一个原因：人们有一种广泛存在的观念，就是认为政府总是低效率的，公务员只关注能否保住他们自己的饭碗，如何增加行政机构的预算，怎样才能扩张自己的权力（Buchanan and Tullock，1962；Downs，1967）。尽管大多数企业家们持有上述看法，但证据表明，比起私人部门的雇员来说，政府官员更具社会责任感和为公共事业服务的精神（Goodsell，1995）。

政府代理政治之所以得以飞速发展，很重要的一个原因在于所谓的公共选择经济学家对公共行政理论和实践所产生的影响。公共选择经济学家信奉这么一个理论前提：人都是理性的并会主动做那些对他们自己重要的事情。舒尔茨（Schultze，1976）指出，人是理性的自利人，其“经济活动与社会活动是通过个人及自愿组合形成的一个网络系统即‘私人市场’进行的，因而社会干预理论应该关注的是在什么条件下干预是不必要的，我们认为是公共部门干预了私人部门，而不是刚好相反”（p. 13）。

在这种理念下的公共事务中，政府的目标变成了为私人部门的利益和偏好的交易提供竞技舞台。换言之，政府变成了一个市场。詹姆斯·M·布坎南是公共选择理论的重要代表人物，他因此获得了1986年的诺贝尔经济学奖。公共部门提供的直接服务将越来越少，而将更多地通过私人部门来实现政府目标。换言之，政府将
72 在不生产公共服务的情况下提供公共服务。根据这个理论，民营化就是把本应由政府提供的服务转由私人部门去代理——经济学家相信竞争的压力会促进效率的提高。

唐纳德·F·凯特尔（Donald F. Kettl，1993a，1993b）回顾了几种联邦体制下的代理政府政治的形式。他的分析中涉及国防部对外授权研制约克式坦克（Sergeant York tank）、联邦政府对州及地方政府授权项目的增加、1986年的税制改革、联邦助学计划、农业贷款危机以及取消航空管制。他得出结论认为，政府用一只手来做这些事与其授权另一只手来做这些事的价值是不同的：代理制政府比传统的公共行政形式更有可能滋生渎职和贪污腐败现象，而一旦出现问题，就会产生重大的深层次的连带责任问题。

2.3 政治背景下的公共管理机构

有过多年经验的专业公共行政管理人员都明白，他们必须在政治背景下进行各种行政活动。然而，他们却往往是在政治—行政二分法的思想指导下获得这种认识的，并且认定政治和行政确是应当相互独立的。

正如我们所熟知的，行政管理人员的价值与选任行政长官或立法者的价值并非一码事。行政价值包括政治中立，业绩选任，专业化，利用信息分析公共政策问题，为研究政策连续性保存记录，工作伦理意识，职业道德，建立在效率（以现有的财力生产最大化的产品）和经济（以尽可能少的财力生产一定数量的产品）基础上的决策公正性。为了使这些行政价值在行政实践中得以实现，行政管理人员往往是在“原则与实际”的框架中思考问题的，如政策规划、责任与权力对等、层级控制、控制幅度和命令传递、专业化等等。

将这些原则付诸行政实践，行政管理人员被假定是理性的决策者，他们根据成本—收益原则制定效率最高且行之有效的公共政策，并据此原则实施政策。

73 在美国政治中，权力往往是分散的、被分割的、非集权化的。有效的公共行政人员会发现权力集中是极为有用的。在政治世界中，权力属于政治家、利益集团和公民社群，而在公共行政领域里，为了提高公共行政效率，更重要的是让专家和技术人员执掌大权。在选任官员的世界里，讨价还价则是民主程序的一个部分，但从为提高行政效率的角度而言，又必须将政治因素排除在行政程序之外。在政治世界中，个人的和政治家的偏好与利益是一致的，而在公共实践中，是由建立在离散分析基础上的效率—技术理性或科技理性的分析来决定利益取舍的（Yates，1982）。

通过这些价值比较，我们不难看出在民主原则上运行着的支离破碎的政府所遵

循的是一种麦迪逊主义。这意味着，政府总是低效率的、不经济的。道格拉斯·耶茨（Douglas Yates）认为这些价值可以把集权化的计划制定和目标设置与非集权化的分散执行及服务提供统一在一起（1982，p. 200）。

行政政治和行政权力是政府运行的两个重要方面。事实上，哈罗德·塞德曼和罗伯特·吉尔摩（Harold Seidman and Robert Gilmour，1986）指出："经济和效益并不是公共行政的主要目的……组织和行政活动最根本的问题是与权力相关的那些问题：谁控制着一切，谁来结束一切"（p. 28）。毫无疑问，一种完善的公共行政理论本身必须是一种政治理论（Waldo，1990）。

《公共行政的精神》同样也是秉承汉密尔顿传统的政治理论，其特征是：

第一，在绝大多数立法机关中缺乏能使大多数行政官员遵从的、明晰可鉴的命令规则，更没有稳定一致的政策可言。行政官员因此必须自己赋予繁琐暧昧的整个法定程序以明白无误的特定含义。明智的公共行政官员总是小心谨慎地从立法机构与行政机构的关键人物那里寻求支持和理解，以便更有目的性地执行行政命令。他 74
们当然也会尽力地寻求利益集团和公众尽可能多的支持。毫无疑问，高效的行政活动需要行政官员能够驾驭这种政治活动。在现代公共行政中，这被称为"创造性领导"（Bryson and Crosby，1992）。

第二，立法经常要求延伸性授权，正如勒纳和沃纳特（Lerner and Wanat，1983）指出的那样："立法者通常并非技术上的专家，他们只能确立法律的总体目标，这些总体目标尽管十分规范，但却缺乏细节。大家通常称之为立法的东西，虽偶有表达授权的，但却都显得模棱两可。立法机构（联邦、州或地方政府的）要求执行机构通过为工人们在学校里的孩子提供营养丰富的食品，援助视力受损的儿童，保证充足的工资收入等措施，从而为工人们提供一种安全的环境"（p. 500）。

不仅立法含义不清，立法机构的执行也从未清晰明确过。因此，设计具体的执行步骤，并使其符合实际，切实可行，还必须具备高度的政治灵活性，这就全看行政官员的本事了。行政官员只有与关键的立法者和主要的行政长官以及利益集团共商一处，才能使这些含混不清的东西清晰明确起来。

第三，专家和专业人员是有效行政政治的基础。构成官僚力量的基础包括：（1）由专家对某个问题或特定领域加以全程关注，对公共服务提出更高的专业技术要求，并为专业技术的实施提供更多的机会；（2）在不同的问题和领域中强调专业化；（3）对这些领域内的信息享有专利权，这可以使行政机构中的专家在他们自己的部门内进行决策时不再受到牵制；（4）越来越多地依赖技术官僚建议的模式；（5）官僚专家们日益增强的控制力（Rourke，1984）。公共行政在专业技术知识方面不再有它曾经有过的那种超越技术专家的权威性，技术专家们可以与立法委员会的成员、作为主要行政部门的临时成员的各路专家平起平坐。有效的行政管理者因而会在组织中扮演沟通和执行的角色，他们想方设法使所有的专家信息灵通，从而朝着一个共同的政策方向努力工作。

第四，在政府的代理政治中，凯特尔（Kettl，1993a）和萨拉蒙（Salamon，1989）认为，无论是选任官员还是公共行政管理者都应当将更多的注意力放在"互

75 相结盟”的共同目标上。因为代理机构和政府部门的价值取向是不同的，他们希望建立起一个权衡目标的机制，并运用这个系统来确认共同目标。这样，政府和代理机构在处理政府事务上就更一致了。塔克（Tucker）进一步指出了行政官员的新角色：“他们的工作是起到诊断问题的作用，提供反馈，并且对群体所面对的环境做出权威性的识别与判断”（1983，pp. 19-20）。

无论是选任政府官员还是委任政府官员，都必须对代理政府中的三角结构的责任能力及其绩效给予更多的关注。政府官员们现在对不在其责任范围内的项目也承担着责任。用凯特尔（Kettl，1993a）的话来说就是，“随着代理政府的发展，政府项目的成功已经更多地依赖于所有的美国人及其公民精神。所有政府绩效的责任所及之处——无论是全局性的还是局部性的——都必须认识到其对公众所负的更为广泛的责任。责任能力应该超越政府机制而延伸到发现并解决问题上。无论是在使所得税制度更完善，获取政府贷款，还是在服从联邦管制或是作为政府合约方而工作，每个公民都扮演着十分重要的角色”（p. 161）。卡特尔的观点与本文第 1 章公共行政中的公共理念是十分接近的。

现代的代理政府使公共行政理论和实践面临着全新的重大挑战。传统的公共行政理论往往对代理政府现象持有威胁论观点，认为代理政府会减少政府的责任，降低政府的能力。在传统理论中，政治力量集中在选任行政官员手中，这些行政官员在很大程度上控制着专业公共行政管理者，并对其所辖机构的事务负责。而代理政府在下述几方面威胁到了这些原则：（1）它分散了权力；（2）它使谁该做什么变得十分模糊；（3）它服务于一条权力控制链（Salamon，1989）。

高效的公共管理活动不能仅仅依赖于等级制度的控制、预算的制定和人事管理技术的运用或其他侧重于官僚体制内部控制的理论，公共管理已超越了政府机构的
76 边界，有效的公共管理者应该懂得如何操纵“由各种机构及相关人员构成的错综复杂的网络（公共管理者不擅长控制这种网络，但又必须依赖这个网络开展行政工作）”（Salamon，1989，p. 20）。

第五，政党中立是职业化公共行政者关于政府工作理念的一部分。然而，有效的行政管理者在其所属机构的目标任务上，不可能是中立的。政府机构和所有的组织一样，希望其雇员既是高度专业化的，又是能忠心耿耿、恪尽职守的——纳税公民当然也希望由足智多谋的职业专家为其提供所需要的公共服务。

高度专业化并且恪尽职守的专业人员往往是全身心地奉献于所专注的事业（参见第 3 章）。最好的社会工作者、学校教师、联邦调查局官员和士兵都对其工作抱有坚定的信仰，同时期望能拥有足够的资源和支持来更好地从事工作。对公共服务者而言，一个最大的挑战也是用有限的资源尽可能地做好他们的工作，尤其是当他们认识到如果有额外的基金的话，他们也许能更高效地完成任务。

例如，在对公共基金的竞争中，指望美国农业管理局表现得中立、公正是不切实际的。管理局的领导人会千方百计地争取那些他们认为完成其责任所必需的基金。其他各部门的领导们也无不如此。千万不能认为一个政治上中立的小组委员会就意味着公共行政者在对基金的竞争中也会保持中立。事实上，有效的行政管理者

会为其所属机构争取到基金而竭尽所能——他们会去寻求各方支持。我们必须认识到的是，任何一种过于功利地追求超越政党中立原则的行为本身就表现出某种政治倾向，而这会对选举造成影响。这就迫使行政管理者必须在其政治主张与政治中立之间仔细地权衡利弊得失——一旦预算被通过，就必须利用可用资金提供尽可能多且尽可能好的服务了。

第六，公共行政管理者常常是处于公众可能会需要宪法加以保证的政府管理体系的某个环节上。因此，有效的公共行政管理者必须具备宪法上和法院对宪法的解
释上都牢不可破的背景基础。事实上，行政管理者——尤其是行政分支机构中的代 77
理人——常常会发现十分有必要提醒（实际上就是警告）选任行政官员和立法者：对于多数人原则的限制在于尊重个人权利。

第七，公共行政管理者是润滑油，他们能使联邦体制顺利运作。当今大多数政府管理功能都包括三个层次的管理。公共行政管理者因此必须了解每个层次的政府有其特定的功能所要求必须扮演的角色。正如德西克（Derthick，1987）指出的那样，有效的行政管理者知道“现在是讨价还价的时代，而不再是从前的唯命是从的时代了。这已成为政府间活动的特色了”（p. 69）。这一点是十分现实的，因为对公共项目的责任现在正从联邦层次逐步延伸到州和地方层次上。

总之，技术专家呼吁良好的公共行政管理者，而真正有效的政治谋略是如何才能使公共行政的精神高扬这个问题，在公共机构的较高层面或是领导层面上尤其重要。在宪法秩序的框架中，对一个民主政府来说，造就拥有高超的政治谋略，能够与选任官员合作共事的公共行政领导者，显得尤为重要。如此，公共行政的政治性就将成为为美好愿望而实施善政的人类的能力的辉煌写照。

第 3 章

作为治理的公共行政

78 当公民们抱怨官僚时，他们犯的最大一个错误就是认为他们所遭受的挫折都是管理问题引起的；事实上并非如此，他们所遭受的挫折都是治理方面的问题引起的。

——詹姆斯·Q·威尔逊（James Q. Wilson），《官僚制》，第 376 页

如今的时代不仅是一个反官僚的时代，也是一个反政府、抗税、反制度的时代。当代政治学的一些信条和术语反映、放大或夸大了当今时代的“反抗”特征（Edelman，1977）。因而，对于公共行政来说，这是个艰辛的时代。尽管环境如此，公共行政已经表现出相当的适应能力和创造力。新型的管理理论、组织理论和管理技术的发展，实际上反映了公共行政的适应性和创造性的提高。针对反政府和反官僚，人们在理念上对此作出了回应。本章所描述的便是公共行政最主要的理念之一。

在当代公共行政中，治理是人们经常使用的一个概念。治理是这样一个词语和概念，它使公共行政与政治、政府、官僚体制在言辞上保持一定程度的距离。在其通俗化和产生一定影响的《改革政府》（1992）一书中，戴维·奥斯本和特德·盖布勒（David Osborne and Ted Gaebler）曾经这样写道：“这是一本关
79 于治理，而不是关于政治的书”（p. 247）。正如我们将要了解的那样，许多人也用治理一词意指公共行政。本章接下来就要描述

作为治理的公共行政。在描述之后，我们试图把公共行政定义为一种治理活动。在给治理下了定义之后，我们将进一步挖掘治理这个概念的内涵。

3.1　作为治理的公共行政：一些描述

当代许多著名公共行政学者要么把“治理”一词当作“公共行政”的对应术语，要么试图用“治理”代替公共行政这一传统术语（Kettl，1993a；Salamon，1989；Garvey，1993；Peters and Savoie，1995；John，Kettl，Dyer and Lovan，1994；Lan and Rosenbloom，1992）。这些学者对传统公共行政与“新理论”进行了比较。人们有时把这种新理论称为治理，有时则不这样称呼。加维（Garvey 1993）对产生于进步主义时代的旧理论进行了描述，这种理论是建立在专才、专业化、以功绩为基础的文官制度、制度建设、行政科学、公共利益的假设的基础之上的。相比之下，新理论是建立在这样的前提基础上的，即“人是理性的人，完全受自我利益的驱动”（p. 3）。新理论所运用的是市场逻辑、民营化、契约外包、交易费用的逻辑和问题网络。加维认为：

> 新理论同样有助于我们理解当代治理的基本结构和问题网络的起源（Heclo，1978）。每当决策者意识到在他们与其他人的关系中能够避免的交易成本增加时，他们有可能通过建立一种非正式的问题网络的方式作出回应。在意识到不断协调和信息沟通的需求之后，政府官员和私人部门的决策者都会发展非正式的，但又是持续和协作的关系。人们可以把网络视为一种对问题的纯粹自然的反应，特别是对公私交界地带协调问题的反应，这种问题是现代治理的固有问题（p. 7）。

莱斯特·萨拉蒙（Lester Salamon，1989）尽管没有使用治理一词，但也对新理论和传统的公共行政进行了比较，其看法与加维几乎完全一致：

> 传统的公共行政所强调的是政府机关的管理与控制，很少涉及那些新型的 80
> 公共活动的管理和运作。在传统的公共行政强调公共机关的内部动态的地方，新型的公共活动则经常涉及与非政府组织之间建立伙伴关系。在传统的公共行政强调权威的等级界限及控制命令机制的地方，新型的公共活动则运用分权化的管理运作以及协商和说服的技术（p. 255）。

凯特尔（Donald F. Kettl，1993a）曾经对联邦政府服务的契约外包作了精辟的论述，他用专门的章节对“管理与治理”进行了分析（pp. 199－212），他对管理与治理的区分与加维和萨拉蒙相似。在论述政府服务的契约外包时，他作了这样的区分：

政府角色已经发生了变化，政府已很少是公共产品及公共服务的生产者，而更多的成为实际从事公共服务的代理人的监督者。在十分传统的项目中，政府自己生产公共物品或直接提供公共服务，高层管理者下达命令，希望公共部门的雇员们执行命令……官僚组织的层级控制链起着十分重要的作用，它把决策者和一线工作的服务提供者或紧或松地联系在一起。

在公私伙伴关系中，契约代替了层级。从政策到执行的权威链不再存在，代之而起的是契约，契约把政策的制定者和政策的产出分离开来。高层官员不能对契约方下达命令。他们可以威胁、哄骗或说服，但最终他们只能形成契约方能够做出回应的诱因。权威链中存在着缺口，而这种缺口是由契约来填补的。

在这里，争论的问题并不是说那种处于竞争核心的契约关系注定要崩溃，而是说契约关系意味着一种不同类型的公共管理（pp. 21-22）。

正如我们在第 2 章所分析的那样，对于传统的理论和新理论，还有一种区别的方式（Kettl，1993a）。在许多方面，传统的理论或者旧理论均具有汉密尔顿主义的色彩。正如凯特尔所指出的，传统的理论“与强国家、强行政有着密切的联系……认为行政的任务就在于有效地达成既定的公共目标，认为一个有活力的政府是能够行善的”（p. 407）。而那种把公共行政视为治理的新理论，在许多方面（尽管不是全部）都具有麦迪逊主义的色彩。新理论“对过多的政府作用持十分谨慎的态
81 度……对政府权力，特别是行政权力的集中也十分谨慎”（p. 407）。毫无疑问，作为治理的公共行政，在某种程度上是麦迪逊主义的，它是当今反政府时代流行的政治学。

彼得斯（B. Guy Peters）在其题为《变动环境中的治理》的文章中，对若干国家公共行政的研究状况进行了总结（Peters and Savoie，1995）。彼得斯对传统理论和新理论的区分与加维、萨拉蒙、凯特尔的观点相似。他写道：

在公共服务领域内，那种层级化的和以规则为基础的管理假设，以及在公共服务领域之外，通过公务员的权威来执行和实施法规的假设已经过时了。曾经有效的纯粹的韦伯式的管理模式并不适用于公共组织。在公共组织里，我们看到，组织的权力和权威有各种各样的来源。例如，与政府组织的结构和绩效相比，市场或许成为一个越来越重要的标准。虽然公共部门和私人部门之间的固有差异对于理解治理十分重要……但即使左翼的政府亦在它们的结构和程序中实施了许多市场化的改革措施。（p. 289）

迄今为止，詹姆斯·G·马奇和约翰·P·奥尔森（James G. March and Johan P. Olsen）在《民主的治理》（1995）一书中对治理这一概念的阐述最为复杂。他们阐述了两种关于治理的观点。一种是交易的观点，这种观点基本上与上述一些作者对治理所持的观点一致，把现代公共行政等同于治理。马奇和奥尔森发现，依据交

易的观点，理性（有限理性的）的行动者的假设、竞争、市场、讨价还价、联盟的技巧和使政策发生改变的帕累托标准的功利主义观念，至少使一个人更富有而没有人因此更贫困。但是，马奇和奥尔森的论点的目的在于挑战制度主义或新制度主义关于治理的交易观点，依据制度主义或新制度主义者的治理观，规则、权力、对公 82
共物品的集体本能和可辨认的角色是与治理过程中的行动者联系在一起的。马奇和奥尔森基本上是认同治理的交易理论的主要观点的。他们也认同治理是一种适当的隐喻，但他们又坚持认为，人们应该从制度的观点而不是从交易的观点界定治理。

尽管兰和罗森布鲁姆（Lan and Rosenbloom，1992）没有使用“治理”一词来描述现代公共行政，但是，他们对治理和公共行政进行了相同的区分。在他们所称之为“市场化”的公共行政中，存在着各种竞争性的服务中心、扁平的等级结构、具有企业家精神的领导、契约外包、竞争、授权公民进行选择、空心化的职业服务以及普遍化的市场取向。在市场化的公共行政中，兰和罗森布鲁姆又增加了法律的途径，如替代性争议解决、契约谈判及个人的责任和义务。

在国家公共行政研究院（NAPA），治理是一个人们广泛使用的术语和概念。在最近一份关于国家公共行政研究院和美国农业部的农村发展合作项目的总结中，提出了一个“新治理”的概念，称“克林顿总统是新治理运动的一员”（John，Kettl，Dyer and Lovan，1994，p. 170）。这种新治理与前述的公共行政的治理大致相同，也与《改革政府》的观点基本一致。国家公共行政研究院的报告认为这场运动已经发展到大规模的阶段（p. 175）。

最后，在《改革政府》（1992）一书中，奥斯本和盖布勒提出了一种现在众所周知的二分法，把具有企业家精神的公共行政和官僚式的公共行政加以区分。由于他们大量使用了治理这个词语，因此人们完全可以把具有企业家精神的公共行政和治理视为一回事。如果术语可以互换，那么二分法就应该是这样：

治理	**官僚行政**
掌舵	划桨
授权	服务
竞争	垄断
使命驱动	角色驱动
结果导向	投入导向
顾客驱动	官僚驱动
盈利	支出
预防	矫正
团队/参与	层级控制
市场	组织

83

奥斯本和盖布勒的观点基本上与治理的观点如出一辙，公共行政的治理观点对“新公共管理”产生了广泛的影响，如今许多著名的公共行政学者都在支持和鼓吹新公共管理。

3.2 治理：定义的探究

尽管《韦伯斯特新国际词典第三版》给治理下了定义[1]，但就公共行政领域而言，我们还是要给治理下一个适合于我们的定义。正如路易斯·卡罗尔（Lewis Carroll，[1871] 1960）所说的那样，“当我们使用治理一词时，它的意思，不多不少，正好符合我们的意思。”在公共行政领域，许多人认为，通过符号和隐喻的发展与运用来进行公共行政的理论建构，这是一种完全实用的和可以接受的做法。但是，其他一些人则认为治理一词的使用违背了从公共行政所产生的共识的传统。

84 在我们参与这场争论之前，我们首先要明确作为治理的公共行政意味着什么。这是很有必要的，因为在使用治理一词时，人们经常缺乏明确的定义，也没有说明这个词的逻辑基础，并且在概念上也不精确。好像那些在说话和写作中使用这个词的人知道治理一词的意思是什么，但他们又不给治理下一个明确的定义，因为他们假定听众或读者知道这个词的意思。而另外一些使用治理一词，把治理等同于公共行政的人所欣赏的是这个词的感染力，他们并没有对这个词所包含的意思进行过认真的思考。

作为公共行政的治理的第一个和最明确的含义是：它包括了参与公共活动的各种类型的组织和机构。例如：用公共管理和公共行政来描述大都市的交通运输系统便不恰当，但是，用治理来描述这一系统就很恰当。

在一项关于圣弗朗西斯科海湾地区交通运输系统过剩问题的出色研究中，研究人员曾经描述了若干种由政府、非政府组织、非营利组织和混合实体所提供的交通运输模式（Landau，1991）。这样的系统不是经营和管理的，至少从经营和管理的传统意义上来看，它不是经营和管理的。但是，在这样的系统中，存在着组织和领导的网络，它们一同参与治理。BART（海湾地区快运，一个自治的、负责管理地铁和地上铁路系统的特区）的总裁在 BART 的内部事务管理中可能要从事公共行政的活动，此外，他还要与市、县以及其他交通服务的提供者进行协调，这样他也要从事治理的活动。有些人把这种状况称之为网络（Lynn，1996）。

有些学者对公共行政或公共管理的定义下得非常宽泛，包括了人们所说的治理。尽管如此，在描述多元组织或网络的互动模式时，治理一词或许是一种最佳
85 的、最能得到人们普遍接受的隐喻。

在国际事务中，治理和政府之间存在着明显的差异，人们显然把治理界定为多元组织系统的管理。这种途径在这一层面上涉及主权问题，政府被认为是权威的象征，所以这种处理方式尤其适宜，这些在此不再赘述。罗森诺和切姆皮尔（Rosenau and Czempiel）最近编辑出版了一本书，书名为《没有政府的治理：世界政治中的秩序与变革》（1992），书名本身就说明了问题。派伊（Lucien W. Pye，1992）在一篇纪念里格斯（Fred W. Riggs）的文章中，描述了“国家的神话”和

"权威的现实"。所有这些国际关系方面的文献都对跨国界的治理，即一种开放的信息系统、跨国公司和地区联盟的治理，进行了描述。在这种治理中，存在着秩序和权威，也有管理者和官僚在从事治理。所有这些都是具有"公共性的"，但仅有部分具有政府的性质。

马奇和奥尔森（March and Olsen，1995）所提出的松散地结合在一起的系统的概念是另一种形式的治理。这样的系统是集权和层级的替代物，因此，在现代治理的世界里特别地流行。一个组织内的松散联合意味着高度的分权和授权，意味着组织的各个部门之间，组织与其顾客或消费者之间，以及与其他组织之间的界限十分模糊。

这种作为治理的公共行政的定义假定，本书第 1 章中所描述的公共事务和政府事务之间的差异是可以调和的。在治理中，行动的网络包括了全部的公共组织——政府的、非政府的、营利的、非营利的、国家的、超国家的组织。这样，公共行政的领域就大大地扩展了。在这个扩大了的领域中，政治事务和行政事务之间的差异也同样变得模糊不清。所以，作为治理的公共行政也就意味着传统的政治—行政二分法不复存在；正如我们在第 2 章所分析的那样，分权制衡强化了政治与行政的二分法。那么，作为治理的公共行政认为，为使公共组织的运作更为有效，就必须整 86
合分离的权力。对于这种观点，人们也不应该感到奇怪。我们将在本章稍后部分再讨论这些问题。

人们也使用治理一词来说明当代的多元主义和超多元主义（我们在第 1 和第 2 章对此问题进行了分析），这种用法和第一种关于治理的含义十分的相似。在多元主义的体制中，治理包括了所有有利害关系的利益主体：政党、立法机关及其分支机构、利益集团、中间人、组织、顾客、媒体、卖主等等。这样，治理一词是对政策制定和政策执行过程中所存在的那种十分复杂的关系的最佳描述。几年以前，克利夫兰（Harlan Cleveland，1972）以其惯用的预测方式，把公共行政描述为"各种关系相互交织的网络，在此网络中，控制是松散的，权力是分散的，决策中心是多元的"（p. 13）。如今，在 20 世纪 90 年代中期，许多人认为，公共行政的这些方面都可以称为治理。

在第 2 章中，我们描述了现代公共行政的多元主义背景。在超多元主义看来，事实上正是那种作为治理的公共行政的观点假定，在秩序的表面上，可以把具有各种利害关系的人们结合在一起。这里，有趣是，从事治理的是公共管理者，而不是民选的政治家。

治理的第三种含义与现代公共管理研究的趋势有关，通常也与公共政策学派的管理专家有关（Garvey，1993；Behn，1991；Doig，1983；DiIulio，1994）。治理解释了多元制度—组织环境存在的原因，当代的领导者和政策企业家正是在这种多元的环境中执行政策的。与传统的公共管理者的工作相比，在治理的环境下，他们的工作更是随心所欲，更具有政治性，要承担更大的风险，更具有创造性，而更少具有组织性，更少受层级的控制，更少受规则的限制，更少具有管理性。

在某种程度上，这种区分的依据是，治理是为了达到某种公共目的而在横向和纵向的组织网络中所进行的活动，治理活动不同于某一机构内部日常事务的管理活动。当然，人们完全可以争辩说，公共行政通常已经包括了人们所说的治理活动。尽管如此，治理仍然是能够对公共行政的这些十分重要的方面作出有力的、合理的解释的一个词语。

87 治理的第四种含义不是十分具体明确，通常是隐含的。言外之意，治理意味着重要性，意味着合法性，意味着一种为达成公共的目的而作出的崇高而积极的贡献。尽管人们鄙视政府和官僚体制，但人们却认为治理是可以接受的、合法的、甚至是好的。人们认为传统公共行政是层级节制的、效率低下的、缺乏想象力的，而认为治理是具有创造力和回应力的。

如果把上述四种治理的概念整合起来，便会形成一个或者一套对公共行政的理论和实践皆有意义的概念。人们可能认为，治理这一概念含有相当多的经验成分。在真正的现实世界中，事实上的、看得见的治理是存在的，它肯定是一种科学的和理论上能够得到解释的现象。当人们对治理进行研究和描述时，一般至少会涉及治理的上述四种含义中所包含的某些特征。

这些关于治理的定义并非是前后矛盾、自相冲突和相互排斥的。如果把这些概念整合起来，就会形成一个或一套相对比较严密的概念。

在一个反政府、反制度和抨击官僚体制的时代，诸如治理这样的术语和概念是一个有益的矫正方法。如果一些政客、新闻记者和学者使用官僚主义一词作为反对公共行政，反对以功绩为基础的文官制度和反对官僚体制的利剑的话，那么，对现代的公共行政而言，把治理一词吸收过来，并在积极意义上使用这一词语，用于描述和定义何谓优良的公共行政的理论和实践，这种做法是再恰当不过的了。

3.3 作为治理的公共行政的优势和不足

公共行政领域任何一个治学严谨的学者都会意识到，用治理这一术语和概念来描述公共行政会产生许多问题，既有实践或应用方面的问题，也有概念精确方面的问题。

第一个实践方面的问题是其所强调的重点问题。治理强调组织间的协作，强调
88 企业家式的创造力，强调试验和冒险，但是，它却不强调机构和组织管理中人们通常认为的那些十分重要的特征，如秩序、预见力、稳定性、责任和公正。治理强调选择、竞争和决策的成本观念。尽管这些主张的意思恰恰相反，但它所强调的正好符合那些处在决策地位的人以及具有竞争力的人的心意。尽管人们把公正和公平视为民主政体最基本的决策标准，但治理却并不强调公平和公正（Hochschild，1981；Rae and Associates，1981；Frederickson，1990）。治理强调金字塔的顶端和顶端发生的事，而不关注公共行政中官僚与市民或顾客打交道的一线层面上的事情。治理所强调的是导航，而不是划桨。

除了建议顾客应有选择权之外，治理并没有强调疏离（Lipsky，1980）和权力

（Long，1949）问题。在治理所倡导的自由的企业家精神中，很少强调责任和职责，而这二者均为代议制政府的重要理念（Romzek and Dubnick，1987；Denhardt，1988；Thompson，1987）。最后，事实上也是最重要的一点是，治理理论强调非民选的公共官员的决策的重要性。我们将在本章的最后再回过头来讨论这一问题。

作为治理的公共行政的第二个实践方面的问题有两方面。治理理论是作为一种改革理论，一种改善公共行政的良策而提出的。改革的建议往往言过其实和过于夸张（Downs and Larkey，1986）。在这种情况下，人们认为（正如《国家绩效评估》中所指出的那样），与治理观念有关的改革将会造就一个“做得更好、成本更少的政府”。为了兑现这个诺言，《国家绩效评估》便把“节流”作为改革的主要措施之一，计划削减 25 万个联邦政府职位。

联邦政府在多大程度上实现了“做得更好”以及为谁而做得更好，这些问题仍然有待观察。一种观点认为，联邦政府雇员的急剧减少会导致政府的空心化，降低政府的能力，弱化组织的记忆（Milward，Provan and Else，1993）。另一种观点恰恰相反，认为正是因为实行了政府的精简，实行了政府服务的契约外包，所以政府空心化的改革措施将会使政府更有效率。政府不再设立机构、配备人员和提供服务，政府将与私人承包商签订契约，由它们来提供公共服务。然而，联邦政府作为 89
签约者的记录仍然是一个空白，因此，大规模地实行公共服务契约外包仍然需要相当长的时间（Kettl，1993a）。

在州长劳顿·查尔斯（Lawton Chiles）的领导下，佛罗里达州运用治理理论，对州政府进行了为期五年的改革。伯里、查克里恩和韦施勒（Berry，Chackerian and Weschler，1995）最近在一份评价佛罗里达州政府改革的报告中，得出了以下的结论：

> 佛罗里达州政府进行行政改革的教训是复杂的，它们反映了重塑政府过程中所遇到的实际困难。劳顿·查尔斯（Lawton Chiles）和巴蒂·麦凯（Buddy Mackay）曾试图从根本上改变政府以及政府的运作。他们的改革方法隐含着这样的假设：政府改革将会使所有受改革影响的利害关系人——公民、州政府的管理者和政府雇员——得到好处。无疑，不同利害关系者的利益是完全不同的，他们的个人利益、组织利益和政治利益对于改革的每一项措施都产生了极大的阻力。因此，佛罗里达州的改革一直进展得相当缓慢，改革产生的影响也不平衡。改革者为此也遭到人们的指责。当局对改革预期的结果估计过高；强调象征性的改革而忽视实质性的改革；在改革的关键时刻失去了影响力；而改革所采取的一些措施也常常与佛罗里达州的实际情况不相适应，甚至相互矛盾。然而，改革也带来了一些重要的变化，目前所实行的放松政府管制以及绩效预算的改革措施也展现出良好的前景。正如我们前面所说的，从这五年的重塑政府的改革中，我们能够得到许多重要的经验和教训。不过，佛罗里达州政府改革的最终结局如何，未来将为人们提供答案（p. 28）。

作为治理的公共行政的一个现实特征在于：它成为民选的行政首长和那些可能成为民选的行政首长的人在政治上得到公众支持的一个手段。在 20 世纪 90 年代的
90 美国，事实上每一位市长或州长的候选人都承诺遵循治理的观点对政府进行或多或少的再造。治理而非统治，以及成本更少、做得更好的政府的理念，对于市长和州长，正如对公共管理者一样，十分有帮助。当然，尤其有趣的是，当比尔·克林顿还是阿肯色州的州长时，他就运用了一些与治理有关的观念，并领会了它们的管理效用和政治用途。巧合的是，奥斯本和盖布勒的《改革政府》一书出版于 1992 年，克林顿和戈尔也是在同一年参加竞选的，同时我们也可以看到，在国家层面上，出现了一种公共行政、治理和政治相互融合的新局面。正如沃尔多（Dwight Waldo，1949）所说的那样，公共行政是政治的一种表现形式。

用治理一词取代公共行政一词也会产生一些概念上的和哲学上的问题，而这些问题将会触及公共行政领域的一些核心问题。

治理一词弥合了政治—行政或者政策—行政之间的差异。由于在现代的理念中不存在政治与行政的分离，因此也没有必要追问在治理的过程中，哪种活动是政治的，哪些活动是行政的。依据人们公认的看法，行政中有政治的成分，政治中亦有行政的因子，因此，治理似乎是描述公共行政的最佳方式。然而，常识也告诉我们：民主政府或民主政体的某些领域是（或者应该是）在政治上代表人民的领域，而其他一些领域则应该是专才、行政或管理的领域。如果公共行政等同于治理，这些领域之间适当区分的重要性也便丧失了。

作为治理的一种方式，公共行政大胆地、合法地、积极地参与政府运作的每一个环节，这的确是令人激动甚至令人振奋的事情。然而，另一方面，这样做又是有风险的，甚至是危险的。公共行政可能从执行政府日常事务（行动着的法律）的、职业的、政治中立的管理者的模式变成另外一种模式，即公共行政仅仅是政治或者政治理念的表现形式吗？当今人们广泛地使用治理一词来描述公共行政，这表明，公共行政的理论家和实践家都应该解决这一问题。

91 治理这一词汇和概念取代了政治和政策问题中的管理。有人认为：依靠治理或“重塑”，就可以通过政策问题行管理之道。唐斯和拉基（Downs and Larkey，1986）认为改革运动的这一特征是“错误问题的问题”，即把政策问题视为管理问题，视为效率、成本和诱因问题。通过使用“错误问题的问题”的方法，政策制定者可以避免做出艰难的选择。在作为治理的公共行政中，我们能够做出各种政策选择，因为我们正在精简人员，正在管理得更好。在作为治理的公共行政中，存在着很多“错误问题的问题”。

治理的领导风格同样也是有问题的。毫不奇怪，在经过多年的人员精简、调整和减负之后，我们的公共组织的能力被削弱了。我们的机构变得软弱无力。因为机构被削弱了，因此我们显然需要强有力的领导。我们曾希望那种自信的、具有企业家精神的领导改变我们软弱的机构，但是，具有英雄气质的领导是否能够明显地改善人员不足的行政机构的运作呢？

在作为治理的公共行政的逻辑中，我们想象了一个精干而又灵活的公共组织，

在这个组织中，有一些强有力的企业家型领导，有授予权能的政府雇员。此外，许多政府的职能被民营化，实行了契约外包。采用这种方式，就意味着目前从事公共工作的人是无效率的。只要裁减政府雇员，并且将公共行政服务承包出去，就可以改进公共行政，因为私人组织和非营利机构可以做得更好，更经济。然而，没有证据表明，企业能比政府更有效或更经济地完成公共任务（Kettl，1993b）。

这样的公共行政所带来的结果并非是管理者想象的那种重塑政府的结果。相反，它可能造就一支对公共服务缺乏热情、道德水平低下的公务员队伍，之所以如此，部分原因在于公共组织首先对这支队伍不抱期望。到最后，那种高效的、公正的公共行政的前景十分渺茫。

作为治理的公共行政显然是对公共行政领域的政治描述和界定。尽管奥斯本和
盖布勒（Osborne and Gaebler，1992）争辩说治理并不是政治，但是其他所有人都 92
认为它恰恰正是一种典型的政治，对于民选的行政首长而言，它是一种特别有益的政治。

3.4　结论

1950 年，约翰·高斯（John Gaus）在一篇论述公共行政发展趋势的文章中，曾经用这样一句话作为结束语："公共行政的理论同样意味着我们这个时代的政治理论"（p. 168）。1990 年，沃尔多也曾用这句话作为一篇评论公共行政的文章的标题。

在沃尔多（Dwight Waldo，1990）看来，所有的管理理论和组织理论都是政治的理论，至少从它们都主张或者追求诸如效率、公平之类的价值的意义上来看，它们都是具有政治性的。正如他所论述的那样，所有的国家要么是行政国家，要么就不成其为国家。如果所有的公共行政在本质上都具有政治性，那么我们如何看待作为治理的公共行政呢？唐纳德·凯特尔（Donald Kettl，1993a）以其敏锐的观察力对此做出了回答，他认为："没有行政理论的政治理论是不完整的"（p. 408）。治理可能是一种人们偏好的、试图把政治和行政相结合的现代理论。

我们得出如下结论：

第一，治理是在公共行政急需积极符号之时出现的一种积极符号。

第二，治理是有关政府改革的流行看法、民选的行政首长政治、严肃的经验学派理论及现代公共行政理论的融合。

第三，就像所有的改革一样，在作为治理的公共行政中，迎头出击总比坐以待毙好。

第四，用治理替代公共行政，掩盖了非民选的公共官员在民主政体中的正当角色这一基本问题。

治理代表的是一种虚张声势的、强有力的、精干的公共行政，这与早期的那种
93 “无名的激情”（Appleby，1945）的公共管理者的理念形成鲜明的对照。几十年来，公共行政领域的人一直试图强调中立，并试图与政治保持距离（至少是这样讲的）。尽管人们很少这样直截了当地讲，但治理就是政治。我记得，亨利·赖宁（Henry Reining）在担任南加州大学公共行政学院的院长时，曾经讲过这样一句话：“良好的城市管理是在实践政治的科学和艺术，但通常使用的是管理的语言。”

作为治理的公共行政本身潜伏着许多危险。因为它与民选的行政首长存在着如此紧密的联系，因此它处在政治的风险之中。市场化的模式忽视了政府的角色和政府可能发挥的作用。严重的公正问题可能会折磨治理途径的公共行政。治理途径的公共行政还可能引发合法性问题，如决策的权限范围、公务员和非选任公职人员权力行使的范围。

我们要在观察已经丧失的机会和未来的前景中结束本章。公共行政一直是关于治理的科学，而不只是关于管理的科学。公共行政领域的一些伟大的学者，以及公共行政实践中所出现的一些范例，通常都强调更大范围的治理问题，如宪政层面的问题、民主制度的回应问题、社会的福利问题、公共利益问题和行政道德问题等。正如伊文斯和万姆斯雷（Evans and Wamsley，1995）所描述的那样，这些学者和典型的范例已经

> 认可人们不能把治理制度所提供的一致性和稳定感简约为管理的技术……治理不可避免地包括……“要为整个机构的生活承担责任……它关注社群和准社群的利益”（Selznick，1957，p. 290）。治理本来既是一种政治的事业，也是一种道德的事业——它是某种超越“专才和理性的、尊重和有限责任的秩序井然的世界”的能力之外的东西，是超越公共管理之外的东西，在公共管理中，人们把工具当成了目的，工具成为人们唯一关注的焦点。治理不仅仅涉及为了实现某种集体的目标而如何掌舵的问题，而是更多地涉及如何调整公民和政府之间的关系问题（p. 13）。

这就是作为治理的公共行政，它新鲜时髦，用途广泛。但是，正如马奇和奥尔森（March and Olsen，1995）所指出的那样，作为治理的公共行政实质上是一种交易型的公共行政。这种类型的公共行政存在着前面谈到过的许多弱点，但更为重要的是，它缺乏界定作为治理的公共行政的力量，因为作为治理的公共行政不仅与交易有关，而且与组织存在密切的关系。人们完全可以这样讲，治理既需要强有力的政治组织，同样也需要强有力的行政组织。二者对于交易行为的有效管理是极其重要的，在出现市场和非市场的失灵时，对于进行重要的资源重新配置的行为的管理也是同样重要的。强有力的政治组织和行政组织对于发展共享的政治文化，对于建立和维护公民及其领导者进行民主自治的总体制度框架，是不可缺少的（March and Olsen，1995）。

在作为治理的公共行政中，必须注意的是，我们不能把组织机构削弱到这样的

程度，以至于我们失去了制定优质的公共政策及有效执行这些政策的能力。如果要想使作为治理的公共行政得以延续和发展，我们必须能够控制交易的过程，必须确保组织机构的秩序，必须维持民主合法性的道德基础。

注　释

[1]《韦伯斯特新国际词典第三版》(1986) 把治理首先定义为“统治的行为或过程，”或“政府”。治理同样也意味着“统治的官员、权力或功能”，“被统治的状态，”“统治的方式或方法”，或“统治制度”。那么，关键词就是 governing 这个动名词。to govern 意为“专断地或者依据已经确立的规则，不断地行使主权”，或特指“控制和指导政策的制定和执行”。governing 意为控制力或影响力，或者执行公务的方式或方法。

第2部分

公正的问题

第 4 章

行政自由裁量权问题

97 试图证实美国公共行政的学者已详细阐明的“谁应该统治”的理论的做法是徒劳的。有人断言，现代社会存在着一个专门的知识领域，它已经或者应该在现代政府职能运作的领域有一席之地和主张——这是公共行政运动的先决条件。

——德怀特·沃尔多（Dwight Waldo），
《行政国家》，第 90～91 页

《公共行政的精神》的导言和前三章探讨了公共行政的公共性和公共行政的政治背景问题。接下来，我们要讨论本书的关键议题，即公正与公平问题。第 4 章和第 5 章描述了社会公平概念的发展和应用。在第 7 章（原文如此。应为第 6 章——译者注）中，我们特别讨论代际公平（intergenerational equality）这一富有挑战性的问题。

4.1 导论

长期以来，效率和经济是美国公共行政理论的两个支柱。效率——尽可能地利用已有的金钱实现更大的公共利益——是公共行政实践的理论基础。经济——尽可能少地使用纳税人的金钱去
98 实现某一公共目标——同样是一个诱人的目标。当代许多的公共

行政理论，特别是公共选择和政策分析途径的公共行政理论，都把效率和经济作为评估政策或政策执行的正确尺度。

有证据表明，在公共行政领域，人们对公平问题的关注并非肇始于新公共行政。伍德罗·威尔逊（Woodrow Wilson）在1912年的选举之夜向其追随者所做的演讲中，曾经这样讲道："我号召你们，将你们的余生投身到通过正义、平等、公平的程序推动政府不断前进的工作中。今晚，我自己并没有胜利感；我所有的，只是一种庄严的责任感"（转引自Link，1971）。

在20世纪初，当腐败威胁到推翻政府的目的和秩序的时候，改革者们团结起来，支持更为熟悉的构成公共管理支柱的效率和经济。但当改革者们追求超越经济和效率的公共价值时，在那时没有别的价值与公共行政有关。这种状况是与那种认为政策的制定和管理相分离的观点是一致的。对付无能和腐败政府的良方是建立一个关心经济和效率的管理型政府。

把效率和经济作为公共行政的指导方针是有必要的，但仅此是不够的（Frederickson，1971，pp. 309－332；1980）。必须加上社会公平作为公共行政的第三个理论支柱，使公共行政能够回应公民的需要。某一政府方案对一些公民来说非常有效率，但对另一些公民来说则没有效率。并且，某一公共方案对一些公民来说可能是经济的，但对另一些公民来说则是昂贵的。如果不考虑政策实施的分配效果，不遵循社会公平的理念，公共行政可能忽视全体公民的合法利益。

尽管人们对把社会公平作为公共行政的第三个支柱的主张提出了许多批评，持有不同的评价，但我们在此仅集中分析其中的一种批评。最为尖锐的批评认为，公共管理者不应当拥有将社会公平作为政策实施的指导方针的自由裁量权。这样做将会从民选的制定法律的官员那里"窃取人民的主权"（Thompson，1975）。在这一章里，我们将论证为什么行政自由裁量权是政府和非营利性组织的生命这一事实，以及为什么社会公平应该与效率和经济一起，作为自由裁量权行使的指导方针。

4.2 平等与行政自由裁量权之争的哲学起源

99 关于公共行政的性质，我们从西方传统中继承了两种普遍的哲学观点：执行社会的公共决定和配置公共资源。在公共管理者如何将公共的决定应用于实践方面，这两种观点存在着分歧。一种观点认为，不存在行政自由裁量权问题——即认为公共管理者能够中立地和成功地适用法律——并且认为实际上他们并不做有关涉及公共资源配置问题的决定。另一种观点承认行政自由裁量的模糊性，并且认识到公共管理者需要依赖实体的规范（价值），用以指导他们解释法律和配置资源这一事实。这种观点认为，公平应当成为指导官员做出决定的价值。柏拉图持第一种观点，亚里士多德持第二种观点。

在西方传统中，关于公共官员角色的争论是围绕着法律的适用进行的，并且这一争论可以追溯到柏拉图与亚里士多德在法官角色认识上的分歧。按照柏拉图派的观点，法官可以简单明确地适用法律（Plato，1970年英译本），而亚里士多德派的观点则认为，这根本是不可能的，因为法律的每一次适用都涉及对法律的进一步阐释，在阐释法律（配置公共资源）时如果不考虑公平，将会导致非正义（Aristotle，1962 年英译本）。

关于法律解释性质的柏拉图与亚里士多德之争有助于说明现代公共行政所面临的问题。正如亚里士多德所主张的那样，我们认为，适用法律而不考虑社会公平会导致非正义。因此，必须把公平作为公共行政实践的基石。这意味着，亚里士多德与柏拉图之间对话的发展可以富有成效地运用到关于公共行政在社会中的角色的讨论中。这里，我们简要描述这些发展。

对公共管理者的角色进行准确的定义和严格限定的努力属于法律理论上的柏拉图传统。柏拉图对一般法律的整体性和正义在特定案件中的适用作出了划分。他坚持认为，对法官而言，在特定案件中，将“正义”作为解释法律的标准需要其具有 100
超人的智慧和知识。由于对于属于凡人的法官来说，在正义的性质和应用方面拥有超人的智慧是一种不可能具备的品质，柏拉图通过牺牲特定案件中的正义以换取对法律一般形式的遵守。柏拉图认为这是一个在完美、抽象的正义与不完美但稳定的人类法之间作出选择的问题。由于大多数人意识到完美是不可能的，如果我们接受柏拉图对此问题的界定，我们自然同意柏拉图的观点。

亚里士多德不接受柏拉图的界定。他辩解道，人们不是在完美性与稳定性之间作出选择，而是在社会中实现正义的多种可能方式之间作出选择。在执行任何法律的过程中，官员们将必然遇到一些立法者根本未能预料到的问题。原则上，公共官员（在亚里士多德的框架中为法官）在诉讼问题上，始终面临着作出自由裁量的问题。亚里士多德争辩道，在他们所面临的各种具体的行政决定中，公共官员们必须在实现正义的多种可能方式之间不断作出选择。对亚里士多德来说，在实际生活中，官员如何作出最符合正义的决定，这属于实践性的问题，而非不切实际的和理论性的问题。

柏拉图暗示，当一个未预料到的案例出现时，简单地依照法律不是充分解决问题之道。亚里士多德争辩道，对法律应当按照更为普遍的正义目的进行解释，这种更为普遍的正义是法律所追求的最大化的目的。据此，亚里士多德认为，正义分为两类：法律的正义和公平的正义。法律的正义源于适用法律，该法律的要求可以明确无误地加以解释。公平的正义的特征为：在具体的案例中，法律的适用依靠实质性原则（“法律的精神”）解决模糊性。公平的正义也会体现在法律正义可能导致实质的非正义的案件中。

亚里士多德由此认为，公平优于合理；适用法律而不考虑公平导致非正义，而非柏拉图所声称的最大限度地接近正义。

与柏拉图的假设相反，亚里士多德观点的另外一个意涵是，出于两个方面的原因，管理者从来不可能中立地适用法律。第一，在要求公平正义的案例中，法律正义不是中立的，固守成文法肯定是不合理的；第二，在许多情况下，由于法律所要求的所有细节不完全清楚，所以对法律的解释不可能是唯一的。官员们一直是理解性地适用法律而不局限于法律的字面含义，因为法律的模糊性迫使他们不得不如 101

此。但是在亚里士多德看来，如果官员们对法律的理解不建立在参考法律背后的正义原则的基础上，他们应当受到批评。

对公共管理者来说，这些争论意味着什么呢？柏拉图会倾向于公共官员应当简单地按照其字面含义适用法律。但如果亚里士多德的观点是正确的，那么何谓“简单”地适用法律？亚里士多德会让官员们按照法律的精神和公平来解释法律。如果柏拉图是正确的，一旦官员们跨越了适用法律的边界进行法律解释，根据什么样的公认标准对官员们的解释予以限制？

这些问题正是现代国家的公共管理者们所面临的问题。他们肩负着履行特定命令的责任，这些命令因他们所处岗位的不同而不同。公共管理者们可能被委任管理公立学校系统，负责城市预算，或者负责扫雪工作。在每一岗位上，公共管理者的任务是由法律、城市法典或其他权威性文件界定的。柏拉图派的观点是，公共官员应当简单地遵循制定法或其他授权以履行对他们的委任。这一传统争辩道，公共管理者们所需要的指导原则仅仅是效率和经济原则。反过来，效率和经济原则仅是任何权威委任的应有之义，事实上并没有增加超越委任之外的任何要求。效率和经济原则不过是指导公共管理者实现委任的最佳手段。

另一方面，亚里士多德派的观点认为，公共官员的命令仅能从其精神上加以理解。由于命令——指导公共管理者的实在的、书面的文字——从未清晰地界定任务的内容，所以公共行政管理者们不能像机器一样，有效率地、经济地工作。这种观点建议，官员在作出不可避免的自由裁量决定时，必须理解指导他们行为的命令的精神。按照亚里士多德派的传统，对命令精神的理解中应当包括公平原则。公平原则关心正义，而正义是随情景的变化而有所变化的。

102 现在，我们可以澄清若干需要解决的问题。第一，哪一传统——柏拉图的或亚里士多德的——更适宜于作为现代公共管理者的指导方针？我们认为，亚里士多德派的观点更为适宜，并且我们将捍卫这一选择。第二，按照亚里士多德派的观点行事的公共管理者们非法地篡夺了民选官员的权力吗？他们没有。第三，在亚里士多德的传统中，公平到底意味着什么？我们怎样才能对公平这一宽泛的概念予以限定？公平对于所有岗位的公共管理者是否具有相同的含义？公平属于程序价值还是一个结果价值？为了有助于回答这些问题，我们将考察哲学分析、社会心理学理论和美国政治传统本身的近期发展。

4.3 德沃金和法律原则的必要性

罗纳德·德沃金（Ronald Dworkin）对法律的“书面规则”（rule-book）和“权利”概念作了区分（1985，pp. 11－15），这一区分与柏拉图和亚里士多德传统之间关于公共官员在公平上所扮演的角色的分歧相类似。尽管德沃金的讨论大多是针对法官而言的，但与我们关于公共行政中公平问题的讨论有关。最为重要的是，关于法律的“书面规则”的概念恰恰是信奉柏拉图传统的理论家们所持有的概念，而德沃金清楚地表明为什么这一概念是错误的。在哪一理论应当取代“书面规则”概念这一问题上，我们与他存在分歧，因为我们是在为公共管理者，而非法官提出一种理论。

法律的书面规则概念认为，法律的要求是由成文法或案例法表达出来的，至少在原则上，这些要求能够在书面规则中汇总起来。这样，法律的要求是那些、而且只能是那些出现在书面规则中的要求。如果某些人所主张的要求或权利没有列举在书面规则中，那么它就是不存在的。书面规则概念与民主规则（democratic rule）具有密切关系。因为根据民主的规则，只有民选的立法者才有权在书面规则中增加新的规则或取消其他规则——这是对政治—行政二分法的严格适用。

德沃金认为，与法律的书面规则概念相关的问题大部分明显地出现在“疑难案 103
件”（hard cases）中，在这些案件中，人们对何谓正确的决定存在争议。疑难案件的出现不是因为不存在与案件相关的规则——在现代法律中，规则几乎涉及所有情形——而是因为与案件有关的现成规则要么是模糊的，要么对具体情形出现若干可能的解释。法律中的疑难案件与公共管理者每天在执行其命令中遇到的问题相似，行政命令往往是不清楚的，因此公共管理者不能简单地机械行事。公共管理者们经常需要一些履行命令的准则，而经济和效率则是传统的准则。

法律的书面规则的概念为法官决定疑难案件提供了一些建议。这些建议要么试图使决定的作出尽可能地机械，要么在不可能作出机械的决定时，允许法官根据个人的政策偏好来解决问题。这些书面规则所规定的解决办法与把效率作为对公共管理者的委任标准的准则类似。书面规则的解决办法引出了更严肃的问题，正像效率标准的观点引发了“为谁而提高效率”（efficiency for whom）的问题一样。

当某一法律的适用不清楚时，书面规则理论主张法官应当根据立法者的意图作出裁决。但德沃金指出，要确定立法者的意图事实上是困难的。此外，还存在着与意图有关的其他重大问题。（立法者的）意图从来不能对模糊的疑难案件提出明确的解决办法，因为法律审查通过的大多数人通常由若干派别构成，每一派别都有各自的意图。另外，从拉选票到公共政策偏好，每一派别（甚至每个个人）有若干层次的意图。诉之于立法意图以决定法律的适用通常是模糊的，而且通常涉及法律解释。

从书面规则的角度来理解法律的观点承认，在少量的案件中，将找不到明确的答案，法官必须根据他的或她的政策偏好来作出独立的裁决。这一方法为法官提供了两个截然相反的选择方案：他们要么机械地按照法律的字面含义适用法律，要么在这样做不可能时，他们按照自己的个人偏好行事。

在中立地适用法律与在民主上受到质疑的（democratically questional）个人偏
好的选择之间，德沃金提供了第三种可供选择的方案。他主张，法官应当根据他们 104
对法律文字背后精神的理解作出司法裁决。依据德沃金提供的方案，法官的解释应当建立在他们对整体的法律传统表现出的原则相对连贯的全面理解基础上。这种解释要受到社会上人们对法律原则所持有的共同观念和社会历史传统的限制。当法官们在具体的案件中必须决定如何解释法律时，这些原则为他们提供了统一的指导准则；那就是说，在具体案件中，法官确实掌握着一些界定正义的指导准则，并且在那些法律正义有可能导致实质上的非正义的案件中，他们确实掌握着一些界定公平的指导原则。因而，在德沃金看来，法律适用生来是具有政治性的，而非是个人的偏好问题。

将德沃金的理论直接应用在公共管理者身上显然存在着困难。尽管德沃金对法律的书面规则概念的毁灭性批评，可以直接并且有效地适用于标准的柏拉图式的关于公共管理者的命令的概念，但德沃金关于法官应当如何裁决案件的建议对于公共管理者来说是不恰当的。公共管理者不是法官，并且他们所面临的自由裁量的情形也不是案件。但是，亚里士多德学派的传统提供了一个可供选择的概念，这一概念避免了关于公共管理者的书面规则观念容易导致的错误。

为了避免中立适用（法律）和毫无拘束地（根据）个人偏好（适用法律）两者的混乱，德沃金主张，法官应该依据他们对法律精神的理解来解释法律。另一方面，通过对公平原则的认识，以及通过民众参与有关命令适当性的对话，公共管理者能够避免两种不能接受的选择。

4.4 洛伊、格鲁伯和现代柏拉图式的公共行政

亚里士多德和德沃金两人都认识到行政自由裁量问题的性质，并且也提出了促使自由裁量服从于公众利益的方法。西奥多·洛伊（Theodore Lowi）提出了一个完全不同的解决之道——一种现代行政的柏拉图主义（Lowi，1969）。洛伊抨击了行政国家与利益集团政治之间制度上的关系。他注意到，行政国家的扩张是与行政
105 自由裁量的扩张联系在一起的。由于没有能力或不愿作出困难的和有争议的政策决定，国会将许多问题的决策权授予行政部门。国会赋予行政部门模糊而宽泛的权力，这些部门与利益集团一道对国家进行治理。行政部门广泛的自由裁量权，以及利益集团对行政过程中的影响，侵害了公共利益，损害了法治的准则。

洛伊提出的解决之道是通过“恢复法治”来限定行政自由裁量权（p. 297）。为此，最高法院应当拒绝国会向行政部门授予宽泛而模糊的权力，裁定其为违宪。洛伊所希望的结果是，行政决策权回归到国会手中并减少行政自由裁量权。与柏拉图一样，洛伊试图为公共管理者如何履行行政命令开处方。

但是，和柏拉图一样，洛伊未能认识到，授权性规章的激增对行政自由裁量权进行约束的作用甚微；每一个规章本身需要解释。正如约翰·杜威（John Dewey）在60多年以前所注意到的那样，法律的激增反映了公共精神的崩溃，而法律的激增对重振这种精神无所作为（Dewey，1930，p. 73）。不是通过更多的规则，而是通过对法律精神和法律精神与公共利益之间关系的认识使行政自由裁量权受制于公共利益。必须寻找到重振公共精神的途径，通过颁布更多法律的方式不会寻找到这种途径，不管这些法律如何清楚明白也是如此。关于需要重建我们社会资本（Putnam，Leonardi and Nanetti，1993）的争论，以及在《常识的死亡》（Howard，

1995）中所批评的极端的法律适用，这些都表明，答案不存在于更多的法律之中，也不存在于能够只在严格而狭义的意义上实施法律的官僚之中。

格鲁伯（Judith E. Gruber）注意到了公共行政的成长与力量，并作了与洛伊相同的诊断，但提出了不同的治疗方案（Gruber，1987）。与那种使法律更加明确以及创造一种“司法民主”的主张相反，公共管理者的自由裁量权应当受到交换理论的控制。“在一个交换模型中，控制不是来自于告诉官僚做些什么的政治行动，而 106
是来源于创造某些条件，在此条件下，官僚行为受制于官僚们寻求交换的资源”（p. 211）。此外，格鲁伯偏好严格的预算控制，“剥夺对不服从管制的行政管理者们的资助，并且在某些情况下剥夺他们的工作”。

在特定环境和特定时间条件下，格鲁伯的治疗方案能起作用。但是该方案不能限制行政自由裁量权的行使。它运用关于官僚主义和行政自由裁量的虚假论据来医治与政策分歧和政治权力行使有关的疾病。例如，里根和布什政府都主张取消许多由联邦政府资助的国内计划，这些计划执行的是国会已经授权和资助的事项。这些计划是“失控”的或行使着不受保证的行政自由裁量权吗？可能不是。花言巧语地谈论官僚主义的行事不稳、挥霍浪费以及官样文章，只不过比直率地指出政策问题更为容易和更具有政治效果而已。许多以前由联邦政府执行的或资助的国内计划现在由州政府或地方政府执行——由在执行政策时必须行使自由裁量权的公共管理者们执行。交换理论当然能够解释预算控制何以能减少或者甚至取消特定的公共计划，但它不能解释当人们围绕着美国政府应该做什么、应由联邦结构的哪一层次和由哪一部门来做等问题进行争论时，官僚主义或行政自由裁量权的行使为什么会成为问题。

4.5　作为过程的公平

通过求教于亚里士多德和德沃金，可以找到重振公共管理者的公共精神的方法。柏拉图认为，法官应当简单地“适用法律”，因为超越了这一点——根据诸如公平这样的标准去解释法律——似乎越过了区分中立的专门技能与政治偏见的界限。但是，德沃金和其他人则坚持认为，即使（或者尤其是）中立的专门技能也受政治偏见的支配，政治偏见越发异乎寻常，因为它不接受公众评价。德沃金认为，
我们不是在中立地适用（法律）和政治解释之间进行选择，而是在隐蔽的和公开的 107
政治解释之间进行选择。这样，他建议法官在他们的裁决和观点中仔细地、前后一贯地和公开地阐述其政治理论。

但是公共管理者们需要一种不同的方法使他们的决定公之于众。正如前面指明的，公共管理者不是法官，他们并不作出自主的裁决，并为这些裁决提出正式的理由。亚里士多德也探讨了这个问题，他也关心非专断地作出正式的裁决，即使这些裁决不完全受成文法的规范。

亚里士多德认为，公平的裁决从朋友和地位平等的人们之间公开的对话中最充

分地发展出来。对亚里士多德而言，朋友是那些从事相同的社会实践的人，因而他们知道该社会实践的复杂详情、风险和收益。地位平等的人是那些在决策和参与某一政治共同体方面享有和承担相同的权利和义务的人。亚里士多德认为，只有朋友或地位平等的人才能理解那些与公平的公共裁决有关的问题；通过对话，朋友和地位平等的人能够判断对他们所属的共同体中不同成员来说，什么是公平的。他否定了用客观的、中立的、普遍的条款对处于众多不同问题中的公平的含义进行界定的可能性。按照亚里士多德的观点，公平只能通过政治共同体内部的政治对话来确定。这一立场与当代人们提出的“网络和治理”的观点有着惊人的相似。

如果应用于政府及其计划的管理过程，朋友和平等地位的人之间的公开对话是一个很高的标准。但如果管理的过程是政治性的，像从亚里士多德到德沃金以来的思想家们所认为的那样，必须寻找到某些手段使公共管理在公众看来是非专断的。

有一种观点试图保持对朋友和地位平等的人之间对话的亚里士多德传统的忠诚。这种观点认为，那些受公共行政决定影响的公民应当参与到关于这些决定性质的公开对话中来。这就是**参与的过程或公民参与的观点**（Frederickson，1982），这种观点认为，如果作出决定的过程是公平的，那么公共行政的决定也是公平的。如果所有受到影响的公民在决定形成过程中有真正说话的机会，那么该程序就是公平的。参与过程的观点还强调，行政决定的公平结果不是这种程序带来的唯一好处。
108 它认为，平等的参与过程能培养出有教养的、积极的和有道德的公民。与亚里士多德的观点一样，这种观点强调，通过这种治理和管理的方法，我们不仅创造出公共政策，而且还塑造了我们自己。

参与过程的理论有着明显的优点，但它同时也有若干不足。一些行政决定充满着如此技术性和复杂性的问题，受到影响的公民需要克服很大的困难和花费许多时间才能理解作出决定的过程，更不用说参与决定作出的过程了。进一步讲，这种技术上的复杂性是一些问题的本质的一部分，而不只是排斥公民参与的某种阴谋的一部分。进行那样的指责是天真的并且显然无所助益。在一个技术复杂的背景下公平地进行回应要求具有原则性的思想和负责任的行动。约翰·罗尔斯（John Rawls）的《正义论》（1971）在这里可以提供指导。

尽管罗尔斯意图为所有社会提供一种正义的理论，他的方法却特别适用于我们这样一个庞大的、复杂的社会。罗尔斯认为，社会结构和社会政策应当这样建构：它们允许存在的任何不平等有利于社会地位低下的群体。罗尔斯是通过以下方式得出这个结论的。他认为，如果将我们当中的任何人置于一种“原初状态”而没有意识到我们在社会中所处的特定地位（其他事情除外），我们将选择这个原则作为建构社会结构和政策的指导。我们之所以选择这个原则，是因为如果我们最终成为社会的弱势群体，我们将希望社会按照这种方式建构起来。罗尔斯利用我们自己的理性自利的本性，诱导我们与社会弱势群体站在同一立场并同情他们。

对我们而言，罗尔斯的方法的意义在于：它为在技术复杂性阻碍了公共管理者与他们所服务的公民进行真正的对话的情况下，讨论对公平原则的需求提供了框架。这个方法鼓励公共管理者特别注意他们的行动对社会弱势群体的影响，以及在就形成行政决定进行的正式对话中采取那些社会弱势群体的立场。

亚里士多德和罗尔斯的远见卓识——即公平和正义具有参与和对话的性质—— 109
一段时间以来已经被那些与所谓新公共行政有关的人们所注意。主张新公共行政的人认为，公共行政实践中的公平只有通过受到影响的公民的参与才能确定。在他们看来，公共管理者必须努力使社会弱势群体参与有关公共行政的对话，并且必须不时地采取他们的立场（Marini，1971；Frederickson，1980；Frederickson，1990）。

4.6　公平与美国的公共行政

沃尔多（Dwight Waldo，1990）指出，我们要求政府承担越来越多的功能。沃尔多写道，“核心”国家——服务于军事、法律和经济功能——已大大扩张。而且，他写道，现在可以“意味深长地谈论服务国家、促进国家、管制国家以及福利国家”（p. 38）。但是现在的趋势走得更远：“我现在提出这样的问题，我们现在是否在努力增加另一功能、另一层次、另一个国家。这也许可称作再分配的国家，或者最好称为公平的国家。我的意思是，近年来，超越长期以来所认为的那种福利计划的所有增长的国家。这种计划更直接地追求实现一些不可捉摸的东西，这些东西通过诸如自由、平等和正义等词汇，以及此外如人性的尊严和实现等‘非政治’词汇表示出来”（p. 39）。

法庭越来越注意公共组织是否尊重其雇员、客户和顾客的法律和宪法权利。通过考察司法对行政国家发展的回应，戴维·罗森布鲁姆（David Rosenbloom，1983）对这些问题进行了研究。他认为，个体——雇员、客户和“被控制的人”（囚犯和那些被限定在公立精神康复医院的人）——的权利已被司法行为大大地扩张。在诸如效率和经济这样的行政管理价值从前具有最高地位的领域，法院强加了司法的和宪法的价值。罗森布鲁姆令人信服地证明，法院已经迫使公共管理者将诸
如正当程序、平等保护、治疗权、居住权以及宪法的标准加进他们行政管理价值的 110
语汇中。简而言之，“法官寻求的是合宪性，而非效率和经济”（pp. 51－55）。法院介入许多州的公立学校的财务、亚拉巴马和纽约州公立精神康复医院以及事实上所有州的监狱系统的事实表明，法院不只是做出没有根据的威胁。法院所强加的不是伦理反思的材料而是必须融入公共管理者完成工作的方式中的价值。这些价值不能轻易地以经济和效率的名义而加以消灭。

在公共行政中，公平处于第二类位置，在其前面的通常是“效率或……”字样的用语（Wilensky，1981）。过去，正如威伦斯基（Wilensky）阐明的那样，公平考虑的重心在于结果和分配效果，而效率问题被认为是过程问题。公平的考量涉及政策的再分配目标或以公平（也就是公正）的方式提供基本的服务和结果；公平—效率之争比较了结果和过程的价值。现在，除了强调结果之外，源自宪法完善和政治理论发展的平等价值也强调过程的价值。

4.7 公平与社会凝聚力

强调公平在执行社会规则中的作用上，社会心理学提出了两种远见卓识。第一，一个共享的公平概念能使群体团结一致——它为某一群体界定了公正的含义并为解决在价值分配上的不同意见提供了框架。第二，不同参与者力量的差异是确定公平含义的重要因素。

社会心理学家不仅对公平作出了界定，而且还有一套完整的公平理论。沃尔斯特夫妇（Walster and Walster，1975）用下面的公式阐述了公平："一般条件下，当一个人的投入产出比与另一个人的投入产出比相等时，这两个人处于公平的关系中。投入被定义为'一个人认为他对交换所作的贡献'，对此他期望一个'合理回报'……产出是个人从（交换）关系中所得的收入"（p. 21）。

沃尔斯特夫妇注意到，随情形而定，不同社会在不同的时间对与正义考量有关
111 的投入的认识是不同的。然而，他们认为，同一理论框架——公平理论——预测"人们会感到什么时候受到了公平的或不公平的对待以及他们将如何对此作出反应"（p. 26）。

在公平理论的第二个命题的概要中，沃尔斯特夫妇阐明了社会心理学的公平理论对于公共管理的重要性。"通过发展出为大家所接受的'公平'地在成员中按比例分配报酬和成本的制度，群体能使集体的报酬最大化。这样，成员们将发展出这种公平的制度，并将试图引导成员们接受和遵守这些制度"（p. 30）。

主张公平的理论家认为，公平是维持社会群体团结的黏合剂；不公平感会加剧社会的不信任；可以预料，不公平会导致政体合法性的下降。

但是，社会群体中的平等框架并非不存在强权的基础。他们解释道，在群体中掌握着权力的人能够攫取不合比例的共同体财物并劝说别人接受这种不平衡分配的平等。按照这种观点，社会群体中的公平标准的形成，部分是围绕价值界定而展开的权力之争的结果。

4.8 结论

支配公共行政中柏拉图学派的理想标准——中立、效率和经济——是一个神话。自亚里士多德、德沃金和罗尔斯以来的思想家们说明了这一理想的不足和危险。公共管理者面临的问题是如何形成一个有效的可供选择的理想并将之付诸实践。这种理想强调对公众的责任，但避免了中立性的神话。这样一种理想将会认识到公共管理者用以指导他们作出决定的标准的政治性质和政治偏见。它将因此强调公平程序对于达成行政决定的价值。

亚里士多德、德沃金和罗尔斯对过程的公平提出了不同的观念，每一种观念适

用于公共管理者工作的不同方面。亚里士多德强调朋友和地位平等的人之间对话的重要性，但德沃金强调，通过自主的行政过程作出的决定必须尽可能地公开，并充分揭示决定背后的原因。罗尔斯的理论认为，那些由于过于复杂和过于技术化使公 112
民和行政管理者之间不能实际对话的问题，只要公共管理者在作出决定的过程中扮演社会弱势群体的角色，仍然能够平等地解决。如果柏拉图学派的中立、效率和经济理想更为经常地掩盖了政治偏见，像亚里士多德坚持认为的那样，那么我们在此发展出来的哲学的和法律的立场是主要的可靠的替代物。

因为社会公平的概念经常与社会自由主义（social liberalism）联系在一起，我们可以公正地说，对平等的关心在过去的几年中已不是特别显著。里根和布什政府通过司法部对弱势群体保护计划的一贯反对，也许最清楚不过地说明了这一点，但也可以找到其他例子。从关心就医机会向几乎完全关注成本控制的健康政策考量的转变就进一步表明了这一点。克林顿政府将机会问题——本质上是一个平等问题——重新摆在了政策议程上。

在联邦层次上，庞大的赤字现在甚至已经阻碍了对提出公平问题的重大社会政策的讨论。州和地方政府被迫仓促弥补缩减的联邦经费，这样便限制了它们行动的能力。当政府遭受财政紧缺的困难时，它们倾向于削减其职能直至仅保留核心的职能——取消那些不是绝对重要的政策或政策的一些方面。公共管理学者对紧缩管理、民营化和第三党派政府的欢迎，表明他们缺乏对在经济上处于底层的人们的关心。

显然，组织上的和政治上的环境仍然无助于社会公平在实践中的繁荣。但是，已经出现了理论上的和经验上的进步，并且某些政策已经确立，其具体目的就是处理公平问题。

通过将组织上的环境描述成无处不在的社会反常状态，威尔达夫斯基（Aaron Wildavsky，1988）总结了公共行政的现状。他接着将这一状况与政治环境中的意识形态分歧联系起来并得出结论：公共管理者正处在困难的时代。将各种规范性的 113
考量整合为单一价值的较佳时间是什么？除经济和效率外，社会公平是人们经常提到的公共行政的价值。它是一个残留价值，代表着一组人们必须经常提起的、需要考虑的事情。

将公平作为公共行政的第三个规范性支柱要求公务员致力于更合理地分配公共物品和服务，要代表那些没有渠道参与公共政策过程的人，要追求公共的利益或更大的善，要尊重个人（公共雇员以及其他公民）的尊严并且不遗余力地维护他们的权利。

公共行政不应当因为社会公平概念的复杂性而受到阻碍。经济和效率并非一直没有理论上的混乱，然而却一直很好地作为我们的指导原则。追求平等比追求经济或效率需要花费更多的精力和反思，这个事实可能只是来源于我们作为马基雅维利政治上的后代的身份。约翰·罗尔（John Rohr）写了《官僚伦理》（1989）一书以回应他对现代人类道德状况的评价。在这本书中，他这样讲道：“当马基雅维利告诉我们去看事物的存在方式而不是事物应当存在的方式时，他使我们成为现代人；

但在这样做时，他也为我们留下了‘训练的无能’这个破烂的遗产，使得我们不能展开健全的道德争论”（p. 31）。

罗尔主张，欲解决“训练的无能”，就应展开对政体价值的研究。像在最高法院判决中发现的那样，政体的价值包括公平。他通过对公平价值的结构性思考，描绘了一个可供选择的方案，以代替对一个模糊的社会平等准则的追求。

也许更多的理论建构——以及稍多的与平等问题斗争的实践——将会最终使这个问题更加容易克服。现在是加强我们对社会公平概念的理解以及支持其作为我们领域的支柱的时候了。

第 5 章

公共行政中的公正与社会公平

114 在许多政府机构的管理中，公平比效率更重要。

——詹姆斯·Q·威尔逊（James Q. Wilson），

《官僚制》，第 132 页

在第 4 章，我们论证了广泛的行政自由裁量权在理论上和实践上的合理性，论证了行政自由裁量权是社会公平得以成为公共行政精神之必要成分的重要前提。现在，我们要转而探讨公共行政理论和实践中有关公正和社会公平的一些具体问题。

在过去的 25 年中，“社会公平”一词获得了下述地位：成为公共行政领域研究者借以描述分析框架中的变数符号；成为公共行政哲学中的一个概念；成为公务员伦理行为的指南。本章将首先探讨社会公平在哲学以及理论上的发展（这也是应该的），然后探讨将社会公平应用于实践时，需要考虑的几个问题。

5.1 哲学和理论上的发展

正如沃尔多（Dwight Waldo，1949）曾指出的那样，公共行政是政府的艺术与科学跟管理的艺术与科学的联姻。效率和经济主要属于管理理论的范畴，而社会公平属于政府理论的范畴。在
115 现代美国公共行政学发展的早期，尤其是在伍德罗·威尔逊（Woodrow Wilson，［1887］1941）的公共行政概念中，这种联

姻是平衡的。企业的效率理论与民主政府理论按常规结合在一起，由此得出的观念是政府能够而且必须既讲效率又追求公平。然后，到 20 世纪 60 年代中期，管理的理论和问题开始占主导地位，公平和公正的问题被回避。尽管当时（现在依然）人们普遍承认公共行政是政治过程的一部分，但是关于政治和公共行政最终应实现什么目标的具体问题，人们却很少关心。

早期的传统观点同样认为公共行政是中立的，只稍稍涉及政策制定。如果遵循这一观点，社会公正可能被忽略。现在的信念则坚持公共行政是政治的一部分或一种形式，公共行政在政治过程中经常起到领导作用，因而恪守中立几乎是不可能的。如果这种观点是正确的话，那么自然而然地就不可能忽视公正，如同经济、效率一样，公正也是行政活动的指南。

为了使政府与管理问题回归到平等与公正的轨道上来，人们进行了一些努力。早期，人们的这种努力还是相当简单、肤浅的。威尔伯恩（Willbern，1973）在评论早期有关公平问题的文献时明确指出，我们“没有明确地界定行政和知识所必须致力实现的目标和价值”（p. 376）。他总结道，“那些从社会公平的立场出发，试图挑战现有‘制度’和‘体制’的人遇到了许多挫折和激烈的反对。但是，我们如果忽视这些研究文献，认为它们只表现了过去的情形，反映了作者所处时代的特质，那么，我们就大错特错了。从知识分析的角度看，在某些方面，这些文章是有价值的，真正补充了我们对于行政情景中人们行为的错误的、片面的理解”（p. 378）。

因而，接下来的任务就显而易见，即在将社会公平作为效率和经济之外的公共行政的第三个理论支柱之前，必须首先对社会公平进行圆满的解释。

116 这种解释活动肇始于《公共行政评论》杂志中对“社会公平与公共行政”问题进行的专题讨论（Frederickson，1974）。尤为重要的是，这场讨论同时也展示了公共行政的理论建构过程。

首先，我们分别从下述角度对社会公平这个主题进行分析：（1）社会公平作为民主公正社会的基础；（2）社会公平作为影响组织成员行为的因素；（3）社会公平作为分配公共服务的法律基础；（4）社会公平作为分配公共服务的实践基础；（5）社会公平作为理解复合联邦制的知识来源；（6）社会公平作为研究和分析的一种挑战（Frederickson，1974）。

其次，在将社会公平这个主题进行分解之后，还必须将其重新组合起来，这样才能建立完善的理论。我们已经在思考、理解和应用该主题的各个不同方面取得了明显的进步，现在必须将其重新组合。

再次，我们开始对社会公平下定义。这是一项艰巨的任务。最合适的做法就是从分配正义的角度来进行。在公共行政当中，社会公平与平等的本质尚未界定。正如道格拉斯·雷（Douglas Rae）与他的同事（1981）所说的那样：“公平是非常简单、抽象的概念，而现实世界是十分具体而复杂的。试想，如何让一个简单而抽象的概念来统领一个具体而复杂的世界?”（p. 3）然而，社会公平势必会成为公共行政的第三个理论支柱。

最后，我们要寻求一个更具描述性的理论，一个更伟大的定义，一个更能应用于公共行政的理论、实践以及精神的定义。顺应道格拉斯·雷及其同事的传统，我们从一些最基本的语言和路径出发，得出了一系列的定义及其例证，建立了“社会公平的复合理论”。它将是本章后面从法律和研究的角度来考察公共行政领域中的社会公平的基础。

5.2　社会公平的复合理论

社会公平的复合理论包括以下类型的公平及其应用。

单纯的个人公平

个人公平，系指一对一的个人公平关系。最好的例子就是“一人一票”原则， *117*
以及市场经济中的价格机制，在市场经济中，在某一价格水平上，商品的价格对于所有想要购买的人都是一样的。黄金规则和康德的绝对义务同样是个人公平的教条。在公共行政实践中，单纯的个人公平的例证非常少见。

分部化的公平

在实行劳动分工的复杂社会，更倾向于实施分部化的公平（segmented equality）。农场主的纳税标准与企业主的纳税标准不一样，他们与工薪阶层的纳税标准也不一样。分部公平这个概念主张同种类的人（如农场主）同等对待，不同种类的人则不同对待。所有类型的层级制采用的都是分部公平的概念：所有资历相似的五星上将之间彼此是平等的，而一等兵之间也彼此平等。同工同酬也是一种分部公平，它实际上是一种体制上或结构上的不公平。分部公平对于公共政策和公共行政来说十分重要。事实上，公共服务都是在分部化的基础上提供的，而且都通过分部的组织层级体系来进行。分部公平就是，在不平等面前人人平等。

集团公平

单纯的个人公平和分部公平实际上都是个人层次上的公平，而集团公平（block equality）则要求群体或次级群体之间的公平。1896年，在“普莱西诉弗格森”（Plessy v. Ferguson）一案中，铁路当局认为，“尽管黑人与白人是平等的，但是他们的座位应该分开”。1954年，法院在“布朗诉托普卡市教育局”（Brown v. Topeka Board of Education）一案的裁决中认为，种族隔离是天生的不平等；它要
求学校服务应以单纯的个人公平为基础，而不应以集团公平为基础（以种族来划分 *118*
集团）。有意思的是，关于妇女与男人同工同酬的要求，是集团公平的例证，同时又体现了同工同酬的分部公平。

公平的领域

我们如何确定什么应该公平地分配呢？公平的领域（the domain of equality）可以用实际分配的财物、服务或利益为划分标准。如果人们认为学校教育和消防服务是应该提供的，那么为什么就不能提供高尔夫球场或其他娱乐设施呢？对公平领域的界定可宽可窄，受分配（以公共机构的资源为基础）和诉求（以申请人对平等的要求为基础）的制约。公平的领域总是在不断地转移、聚合或分散。有些领域（如工作、工资、投资等）在很大程度上由市场控制，而另外一些领域则主要受政府的控制。通常，在政府控制的领域追求公平，目的是纠正市场带来的不公平，或是纠正以往的政府政策导致的不公平。政府实施的补偿性不公平，其目的是抵消分配领域之外但又属于更广泛的权利要求之内的不公平，失业保障、儿童抚恤、大学教育担保金、食品券等都是这样的例证。

公平的领域也有可能涉及不同代人。譬如说，联邦政府的支出赤字应由谁来支付：是我们，还是我们的孩子？（代际公平是下一章的主题。）

机会的公平

机会的公平可以分为预期的机会公平和手段的机会公平。依据预期的机会公平，如果两个人获得某项工作的可能性相同，他们得到工作的机会是平等的；而依据手段的机会公平，如果两个人拥有同样的天资和资格，那么他们得到工作的机会就是平等的。纯粹的预期的机会公平的例子在现实中几乎是不存在的，越南战争期间政府进行的募兵抽签接近此种类型的公平。在手段的机会公平中，机会是由公平的规则（如 IQ 测验，SAT 分值，赛跑等规则）决定的。“这些手段的目的和结果
119 不是公平的成功预期，而是合法的不公平的成功预期”（Rae and Associates，1981，p. 66）。亚里士多德关于平等的人应受公平的对待的观点，可以看作是以手段为基础的机会公平的例子。

在任何社会中，人的天资都不可能得到平等的开发。根据约翰·沙尔（John Scharr）的说法，“每个社会都有一套价值体系，它们或多或少地以整齐的层级形式加以排列……机会公平的公式应被修改为：对于所有的人而言，既定时代中的特定的人所重视的天资应有得到开发的公平机会”（1967，p. 231；另见 Scharr，1964）。比如，我们又怎样解释摇滚音乐家们在大众文化中的崇高地位呢？

公平的价值

公平的价值源于“份额的公平”这一概念，份额的公平意指每人所持有的份额是相等的（如相似的住房，一人一票等等）。份额公平的优势在于，只有个人才能判断他（她）喜欢什么，不喜欢什么。“份额”也易于测量和分配，它们丝毫没有

公平的福利的意思。当然，问题在于份额的公平对重大的需求变化不敏感。为了解决这一问题，雷（Rae）与同事提出了一种“个人的公平”。在此种类型的公平中，根据对每个人需求的非中立性判断，进行一种非武断的、以规则为基础的份额分配。比如，一个警官可以决定，在确保那些没有受到威胁的人与受到威胁的人一样得到平等保护以后，受到威胁的人可以要求更多的安全保护。对于障碍儿童与健康儿童，或者对于痴呆者与正常人来说，道理也是如此。在公共行政中实施一种尊重人的公平能使规则变得更有人情味儿。

显然，无所不包的公平范围是不可能的，也是没有必要的。社会公平的复合理论不是一种修辞或一个口号，而是一个由定义和概念组成的复杂结构。因而，公平是复杂多样的和不断变化的（Rae and Associates，1981）。如果公共行政致力于实现社会的公平，那么至少必须对社会公平做上述层次的分析。

在政策过程中，任何声称要加强社会公平的政策抉择的理由，都要根据下列问题进行分析：这种公平是个人的公平，分部化的公平，还是集团的公平？它是直接的公平，还是手段的或预期的机会公平？在维护民主政府和一个可靠的市场经济体 120
系的同时，为了改善弱势群体的处境，应该加强什么类型的社会公平？社会公平的复合理论将为我们在理论上和实践上回答这些问题提供一个基本的分析框架。

5.3　社会公平的复合理论应用的例证

在公共行政的历史中有这样一句格言：“公共行政是行动中的法律”。因而，社会公平的一些重大进展首先来源于法律，这是毫不奇怪的（McDowell，1982）。根据哈尔和弗斯勒（Haar and Fessler，1986）的说法，“地方、州和联邦议员们以及他们在行政部门的合作者们，经常忽视、逃避或推卸责任，或者不履行责任，于是，在没有其他原因的情况下，法院就行使了最终发言权”（p. 18）。法院成了那些声称在法律保护或公共服务的提供方面受到不公平待遇的人的最后的求助对象。民选官员——议员和行政首长——在本质上倾向于多数人的观点和利益。而委任的官员——行政官员们——只是到最近才开始关注效率与经济问题。

就业

在使政府更加公平方面，法律所施加的最重要的影响体现在就业领域，包括公共部门的就业，也包括私营部门的就业。这里，法律的（更不用说行政的）问题是：谁有权得到一份工作？标准是什么？应该怎样应用这些标准？

1964 年颁布的人权法案（后来被修订）和 1972 年颁布的平等就业法案，其目的就是保证每个人拥有同等的进入公私部门就业的机会。这种做法融合了集团公平，不同种族的人可以相互比较。任何不公平的对待都相当于违背了法律，只有能够公平地测量人的天资、技能和能力的手段才能决定谁将得到工作。在 1971 年

“格里哥斯诉杜克电力公司”（Griggs v. Duke Power）这一划时代的案件中，法院坚持认为，与履行工作无关的任职资格——以及那些对白人有利、对黑人不利的任职条件——是违法的。在裁决过程中，法院明确排除了预期公平的概念，但是法官
121 们赞同集团公平的观点（或者用法律的语言来说，就是“受保护的群体”），这就发出了一个支持社会公平的强烈信号。作为弱势群体保护行动的一种形式，种族的意识必须建立在黑人和白人之间公平的基础上。这种公平不仅体现在同一个工作单位内部，也体现在工作单位和劳务市场之间。这是对公平的双重应用。

纳尔班迪安（John Nalbandian，1989）对就业领域弱势群体保护行动的有关法律案例进行了透彻的分析。他观察到，格里哥斯案件以后发生的案例，都把弱势群体保护行动系统地限制在“它所要解决的问题的范围内”，并限制了这些计划的结果对非少数族群所产生的负面影响或不可预料的不平等（p. 39）。1984 年“加利福尼亚大学董事会诉巴基”（University of California Regents v. Bakke）一案，是最值得称颂的案件。在此案中，法院支持集团公平，使黑人在入学方面享有与白人相同的权利，同时它也保证，非少数民族公民不管是否属于受保护的阶层之列，都享有入学的资格。

保护弱势群体的法律以及法官们对其所作的解释，对少数和非少数族群之间的就业机会平等产生了重要影响。这种少数群体和非少数群体首先是按照种族或民族划分的，近年来主要以性别为标准（Ingraham and Rosenbloom，1989）。然而，纳尔班迪安曾预言：社会公平的价值将会衰落，工作实践将会更加重视效率，并进而与社会公平达到新的平衡（1989，p. 44）。到了 20 世纪 90 年代中期，纳尔班迪安的预言看来即将成为过去。无论是法院还是议会，都在“无视肤色”的旗帜下，又退回到保护弱势群体。换言之，以功绩制或身份为基础的分部公平再一次战胜了以种族或民族为基础的集团公平。

合同

1977 年的社会工作就业法案中，联邦政府专门为少数群体建立了一种商业企业。该法案规定，所有社会工作合同中的 10%将被留给属于少数群体成员所有的公
122 司。在“富利洛夫诉克鲁茨尼克”（Fullilove v. Klutznik，1980）一案中，预留 10%的做法得到检验和肯定。代表法庭多数法官的马歇尔（Thurgood Marshall）法官这样写道：“毫无疑问，议会规定专门预留的目的在于弥补过去的种族歧视对今天所造成的影响……现在，通过刻意消弭种族歧视，法院与议会当局共同担当职责，使我们的社会达到切实的机会平等状态，而非将以往的种族歧视所造成的影响永远冻结在社会机体之中，只剩下一种抽象的平等幻境。”

而代表法庭少数法官的斯图尔特（Potter Stewart）指出，“在表面上，本案中的少数群体商业企业条款的问题在于，它否认了法律的平等保护原则……宪法第十四修正案的目的是保证……法律在血统方面无任何偏向”（Fullilove v. Klutznik，1980）。

显然，马歇尔法官和斯图尔特法官使用的是不同领域的公平概念。他们的分歧在于“何为公平”这个问题。对马歇尔来说，集团公平是公平的本质；而就斯图尔特而言，公平即意味着个人公平。此外，马歇尔认为合同机会应以预期的公平为基础，而斯图尔特则主张应该以手段公平为基础。

最近，在肯定 1977 年社会工作就业法案 10％预留条款的同时，最高法院将弗吉尼亚州里士满市拨给少数民族人士所有的公司的合同份额砍下了 30％——这是在 33 个州和 200 多个城市实行保护弱势群体计划的一个重大挫折（City of Richmond v. J. A. Croson Company，1989）。里士满市的决策理由在于，预留条款否认白人享有法律平等保护的权利，因而违背了宪法第十四修正案（《纽约时报》，1989 年 1 月 24 日，pp. 1，12）。毫无疑问，预留划拨条款曾经加强了社会公平。很明显，该法是用不公平的手段来实现公平的目的。

政府服务

位于密西西比州萧镇的普洛米施兰德是一个黑人居住区。1968 年，居住在此的非裔美籍工人安德鲁·霍金斯（Andrew Hawkins）收集了大量证据，表明城市 123
在服务系统（如街道铺设、阴沟和排水系统）方面分配不公。由于这些设施在白人居住区能够得到，霍金斯就控诉他和他的阶层被剥夺了宪法第十四修正案赋予的受平等保护的权利。地区法院驳回了霍金斯的诉求，认为这种分配涉及的是“城市行政”问题，只能“通过投票来解决”（Hawkins v. Town of Shaw，1969）。在上诉中，上诉法院推翻了地区法院的判决——部分理由来自于哈佛—麻省理工学院城市研究联合中心顾问的信念：

> 基本政府服务的提供在数量和质量上引人反感的歧视，侵犯了一个不可动摇的原则……巡回法院都不应允许，作为被告方的地方政府通过加入含有不法动机之免责条款的方式，或假借经不起推敲且不宣之于众的助益行政的理由，来反驳有关种族歧视的真实统计证据。任何此类的辩护，均不能充分反驳案件的统计证据。这些证据初步看起来是无可置疑的。它们表明，公共服务存在严重不公，其水准和类型的确定，不是根据所要服务的公民的意愿和需求的差异，而唯一根据的是他们肤色的不同（Haar and Fessler，1986，p. 14）。

上诉法院在做出有利于霍金斯的判决的同时，又将公平问题界定得十分狭窄，以至于几乎排除了法院对服务分配决策进行的重大干预。在这种决策中，不能显示出有意的歧视。

“布朗诉托普卡市教育局”一案不仅取消了公立学校中的种族隔离制度，而且也为我们界定和实现平等提供了一条新的、有创造性的途径。例如，校车服务至少在表面上达到了集团的公平。要知道，校车服务最初针对的仅仅是在郊区上学的城市孩子。现在，一些有吸引力的学校开始为在城里上学的郊区孩子提供校车服务，以实现种族平等。而将学校设立在白人居住区和黑人居住区边缘地带的做法，不仅保持了社区学校的理念，而且达到了种族融合之目的。

管辖范围问题，或者公平的“领域”问题，一直是一个主要问题。传统上，城市中心学校所在区域为非白人居住区，而周围的城郊则为白人居住区。这种模式严重限制了“布朗诉托普卡市教育局案”在实现公平方面所起的作用。尤其是当财富
124 和税源随着白人移向郊区时，情况更是如此。为了实现更大程度的公平，州法院多次对州宪法的公平条款进行解释。从1978年加利福尼亚州的“塞拉诺诉教士”一案开始，依据对学校进行平等资助的要求，许多州主张加大对贫困地区学校的资助力度（Serrano et al. v. Ivy Baker Priest，1978；Lehane，1978）。通常，资助是按照“每位学生补助多少钱”的方式来进行的。这种做法既把公平的范围扩展到州，而且也实现了简单的个人公平。当然，这种公平是通过以种族为基础的不公平达到的。

从各种不同的公平的观点来看，密苏里州堪萨斯城校区消除种族隔离的做法最有意思。在“布朗诉托普卡市教育局”一案裁定除非提供公平的教育机会，否则种族隔离事实上是不平等，也是违反宪法的之后，仍留下两个问题没有得到解决：学区当局和州教育部门的目标仅仅是停止种族隔离吗？他们是否需要弥补一个世纪以来实行的种族隔离的教育体制所造成的损失？

在“合众国诉杰斐逊市教育局”（U. S. v. Jefferson City Board of Education）一案中，巡回法院认为，“依据宪法第十四修正案，学校官员在建立一个完整同一的学校体制方面，有着不可推卸的责任。在这种体制中，学校就是学校，无黑人学校与白人学校之分。……在履行这一责任的过程中，教育当局仅仅为黑人孩子提供进入以前只有白人孩子才能进入的学校的机会，这是远远不够的。巡回法院认为，必须弥补双重学校体制所带来的负面效应。这就要求在教师、设施、活动和学生等方面均实现融合（Green v. School Board）”。

随后，在“斯旺诉夏洛特—梅克伦伯格教育局”（Swann v. Charlotte-Mecklenburg Board of Education，1971）一案中，最高法院认为，“今天的任务仍然是要消除各州强加在公立学校系统中的种族隔离的残余”。

有两种情况与密苏里州的堪萨斯市有关：首先，在不动产工业领域，私营部门与政府部门的互动形成了两级房屋市场，这便导致了种族隔离的居民区和学校（学
125 校大致反映了该地区的种族构成）。先前那些被隔离的黑人学校，现在的教师和学生几乎都是非裔美国人。相反，堪萨斯周围的11个市郊的学校，其教师和学生都是白人。

在“詹金斯诉密苏里州政府”（Jenkins v. State of Missouri，1984）一案中，R. G. 克拉克（Russell G. Clark）法官认为，密苏里州堪萨斯市、学区和密苏里州政府应对危险的学校种族隔离负责。当然，关键在于法官所选择的救济方式。确认不公平是一回事，而如何实现公平又是另一回事。学区试图通过税收和发行债券的方法来执行克拉克法官的命令，然而最终失败了。克拉克法官就根据利德尔（Liddell）和格瑞福因（Griffin）案件所创下的惯例，下令采用增加税收和债券保险的

方法来恢复 1986 年所要实施的救济措施（Liddell v. State of Missouri，1984）。他还提出，要将 75%的计划经费划拨给密苏里州用来资助（学校）。除了堪萨斯市从非本地居民那里征收的 1.5%额外收入税外，上诉法院基本认可了克拉克法官的补偿裁定。同时，上诉法院要求州政府和学区当局继续这种救济的做法（Missouri v. Jenkins，1995）。

学区要求提供发行债券和提高税收来实现其消除种族隔离的目标，而如果大多数居民不去购买这些债券，拒绝提高税收，法官又如何从法律上证明征税是合理的呢？克拉克法官说：

> 多数人也不能否认其他人享有的宪法予以保护的权利。当发现堪萨斯市的学区依然存在违宪的种族歧视情况之后，本院当然不能无动于衷。有人认为，通过强制措施来纠正过去的错误做法是徒劳无益的，本院对此观点不能苟同。……在本案中，法院必须对纳税人的宪法权利和本案原告——学生们——的宪法权利进行平衡。本院的观点是，如果没有法院的帮助，学生们便孤立无助；因而，平衡应该朝有利于学生的方向作出（Jenkins v. State of Missouri，627F. Supp. 412）。

从公平的角度看，存在着几个相互冲突的公平概念。首先，个人的公平意味着每个人的选票都与他人的选票一样，这样，在代议民主制中，多数派就会获胜。在该案中，法院宣称，多数派不能通过投票的方式剥夺少数人的由宪法赋予的同等入学的权利。另一个概念以时间为标准，即代际的公平。一个多世纪以来，黑人孩子 126
在学校中遭受的不平等待遇，需要用同时段内对非少数民族的不平等对待来弥补。第三个概念涉及公平的领域问题。公平问题应该在何种程度上被限制在一个学区？由于密苏里州的学校是按照州宪法的规定建立的，克拉克法官判定，为消除种族歧视而提供资金补偿的责任最终要由州政府来承担。

事实上，原告律师亚瑟·A·本森（Arthur A. Bensen）认为，克拉克法官不仅有权决定对学校的反种族歧视提供财政援助，而且也有权重组学区，消除以往种族歧视政策留下的残余。然而，克拉克法官没有走得这么远（Bensen，1985）。

[根据 1974 年“米利肯诉布拉德利”（Milliken v. Bradley）案，本森的观点违反了判例法。在该案中，最高法院宣布除了在特殊情况下，行政区划界限不应成为有效地反种族歧视的障碍。而本森声称，堪萨斯市一案恰恰就属于最高法院所说的特殊情况。]

1995 年，最高法院重审了堪萨斯市学校一案，并得出结论：为过去的种族歧视而采取的救济行动不必无限期地持续下去。事实上，最高法院允许密苏里州开始削减堪萨斯市学校的特别拨款。

我们还可以从法院的判例中发现更多的有关公平的事例，包括对学校和大学中的男女运动员提供公平的资助等。

在与公共行政有关的、涉及社会公平与法律关系的问题上，查尔斯·哈尔和丹尼尔·弗斯勒（Charles Haar and Daniel Fessler，1986）为我们提供了有趣而中肯的解释。他们认为，关于公平的法律基础，美国宪法和联邦法律中的规定比州宪法和法律中的规定更少。“考虑到单纯依靠平等保护条款所产生的一系列实际困难，我们认为存在着一种普通法的原则，即‘服务的义务’，把它作为一种先于联邦宪法而存在的上诉的途径”（p. 43）。

根据查尔斯·哈尔和丹尼尔·弗斯勒的说法，早在美国宪法颁布的500年前，在亨利三世统治下的英国，法律就认为，“在社会组织的基本层面上，所有具有类
127 似需求的人都有获得平等的、充分的和非歧视性的基本服务的机会。此外，这个原则将提供法律机会的责任大部分赋予了政府”（p. 21）。在普通法中，所有垄断机构——国家、行政区、公用事业等等——都披上公共利益的外衣，并遵循平等服务的原则。如果查尔斯·哈尔和丹尼尔·弗斯勒的说法是正确的话，如果上述以州为基础对学校的平等化进行资助可以作为例证的话，那么，社会公平将会出现在基层，而不是由联邦法院强加的。

“服务的义务”意味着公平地提供服务的义务，这一观念对于公共行政而言显得意味深长。第一，它强化了社会公平作为公共行政的基本宗旨之一的地位。第二，正如社会公平的复合理论所显示的，存在着相互抵触的公平的概念。将社会公平上升为公共行政的基本原则是一码事，为在特定情境中实现公正而决定采用哪一种社会公平的概念，则又是另一码事。事实上，其他的原则（如效率）也是相当复杂的。在理论上，它们比社会公平原则更受人们的关注。第三，公平地提供服务的义务将公共行政放在一个伦理的困境之中，不管是执行授权的立法，还是进行预算，或是执行管理指令，都可能会导致更大的不公平。与导致低效、浪费的政策执行问题相比，这是公共行政所面临的更大挑战。但对公共管理者来说，公开主张经济和效率显然要比公开承诺公平更加容易。尽管如此，在公共行政实践中，公平还是非常受支持的。这一点，我们将在下一节中加以论证。

5.4 社会平等、政策分析及研究发现

随着分配正义和公平的法律理论的发展，政策分析开始出现。在过去的20多年中，美国许多大学都建立了公共政策学院，专门对政策问题进行跨学科的研究。
128 此外，许多公共行政院系也开始强调政策分析的观点。所有的政策领域，如医疗、交通、执法、消防、住房、教育、自然资源、环境、国防等等，事实上都成为人们分析和研究的主题。综合性学术杂志、专门探讨政策的杂志比比皆是，几乎每期都刊登探讨公平问题的文章。

无论是从意识形态上看，还是从方法论上看，政策分析都被经济学所主宰。虽然政府不是市场，但市场模型还是被广泛地应用于政策分析。其逻辑非常简单。依据经济学理论，如果个人和企业都追求自己利益的最大化，那么公民和政府机构也是如此。这个观点与目前流行的政府观念，如放松管制、民营化、学校担保、公私

伙伴关系、紧缩管理以及最小政府或“守夜人”式的政府，特别吻合。

虽然经济模型对政策分析一直产生巨大的影响，但这种影响已经有所减弱，近年来尤其如此。其原因在于，在政策分析中使用了一般和个别的幸福评价标准，这些标准与人们通过政府表达的公平的本能更加一致。公正、公平、个人权利、平等，这些代表着着眼于未来的强政府的观念，现在正在政策分析中被检验和运用。此外，在公共政策分析中，还广泛使用了集体性的评价标准，即所谓的社会指标，如失业率、无房户等。测量不同年龄、种族、性别、收入的人们在公共服务分配上的差异已经司空见惯。我们不仅仅把社会公平作为一种理论上或法律上的标准，更作为研究中的一种评价标准或变量。当然，正如在法律上或理论中使用社会公平一样，社会公平的分析也存在问题，这就是公平的复杂特性。

在个人层次上，我们现在已经拥有了一些数据与研究成果，它们至少能够描绘出个人在公平问题上的观点和偏好。霍克希尔德（Jennifer Hochschild，1981）已经证明，人们在公平问题上存在着相互矛盾的观点，这些观点的影响因素与其说是收入、政治意识形态，不如说是一些更细小的因素。人们之所以持有不同的公平观念，取决于他们所考虑的生活领域以及如何界定公平。霍克希尔德的研究成果涉及 129
三个领域：社会领域，包括家庭、家庭成员、学校和社区；经济领域，包括工作、工资、税收和财富；政治领域，包括投票、代表和法律。他使用了两种公平的概念：(1) 公平的份额和公平的程序；(2) 分层公平和以手段为基础的机会公平相结合所产生的差异。

在社会领域，人们坚持公平的份额和公平的程序标准。公平地对待孩子，一夫一妻，对家庭的平等奉献，对邻里中的穷人、中产阶级和富人平等对待。在学校，平等或公平的程序对公平地确定成绩十分重要。在学校教育问题上，家庭有点偏离严格的个人公平，在教育投资上出现差异，如障碍儿童需要更多的投资。这也是罗尔斯式正义的一个例子。有证据表明，对于更有天才的和更有潜力的人的投资，存在着差异。然而，对于社会生活的平均主义，人们并非同样地感到幸福。如果他们感到自己能够掌握自己的命运，能够按照公平的原则来行动，他们将会感到更加幸福；否则，幸福感就会少一些，甚至不快乐。

在经济领域，同样的人赞同差异或以手段为基础的公平。换言之，人们寻求的是能够导致不公平结果的机会公平。生产率应该得到回报。穷人们相信，只有如此才能使收入分配更公平，而富人们认为这将会导致不大公平的收入。人们也非常赞同私有产权的观念。穷人和富人一样，都不反对财富的积累，都极力反对遗产税。而且，在贫困的时候，富人和穷人都会抛弃自己的观点，感觉“应该”对此“做点什么”。

在政治领域，如社会领域一样，人们是平均主义者，主张平均地分配个人的政治权利和公民权利。“他们期望的税收和福利政策是从富人那里征收财富，然后将其分配给穷人和中产阶级。他们乌托邦式的幻想中通常包含了更多的公平”（Hochschild，1981，p. 181）。人们对因收入所得税法条文的漏洞而导致的不公平极为不满，因为它待人不公。人们赞同为穷人提供教育补贴、住房补贴乃至国家健 130

康保险。

然而，从上述观点中，霍克希尔德发现了双重标准。人们也承认他们并不总是坚持自己的观点。他们有时对谁应为不公平负责而感到无能为力、愤怒和困惑，他们不知道应如何去改善不平等的状况。

不同的生活领域为我们很好地解释了我们是如何看待公平的，这些看法与我们在本章前面提出的社会公平的复合理论基本上是一致的。无论在理论上，还是在我们的思想上，公平有不同的类型，取决于领域、时间维度、管辖领域、能力、努力和运气等各种因素。

地方政府服务分配问题的研究，也对公共行政中的社会公平问题启示很大。这些研究在很大程度上是在检验“下层阶级假设”。如果人们接受了这个假设，那么政府所提供的多项服务，如图书馆、公园、消防、自来水、下水道、警察、教育等，势必随着人们的权力、财富和种族的不同而有所不同。

此类研究普遍表明“下层阶级假设”是站不住脚的（Lineberry，1977），像公园、图书馆之类的固定服务显示的是一种“非模式化的不公平”，它与权力、财富或种族没有关系。这些不公平更多地与居住区的历史及其住房状况有关。像警察、消防之类的流动服务，其分配相对要公平一些，可以确认的细小差异与种族和财富没有关系（Mladenka，1978，1981）。至于负担或税收，有证据表明在财产税评估方面存在着不平等——对于少数民族或穷人来说，财产估计往往比实际要低；而对于非少数民族和富人，财产评估又稍高一些（Lineberry，1977）。

另一方面，学区和跨学区的学校资助差异则似乎证实了“下层阶级假设”。在过去的20年间，由于法院的判决，超过一半的州政府对学校财务进行了改革。改
131 革的目的都是向一个学区内或跨学区的不同学校提供平等的资助。与没有实行学校财务改革的州相比，改革后的州在按学生人头提供的资助方面更加公平一些，尽管它表现得并不显著（Stiefel and Berne，1981）。

除了学校资助问题之外，为什么“下层阶级假设”并未得到研究的证实？罗伯特·莱恩伯里（Robert Lineberry）和其他人提出了一个令人信服的观点，即为了改善贫穷和种族歧视的影响而进行的公共服务分配，是城市和州政府的官僚们按照程式化的决策和服务传输规则来实施的。市政改革的结果，包括雇用市经理，以功绩为基础的官僚体制，以及自由的超党派的选举，都加强了地方层次的公共服务。而由于公共服务的提供是以人们所能理解和接受的服务传输或决策规则来进行的，因而就变成程式化的、规范化的、渐进调适的和可预测的。警察和消防管制要求实行分权，并且在人员解聘和设施配备上拥有广泛的自由裁量权。社会服务倾向于回应明示的要求。每种服务都有其服务传输的规则（Lineberry，1977；Jones，Greenberg，Kaufman and Drew，1978）。

关键的问题在于，官僚组织——职业的公共行政，尤其是大城市的职业行政——按照公平的一般要求或特殊需要来分配服务。关键之处在于，社会公平是由行政官员们所理解和实践的。就像效率和经济一样，社会公平在一般的公共行政实务中被视为理所当然的。我们认为不仅仅要提供服务，而且要公平地提供服务。

那么，又怎样解释学校资助中的不公平呢？公立学校官僚们实际上没有控制学区间资助的权力。如何解释密西西比州萧镇以及其他基于种族的不公平服务状况呢？答案是，缺乏真正意义上的职业的公共服务。

5.5　结论

本章伊始，我们讨论了社会公平应成为公共行政理论和实践的第三个支柱的观点。然后，我们讨论了过去 20 年间的社会公平在理论上、法律上和政策分析上的发展。

我们发现，更抽象的分配正义理论面临着挑战，那些最有希望在理论上加以证 132
实、在社会公平和公共行政实践中加以应用的理论，恰恰就是那些剖析主题，并能解释公平的复杂性的理论，它既是一种思想，又是一种行为准则。这些理论与政策分析家的方法论一起，帮助我们审视成本和利益分配，以作出理智而公正的决策。从法律上看，公平问题在沃伦伯爵连任美国最高法院首席大法官时最受重视。在伯格（Burger）和伦奎斯特（Rehnquist）担任联邦法院大法官期间，法院强调的重点在于保护弱势群体、服务分配的公平等。

因为社会公平已经成为政策判断和公共行动的标准，详细说明各种可能的公平形式甚至相互矛盾的公平形式的社会公平的复合理论，将能为我们的工作提供良好的指导。平衡效率、经济和公平的要求是公务员的职责所在。然而，如果公务员只理解经济和效率的复杂性，而对公平和平等缺乏详细的理解，这种平衡就不可能实现。

现在，我们已经提出了一个新理论，建立一种成熟的社会公平和公共行政的复合理论是我们构建理论和研究的目标。这种理论必须在政策领域得到检验；必须用联邦主义意旨来指导；如果不能预测也至少必须能够界定替代性政策、组织结构、管理风格等对公共行政计划的平等性的影响。

所有这一切都发生在当今这样一个被认为是新个人主义或自我中心主义的时
代，这是我们这个时代最大的讽刺（Lash，1978）。在过去 20 年间，主流的政治思 133
潮一直倾向于市场，反对政府，反对税收，反对福利，尤其反对官僚。这种意识形态上的共识表明，大多数人都持有上述观点。

然而，在多数人共识的表象背后，我们发现，劳动力已经从主要的生产领域转移到净工资更低的信息和服务行业；双职工家庭陡增；收入不稳定和衣食住行能力减弱；流离失所和贫穷人口增加（Levy，1987）。因此，在社会公平已成为一种理论，公共行政在社会公平之伦理原则的指导下，改善不公平影响的同时，不公平的现象事实上仍在增长（Wilson，1987）。

所有结论中最重要的一点是，研究表明，公共行政人员愿意致力于实践社会公平。对那些地方政府的公共管理者而言，这并不奇怪。公共管理者解决和改善问题，对服务分配问题进行判断，在执行政策时使用自由裁量权。公正、平等一直是指导行动的共识。有人担心，公务员遵循社会公平的一般指导原则可能会加强他们的政治功能（Hero，1986）。毫无疑问，公共行政是政治的一种形式。真正的问题是，用什么样的理论与信仰指导公共管理者的行动?

在我们所说的过去20年的发展过程中，社会公平原则指导着我们对公共行政精神的理解，它要求我们既要高效，又要公平。

第 *6* 章

公共行政的代际概念

134 不管是独自一人还是与大家一起，我们都将为城市的理想和神圣的事业而努力奋斗；我们将永不停息地激发公共的责任感；我们将尊重并服从城市的法律；我们将把这城市传递下去，它不仅不比被传递到我们手中时更差，而且更伟大，更美好，更美丽。

——“雅典公民誓言”

看看上面引用的雅典城邦公民们的誓言。它表明，公民们不仅接受了有效地处理雅典世俗服务的责任，而且保证在将城市交给下一代时，城市的状况将比他们接收时更好。雅典公共服务伦理所要求的是实现更大的公平，而不仅仅是代际的公平。[1]本章将思考代际的公平问题，并提出这样一个问题：公共官员们是否应对后代承担责任？

代际公平问题在我们周围似乎比比皆是。现在关于国家赤字的辩论，充满了这样的责问：挥霍无度的当代人所造成的债务问题，以及这些债务是否应该由这些人的孩子和孩子的孩子来偿还（Aaron，Bosworth and Burtless，1989）。究竟是哪个阶级——
135 下层、中层、上层——从 20 世纪 80 年代联邦的疯狂举债中获益最多，这个问题并非辩论的中心问题。在人们提出的解决方案中，集中关注的问题是：如果不把大部分债务转嫁到下一代人身上，那么应由谁来偿还债务（Kotlikoff，1991）。

医疗财政方面的问题主要涉及受保人群与未受保人群之间、

老人与非老人之间、医疗行业与制药行业之间以及不同保险公司之间的公平与平等。大量证据表明，除非医疗成本受到控制，否则赤字不会降低。

环境运动的主要动力是为后代保护地球资源。

社会保障制度问题事实上也是代际的公平问题。

许多政策问题均涉及公平和平等问题，这些问题既涉及目前一代人中不同群体之间的公平问题，又涉及当代人与后代之间的公平问题。[2]

20 世纪后半期的经济增长，尤其是美国的经济增长，似乎表明：这一代人的
136 事业比较成功，他们比其父辈做得要好，起码他们的生活要比父辈好。事实上，从较长的历史视角看，代际的福利从来就不是线性的。人类生活状况（如营养、教育、就业和住房等）的变化一直是周期性的（Neustadt and May，1986；Smith，1988；Schlesinger，1986；Kennedy，1993；Strauss and Howe，1991）。

显然，至少从相对收入来看，那些从 20 世纪 60 年代中期到 70 年代出生的人要比他们的父辈做得差一些。最近的一项关于代际差异的社会科学研究的确表明，下一代人在心理上、社会上和经济上都将可能不如其父辈（Whitehead，1993）。因而，当出生高峰期的一代人退休，20 世纪 70 年代后期和 80 年代出生的人开始工作后，代际差异将会扩大。

毫无疑问，现在，民选官员对代际问题非常敏感，尤其是在政治言辞上和表面上。但是，公共官员（包括公共管理者）是否应对后代负责？[3] 如果要承担责任，那么应该承担什么样的责任？公共行政的研究是否提供了指导我们思考下一代人问题的理论和伦理？在不同代人之间是否存在着社会公平问题？

本章将从两个方面探讨上述问题。我们首先从意识形态和哲学方面讨论代际公平；然后，用社会公平的复合理论来讨论代际问题，并把社会公平的复合理论应用于代际的公平和平等的问题。

6.1 作为公平领域之一的“后代”：哲学的观点

公平的领域无穷无尽。一提起公平，我们会立刻想到法律面前的公平正义，教育的公平，选举的公平，工作机会的公平，以及其他得到人们认同的公平。这里，我们不讨论公共政策之特殊领域（环境、教育、医疗）或个人利益、群体利益领域
137 的公平。本章要探讨的是未来（或未来的几代人）这个广泛而综合的领域的公平问题。我们的问题是：后代能否作为公平的一个领域或领域的一部分？我们如何从哲学和道德上回答这个问题？

经典的道德和伦理思想通常考虑到后代。在柏拉图的爱神（eros，即渴望、奋斗和充满信念的生活）中，激情（passion）就是一个人对其工作的承诺——这份工作超越现在，针对不确定的未来。因为奉献不仅仅是为了同时代的其他人，更是为了将来的后代（Hartmann，1981）。柏拉图的爱神的力量在于爱的精神。这种爱不是仅针对邻里，而是针对一切应该爱的人；这种爱不图回报。亚里士多德断言，

男女的结合源于“本性上要努力使自己留下形神相似的后代”(《政治学》，1984 年英译本，1252a30)。同时，康德的“绝对义务”，作为界定人类生活基本条件的一套原则，并没有以现世为前提。

从伦理的角度看，道德哲学与时间无关（Rawls，1971）：如果正义和公平在某一时间、某一地点是绝对的指导原则，那么在另一时间、另一地点也应如此。爱德蒙德·伯克（Edmund Burke）认为道德契约是跨代的社群之间联系的纽带。1690 年，约翰·洛克（John Locke）对自然状态进行了描述。在自然状态中，人们在道德上是公平的，并平等地拥有使用土地及其他资源之权利。在自然状态下，人们可以公平地拥有土地，但条件是人们要保证使用土地，而不能浪费土地，要给他人“留下富足的土地和资源”(Locke，［1690］1965，p. 333)。尽管休谟（Hume）对洛克的契约论持批评的态度，但他还是赞同洛克的有关后代的观点。在解释美德的概念时，他主张要将我们“置于过去和未来之间的地带，（并）想象我们的祖先站在我们之前，而后代站在我们之后”(Baier，p. 19；Hume，［1739］1968，p. 306)。

可以肯定，这些哲学家在考虑后代问题时，一般是赞同代际正义、平等和公正的。他们从哲学上描述了后代人在当代人这儿所拥有的部分权利。但是，他们所考 *138*
虑的道德和伦理主要是现世的；对于代际伦理，只拥有一般性概念。而补充细节的工作，则留给了当代的思想家。

有人可能会产生疑问：人们为什么在今天才会认真地考虑代际道德问题？我们的推测是，之所以如此，是与当代的社会问题，如堕胎问题（尤其在美国）、普遍存在的环境问题（耗竭的天然资源、受到威胁的物种以及遍布全球的污染）和技术问题（尤其是核能和遗传机制）有关。

在现代哲学和伦理学中，罗尔斯（John Rawls）是积极主张把后代纳入正义领域的代表人物。他的正义观包括了广泛的领域（1971)。根据社会契约理论，罗尔斯建立了一种作为公平的正义原则，即“每个人都拥有享有最广泛的、和他人一样的基本自由的平等权利”(p. 250)。他还确定了一条“差别原则”，即“社会和经济上的不平等（如财富、权力的不平等），只有它们能为所有人带来利益补偿，尤其是为社会中的弱势群体带来利益补偿时，才是正当的”(pp. 15－16)。

在罗尔斯的作为公平的正义中，选择是在“无知之幕”（a veil of ignorance）之后进行的，它避免了一个人在知道他人的状况后，不能作出有利于自己的选择。在过去的 20 年中，罗尔斯的“作为公平的正义”（justice-as-fairness）原则一直在哲学、伦理学领域占主导的地位。然而，罗尔斯有关代际公平的观念却鲜为人知，在伦理学研究中，也很少有人关注这个问题。

在把这些概念运用于代际正义问题时，罗尔斯认为，一旦人们接受了差别原则，“在实施差别原则时，合理的期望就是，最不支持那种延伸到后代的长远预期。每一代人不仅必须保持文化和文明成果，完好无损地维持业已建立的正义制度，而且要在每代人的时间里，储存适当数量的实际积累资金”(p. 285)。这就是“正义储存原则”(just savings principal)，一代人要为其后代积累资本。

在罗尔斯看来，代际正义的标准，就是在“无知之幕”的后面和原初状态中所 *139*

选择的标准。各方都不知道他们将属于哪一代人，不知道他们是贫穷还是富裕，也不知道他们那一代的生活是贫穷还是富裕，也不知道他们的社会是农业社会还是工业社会（p. 278）。在“无知之幕”后面，人们可能（而且应该）选择差别原则和作为公平的正义原则，用以指导他们的道德和伦理判断。用罗尔斯的话说就是：

> 现在我们能够看到的是，不同代的人应该与同代的人一样，彼此间承担义务和责任。现一代人不能随心所欲，而要受到在原初状态下选择的用以界定不同时代人之间的正义原则的约束。此外，维持和促进正义的制度，并为此而必须将文明改善到一定水平，是人们的天职。这些义务和责任，乍看起来似乎是契约论的一种牵强附会的推论。然而，由于这些要求在原初状态中已被承认，因而，作为公平的正义的概念无需改变基本观念就能涵盖这些内容（p. 293）。

罗尔斯提出的代际公平的伦理观，是最连贯、最详细的，尽管它有些抽象，难以应用。[4]“无知之幕”的情形几乎不存在；事实上，我们想了解一切。计算基本自由的范围，以及个人在何种程度上超出某一可接受的范围都是困难的。最后，仅有罗尔斯提出的程序救济就可以解决问题吗？如果穷人们享受了某种正当程序，而依然处于贫穷状态，公平能否实现？

140 在当代，许多理论家都把后代视为平等、正义和公平问题的一个适当领域，但是他们并不像罗尔斯那样，从一种比较严格的契约论的观点出发。例如，有观点认为后代是我们的道德共同体的一员（Golding，1981）。作为扩大了的道德共同体的成员，我们至少有责任不损害后代的潜在利益。从近期看，我们能够做得更好，因为我们的责任是清楚的。根据马丁·戈尔丁（Martin Golding）的说法，我们在为后代进行有效规划方面可能过于无知，他们离我们太遥远了。卡拉汉（Daniel Callahan，1981）对我们的长期责任深信不疑。他提出了四条原则，列举了我们对后代的责任：

> 1. 我们不应做任何危及后代生存的事；
> 2. 我们不应做任何有损于作为人类生命尊严的基本权利的事；
> 3. 我们做事的方式应尽可能降低目前这代人的危险；
> 4. 我们应将对自己孩子的道德承诺变成处理代际公平问题的指南。

当代许多思想家，基于不同原因，也赞成将后代当作道德问题（如公平问题）的一个适当领域（Jonas，1981；Green，1981；Hartshorne，1981；Kavka，1981；Dalattre，1972；Baier，1981；McKerlie，1989；Partridge，1981；Warren，1981；Hardin，1980）。他们使用的词语彼此不同。有人谈的是“未来的人”（Baier，1981），有人谈的是“潜在的人”（Warren，1981），有人谈的是存在和非存在

(Hardin, 1980)。但所有人都赞同，在当代人与后代人之间，存在着一个道德上的合法性领域。

最有趣的代际伦理模式的观点，更多的是经验性的，而非哲学的。有充分的证据表明，长期存在着一个“分配给后代”的领域。人们通常关注未来，这是人类道德心理的一部分（Partridge，1981）。按照这种道德心理，人类集体建立了各种道德机构（政府、学校、基金会）和受托团体（地方、州的国家公园；致力于野生动植物保护、土壤保护和污染控制的组织）。这些都显示了人类面向后代的天性。帕特 141
里奇（Ernest Partridge）指出，现代人既有一些造福后人的道德天性，也存在着一些危害后人的机构和情景。德尔（Thomas Sieger Derr，1981）曾经提出过一个类似观点，认为人类有一种“道德本能”，这种“道德本能”引导着人类为后代承担责任。他说，“我们意识到，在未经别人默许的情况下，将自己行为的错误结果强加给他们，这是错误的。”（p. 40）

詹姆斯·Q·威尔逊（James Q. Wilson，1993）回顾了有关儿童成长的文献，分析了儿童道德能力的产生。儿童的道德意识中有两个基本天性，即同情（一种自然的有爱心的社会性）和公正（超越个人利益，关注公平对待）。这些自然的本性代代相传。威尔逊从俄罗斯的近代史中寻找到证据，“在 75 年的专制统治期间，每一种行动都努力摧毁市民社会，以创造全新的苏维埃人。然而，75 年后，我们发现，人们依然保持市民社会的精神，虽说保留得不是很好。社会结构的关键部分，不是那些易被训练成接受任何学说、采用任何习俗的孤立的个人，而是家庭、朋友和初级群体。正是在家庭、朋友和初级群体中，同情、正义和相互依赖等情感得以生存，并塑造着人们的行为。”（p. 9）当然，具有讽刺意味的是，国家强制实行的现世的公平，其本身是共产主义逻辑的要素。

更有力的经验例证来自于决策理论（action theory，亦称行动理论）的简单逻辑。查尔斯·哈茨霍恩（Charles Hartshorne，1981）指出，“决策要产生影响，就必须考虑时间问题，就必须在原则上关注未来。的确，当前理性的全部意义就在于它对未来的善的贡献。”（p. 103）换言之，如果决策（不管是出于本能，还是经过计算）在本质上意味着行动，那么决策的过程和行动通常是未来取向的。问题是，这种未来的取向延伸有多远？是一分钟、一天、一年还是一代？抑或延伸到遥远的未来可能存在的人类？根据定义，决策过程不能对过去产生影响。[5]我们知道，“决 142
策—行动”的循环过程在某种程度上是一种信息预测的过程。未来离我们越远，我们的预测就越缺少充足的信息，我们的决策和行动就越不可靠。此外，我们不仅对短期怀有更大的信心，而且要受短期利益的约束（Simon，1960；Harmon and Mayer，1986；Harmon，1989）。

代际公平在现代所面临的挑战使当代许多社会科学家和政策分析家们感到惊讶。一方面，当代的社会科学研究和政策分析深受约翰·斯图亚特·密尔（John Stuart Mill）和杰瑞米·边沁（Jeremy Bentham）的功利主义哲学的影响。根据功利主义传统，决策和行动的判断标准是现世的后果，取决于其所欲实现的最大化结果，如最大的安全、最大的幸福、最大的快乐、最大的尊严等。而个人、家庭、邻里、政治组织、民族国家乃至世界的功利是判断结果的标准。实际上，功利主义的逻辑在很大程度上是个人主义的，在今天尤其体现在政治学中的授权和选择等概念，以及数学模型的分析技术上。这种工作完全是暂时的。当然，功利主义的工具和逻辑尚未有效地用于分析代际平等或代际公平问题。

另一方面，在当今社会，与代际正义问题相关的学问或哲学，大都是义务论的，都以对与错的原则为基础。其大部分著作都是规范性的、训诫式的。只是到了现在，上述两种途径才开始融合。劳伦斯·J·科特里科夫（Lawrence J. Kotlikoff）的《代际会计》（1991）和亨利·J·阿伦、巴利·博斯沃思、盖瑞·T·伯特利斯（Henry J. Aaron，Barry Bosworth and Gary T. Burtless）合著的《美国能承担老龄化社会的负担吗?》（1989）等，就是义务论规范与功利主义工具相结合的良好例
143 证。帕菲特（Derek Parfit）在其《理性和人类》（1984）一书中，完全以理性（非宗教的，无绝对的道德原则）为基础构建了一种伦理。他指出，我们在关心别人（包括后代）时经常犯错误，这是由于我们依据了错误的信念，尤其是那种认为个人行动的特定效果可以计算的错误信念。

在帕菲特看来，我们忽视了我们一起造成的“对我们和其他人的巨大伤害，如污染、交通堵塞、资源耗竭、通货膨胀、失业、经济萧条和人口过剩”（p. 444）。为了弥补上述损害，帕菲特提出了一种不受个人情感影响的伦理。依据这种伦理，我们应“幼吾幼以及人之幼”。帕菲特提议建立一个“统一的理论”，以此消除常识的道德（主要是道德理想主义或义务论的道德观）和结果主义（主要是功利主义和目的论的道德观）之间的分歧。

现在我们回到在本章开始所提出的问题。是否有证据表明，存在着这样一个公平的领域，它要求公共官员考虑后代的分配问题？答案是肯定的。然而，也有大量的证据表明，公共官员并没有把后代的公平作为社会公平的一个领域。把后代的公平作为社会公平的一个领域是否有充足的理由？答案也是肯定的。这种观点可以追溯到最古老的道德和伦理宣言，当代许多思想家也提出要关注后代人的利益。现在我们要转向构建代际公平的系统理论。

6.2 社会公平的复合理论：作为处理代际公平问题的一种模式

我们要用社会公平的概念和理论，特别是公共行政和公共政策领域的社会公平理论，来建构一个处理上述问题的模型。社会公平问题表现在每一个政策领域。某项政策可能从总体上看是好的，但不可能对每个人来说都是好的。

在第5章中，我们对公平和社会公平进行了界定和分析。冒着显得啰嗦的危险，让我再重申一遍，这里使用的“公平”包括观念上和哲学上的公正（Hochs-
144 child，1981）、正义（Rawls，1971）和平等。根据霍克希尔德（Jennifer L. Hochschild，1981）的著作，这里所使用的“公正”指的是在社会和政治领域中机会、成本和利益分配上的更加平等。通过与经济领域的比较，霍克希尔德发现，

美国人将公平（equity）界定为公正，并认为在美国社会和政治领域内，不公正的事情太多（Page，1983；Wilson，1987）。此处的正义系指分配的正义。依照沃尔泽（Michael Walzer，1983）的说法，我们接受多元主义的正义概念。而依据多元主义的正义观，正义存在于不同的领域，具有不同的标准，其目的在于确认何为正义。而公平（正如这里所描述的）不仅仅是一种政治修辞和口号；公平不是指某一方面的公平，而是许多方面的公平，换言之，是指许多“公平的事物”（Rae，1983）。

社会公平的复合理论将公正、正义和平等概念整合到一起（Frederickson，1990；Rae，1981）。我们已在第 5 章中对此进行了界定，在此，我们又对其进行进一步探讨。根据这种理论，我们看到的不是一种简单的形式和定义，而是有差异的社会公平的概念。在社会公平的复合理论中，公正、正义和公平等概念是交互使用的。

显然，在社会公平的复合理论的运用形式中，无论是民选的官员，还是任命的公共官员（更不用提司法官员了），在公共政策的每一领域都实践着分部化的公平和集团的公平（Lineberry，1977；Frederickson，1980，1990）。公共政策中代际公平的例子比比皆是。

在前面，我们曾经指出，后代作为一个集团，是权利主张的一个适当领域。尽管这些权利主张是现代人代表后代人提出来的。而且我们认定，后代是现世资源分配的一个合适的领域。

基于这种立场，现在让我们回到公共官员是否应对后代承担社会公平的责任这个问题上。在处理代际公平问题时，集团的公平是最合乎逻辑的一种方法。现在，让我们看看三种集团及其定义（图 6—1）。

145

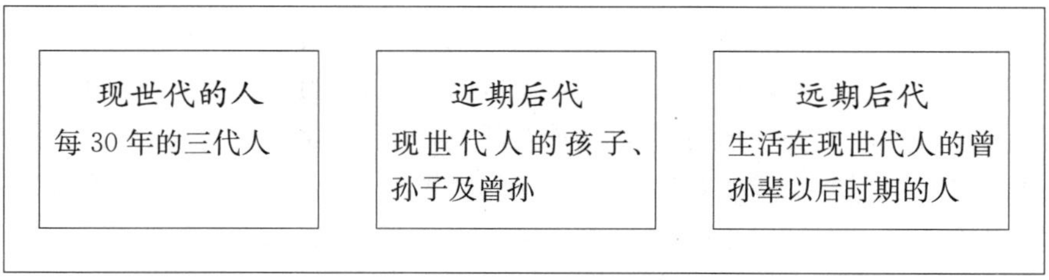

图 6—1　现世代人及近期和远期的后代

假定每个集团基本上彼此隔绝，并且我们主要关心的是集团之间的公正或公平，而不是每一集团内部的公平或公正。

现在让我们转向实际应用问题。

表 6—1 表明，代际社会公平的逻辑是以集团为基础的。表中的行表示收益，列表示成本，表中显示的是为学校提供的资金担保。现世代的人既享受利益，又承担成本，近期后代也是如此（尽管其享受的利益超过其成本）。如果资本的投资比较明智，远期后代也将受益，而其所承担的责任仅仅是支付维持的成本。

表 6—1　　代际社会平等：为学校提供的资金担保

		收　益		
		现世代	近期后代	远期后代
成本	现 世 代	强	中等	中等
	近期后代	中等	中等	
	远期后代			

公共政策与公共行政执行中的许多优秀范例，都与表 6—1 所展示的代际公平的逻辑相一致。研究与开发方面的公共投资，尤其是医疗领域的开发投资，也符合这个模型。事实上，所有的公共投资都符合这个模型。环境保护、历史文物的保护、濒危物种保护也都符合这种模型。如果我们接受罗尔斯的给后代留下“正义制度”的观念的话，公共教育——既包括 12 年义务教育，也包括高等教育——同样也符合这个模型。

146 有人可能会指出，民主的宪法、民主机构（如立法机构、法律机构和执法机构）不过是制宪者留给我们的一种制度，我们的任务就是将其传递给后代。有人也可能主张将国防作为维护这种制度的一种义务。上述的观点都与罗尔斯用以界定代际公平和正义的“正义储存原则”相一致。

在代际社会公平中，其最有意思的一个方面是它在政策制定和公共行政中得到普遍的实施。这显然支持了罗尔斯和其他人的观点，即正义的制度构成了代际公平的一种形式，而且“正义储存原则”的普遍形式在这种情形下是有效的。由决策者制定并由公共行政官员执行的许多日常性政策，显然都支持纵向道德共同体的存在。在这种道德共同体中，现世代人的行为既符合近期后代的利益，也符合未来后代的利益。

如果人们可以找到大量的代际集团公平的例证的话，那么如何在现世代人和远期后代人中，进行政策成本和利益的分割？现世的公平是可以分割的。如高犯罪率地区的犯罪活动增多时，警察部门可以将自己的主要资源分配在该地区，以使该地区的居民能与其他更安全地区的居民更加平等。现世的公平也可以是集团的公平，如弱势群体保护行动，或复员退伍军人优先安置计划所体现的情形。代际的公平可以是集团的公平，也可以是分部化的公平。现在是这样，将来也会如此。

147 我们再以环境保护为例，说明代际公平问题。现世代人可能会对一些环境保护项目进行投资，如减少掩埋式垃圾场，控制有害废物的倾倒。然而，现世代的人可能会在这样的问题上产生分歧：究竟谁应为这些环保政策承担成本，这将取决于税的结构、管制实践、商业的动机，或者各种因素的综合。成本的分配可能是不平衡的，或者说是分割的，一些人将会在环保方面比其他人承担更多的成本。后代的收益也可能是不平衡的，如涉及众多地区的环保政策可能会由于特定地区（通常是贫困地区）的存在而受到阻碍。这些地区不可能在短期内洁净起来。

在公共行政领域，长期的代际公平与资金预算有关。在州和地方政府一级，人们简单地以为，建筑、道路和其他投资的成本应该由现世代人及近期后代人（即近两三代人）共同承担。这种假设的逻辑前提是，基本上，现世代的人都会享受到资本投资所带来的好处。在国家层次，大笔的政府债务最初目的是使国家走出经济危机和应付第二次世界大战——这两个政策的基本假定是，这些行为的受益者既包括后代，也包括当代人。

研究和开发投资，特别是与国家科学基金、国家航空航天总署、国家健康研究院、能源部、国防部有关的研究和开发投资，都假定现阶段的投资对于现代人和后代人都有利，但是现代人获得的利益通常是以分割的、不均的和政治恩赐的方式得到的。

当然，研究与开发是代际公平的若干问题的关键。我们再以石油这种不可再生性资源为例。如果未来的某代人将它们耗尽了（这种情况很有可能发生），那么他们的后代是否被剥夺了使用石油的权利？未来的多少代人拥有使用这种资源的权 148 利？“显然，如果我们将后代推广至无穷的未来，且根据人们的数量来分配石油储存量，那么我们可能只有权消费一加仑、一夸脱或一茶匙乃至一个针尖容量的石油。”（DeGeorge，1979，p. 161）然而，我们并没有这样做，而是假定，我们对研究与开发进行投资，在石油资源耗竭时找到可使用的替代性资源的前提下，我们拥有使用储存的石油的权利。尽管如此，我们显然正在以后代的代价来获取利益；我们对于能源研究与开发进行的投资，可能与现世使用与消耗石油而获得的收益不相称。

现在，我们要转而讨论代际社会公平的反面：代际社会不公平。

表 6—2 显示的是后代人为现代人享受的利益而承担成本的情况。在这方面，最好的例子莫过于自然资源的耗竭和环境的退化。现代人从木材、地下水、水力发电、石油、矿产的开发利用方面得到了很大的好处，然而，近期后代或远期后代却要为此承担成本。从长期的观点来看，现代人对研究与开发的投资，是对不同代人在资源耗竭和环境退化方面的付出与收益之间的不平衡进行补偿。然而，无论研究 149 与开发的规模有多大，都不能使已毁灭的物种重新出现。

表 6—2　　**代际社会不公平：自然资源的耗竭**

		收益		
		现世代	近期后代	远期后代
成本	现世代			
	近期后代	中等		
	远期后代	大	中等	

我们可以推测，在缺乏市场经济体系的情况下，将精力过度集中于现世的公平（如 20 世纪 30 年代至 80 年代在工业化的《华沙条约》国家里出现的），将会导致环境的退化——这是代际社会不公平的一种特殊宣告方式。

表 6—3 显示的是一种二重的代际社会公平。最好的例子出现于美国社会保障体系的运作当中。现在已经退休的人在这个系统中进行投资并且享受收益。按平均数计算，人们投资的回报与应该得到的收益有着不小的差距。因而，现世正在工作的一代人为已经退休的人支付一部分养老金。自然而然地，整个社会保障体系是建

立在这个承诺的基础上：当现世这一代人退休时，他们会得到他们正在工作的后一代人的帮助。

表 6—3　代际社会平等：社会保障资格

		收益		
		现世代	近期后代	远期后代
成本	现世代	中等		
	近期后代	大		
	远期后代			

分部化的公平和集团公平这两个相互抵触的概念是相互影响的。人们可以把得到社会保障的退休人员视为一个集团，他们都有资格享受社会福利。而根据贡献和
150 其他因素，这个集团出现分割时，社会福利的享受者仍然可以视为一个集团。关于退休金资格问题的辩论现在转向了这样一个问题：那些景况较好的享受福利的人（如退休金收入总数每年超过 5 万美元的人）是否应该比那些低收入的退休者领取更低的退休金？

这种争论反映了人们对代际社会公平问题的一个有意思的曲解，因为后代不能为他们自己的利益辩护，那些现代人必须代表后代的利益而行事——通常应该把那些人视为一个“集团”。在由前人承担成本的代际社会公平中，现世代的大部分老年人在代表自己的利益方面能够发挥很大的作用。在围绕社会保障资格问题的辩论中，具有讽刺意味的是，从社会保障制度建立之初起，生活条件较好的人为退休一代所支付的费用的比例，比那些生活条件较差的人要少（Aaron，Bosworth and Burtless，1989；Kennedy，1993；Kotlikoff，1991）。

6.3　结论

现在让我们重新回到最初的问题：公共官员们的道德和伦理责任是否应延伸到后代，延伸到现在的或可能的人，延伸到遥远的未来的人？答案是谨慎的肯定。其原因有两类，即道德上的以及应用上的或实践上的。

无论是在哲学上，还是在实际事务中，人们都非常关注公正、正义和公平。如果对此三者缺乏某种程度共同认可的制度安排，道德共同体的存在是不可能的。这些制度安排通常体现在政府的制度之中，通常是现世的和水平取向的。事实上，从最早期的政府活动开始，这些维持道德秩序的制度安排也是代际的和垂直（纵向）取向的。假如我们在道德秩序中及维护道德秩序的安排中极力要求一定水平的公平和公正的话，那么，这种要求（尤其从长期的观点来看）极有可能既是纵向的，也是横向的。我们在此举了许多的例子，说明了现世的决策者和公共管理者要为后世的人承担责任。

151 古代雅典的公民对其同时代的公民及后裔们的本能和直觉也许是一种道德规

范。无论是对自己的态度，还是对后代的态度，我们通常缺乏这种规范。这并不能使这种规范无效，也不意味着现世的公平和公正以及前面举例说明的代际的社会不公平不会超越时空。相反，它们已经超越了时间。

让我们看看美国的公立学校制度。人们之所以要建立这样一个伟大的制度，其目的在于促进学习，促进现世的社会正义，把文化一代一代地传承下去。再思考一下奴隶制度，它是一种巨大的道德堕落；而奴隶制度的废除，则是一种勇敢的、补偿罪恶的尝试。再看看现代社会的可持续发展和生态平衡的计划，它们是为保证后代拥有地球资源而作的努力。然而，让我们再思考一下现实中南北半球之间存在的极端不公平（Chase-Dunn，1989；Pryer，1975；Strange，1988）。所有这一切都表明，道德共同体既是现世的，也是未来的。正如贝尔（Annette Baier）指出的，它是一种“跨代的道德共同体”（1981，p. 178）。

这促使我们寻求更高层次的道德或伦理原则，用以指导我们对后代的公共责任。我们如何在现世中代表未来？我们怎样才能引导人类的天性，使之超越时空的限制，面向道德的共同体？

根据社会公平的复合理论的逻辑，公共官员应竭力采用和实施那些有利于代际社会公平的政策。简而言之，他们应该制定那些对后代不可能产生消极影响的政策，他们不应当制定那些会导致代际社会不公平的政策（如在表 6—2 中的成本—收益矩阵所显示的）。

我们承认，作为人类，我们对于遥远的未来是无知的；我们对前面要发生的事情也知之不多；然而，即使要冒着犯错误的危险，我们也必须根据自己的所知来行动。在政策制定过程中，内行和专家通常界定问题，设定议程。如果人们认为政策问题既是现世的问题，又是代际问题，那么，通过我们的创造，我们将会找到这样的政策，这种政策，至少在某种程度上，能实现对两方面都有利的结果。现在，我 152
们对有害废弃物、农药的过度使用、过度放牧、掠夺性开采、地下水枯竭以及其他生态问题可能导致的结果有了更多的了解。这些了解以及如实地计算这些问题对后代产生什么样的影响，会对政策的制定产生很大的影响。

许多代际生态问题都是与目前的国界有关的问题。世界环境与发展委员会（1987）以国别研究和项目为基础，正在制定一些地区性的规划，以寻求一些解决生态问题的方案，特别是可持续性发展的方案。哈丁（Garrett Hardin，1980）和其他人描述了人口增长和地球的有限承载能力问题。大规模的地区性教育计划和人口控制势在必行。

技术，既是环境问题产生的根源，也是解决许多环境问题的出路。大家都知道亚洲和印度次大陆的神奇大米和饥荒缓解的故事。我们也知道抗生素的故事。我们所面临的许多长期存在的问题，如人口控制问题，也可通过技术得到明显的改善。现在，我们非常清楚，自然资源是有限的，地球已经无力维持与高质量生活相关的高消费。拉希（Christopher Lasch，1990，1995）和其他人建议重新界定幸福、道德价值和快乐等概念，将它们与外在的成功的概念分割开来。

在这个所谓的“地球村”中，公共官员可以将他们的管辖区和其他行政区当作实验室，来试验和检验应对现世和代际社会公平问题挑战的创造性方案。如果某个方案适用于一种环境，那么它就有可能适用于另一个相似的环境，并导致创新性的传播。

我们不仅知道这些事情，而且知道得更多。依据公共行政的精神，我们要为代际社会公平承担责任；我们必须在自己所知的基础上尽可能地做得更好。然而，实现这一目标的可行途径是什么？

153 一种观点是，影响后代的大多数分配问题来源于私人市场交易。在这种市场交易中，后代的利益被严重损害（Arrow，1983）。缺乏代际社会公平是市场失灵的一个表现。政府应通过公共政策来干预市场，实行有利于后代利益的管制。问题是，无论是对市场实行管制，还是为了后代的利益而采取直接行动，有时政府的行为会产生非市场的失灵，如国防部生产的核垃圾（Hardin，1980）。尽管如此，我们仍能在所知的基础上，（通过一种不太灵活的方式）运用现有的工具来做一些事情。无论市场和非市场途径存在着什么样的缺陷，它们都表示后代在解决此类问题方面有了巨大改进。依据公共行政的精神，考虑后代人的利益是公共行政的一种责任。

注　释

[1] 然而，有必要记住雅典实行的公平并不符合现代标准。例如，妇女们没有公民权，古希腊还实行奴隶制。

[2] 尤应注意的是一个叫作“Lead…or Leave”的利益群体组织，该组织由一群 20 多岁的年轻人所建立，其口号是：“赤字就是我们的越南（战争）”。该组织的组建者之一，约翰·柯林斯说，“国家继续进行的铺张浪费，除了债务之外，不会带来任何东西。现在我们所有的不仅是财政赤字，而且是社会赤字，环境赤字，结构性赤字。我们正在出卖美国梦。无论你是想再次向贫穷宣战的自由主义者，还是想削减收入所得税的保守主义者，你都将无能为力。”（《纽约时报》，1993 年 3 月 7 日）

[3]“公共官员”这个短语用来表示民选的、政治任命的和以功绩为基础的公务员。本处放弃政治—行政二分法的观点（Waldo，1949，1980，1990），并将公共行政实践理解为理所当然地包括政策偏好和伦理、价值偏好（Goodsell，1995）。如果我们抛弃了中立或中立的竞争（Frederickson，1980），那么就能正确评价公共行政人员的政策偏好和价值偏好（Rohr，1989）。人们假定民选官员和政治任命的公共官员是追求政策和价值偏好的。有关相反的观点，即一个非中立的公共行政人员将会“窃取民众的主权”，请参见维克多· A·汤普森（Victor A. Thompson，1975）。

[4] 巴里（Brain Barry，1978）对罗尔斯的代际正义提出了尖锐批评。然而，他相信“所有机会都应向后代开放，而不应受到限制”。在此基础上，他赞同代际正义的概念。努力使“后代的景况变好，这是做好事但并非正义；不使后代变糟糕才是正义的要求”。这是不相称的（pp. 243-244）。

[5] 尽管决策不能影响过去，但他们可以基于对过去无知的基础上，并因此受到错误的指导。请参见巴巴拉·W·塔奇曼（Barbara W. Tuchman）：*The March of Folly*：*From Troy to Vietnam*（1984）。

第3部分

公共行政中的伦理、公民精神和乐善好施

第 7 章

伦理与公共行政

157 我的体验是，许多行政人员很难把他们的民主信念同日常行为联系起来。尽管他们在理念上是民主的，但是对政绩的要求、高任务导向使得他们对任何过程都抱有怀疑主义的态度，而这些过程又是接受业余主义、放纵延误甚至威胁最终决策的质量的。我们经常发现许多公共部门领导人在投票或者立法的过程中大肆宣扬虚假的民主，但是实际上在管理自己的组织时，他们往往是残暴的权威主义者。

——弗兰克·舍伍德（Frank Sherwood），未发表的讲演稿

伦理是一个哲学、价值和道德准则的世界，而行政则属决策和行动的世界。伦理寻求对与错，而行政则必须完成工作。伦理是抽象的，而行政实践则是具体的。伦理如何改革行政？行政如何影响道德？行政的观念——秩序、效率、经济、生产力——如何有助于定义伦理？道德的观念，比如对与错，如何有助于定义行政？

在美国联邦、州和市政府中，腐败为现代公共行政的发展提供了许多诱因。在 20 世纪早期，为了达到消除腐败的目的，美
158 国政府的架构和政策一直在发生变化。这种变化有两种形式：(1) 通过贯彻诸如与最低竞标者签约、事前与事后的审计、委员会—市长型政府、防止利益冲突等管理的理念，在程序上减少腐败的可能；(2) 通过实行以功绩制为基础的公务员制度以及贯彻

政治中立、不介入政治选举等理念使政府为公民提供更好的服务。政府改革运动的动因，尽管不是像我们今天所说的因为关心伦理，但肯定是出于根除腐败的考虑。

同一个世纪前政府改革运动的目的一样，当代政府伦理运动的目的也在于减少政府的腐败。然而，今天的伦理运动所强调的重点是不同的。各种机构和计划，包括揭发弊端，报告不道德行为的电话热线，伦理委员会，民选官员、政治任命官员和行政官员的伦理教育计划，政府机关的伦理办公室，财务公开制度或者其他利益冲突的公开制度，职业伦理法典等，诸如此类，都是为了预防和减少公共腐败而采取的典型措施。

尽管当代的政府伦理运动可能缺乏改革运动的热忱，但它却是自觉的，可见，承担政府伦理工作和责任的有关机关和官员对伦理问题日益关心。不仅各种道德问题在公共生活中蔓延，道德力量的运用也无处不在。

政府改革运动的规范性理论和哲学的倡导者大都出自大学，今天的伦理运动也是如此。实际上，每个主要的大学都宣称设有一个致力于伦理或人类价值研究的研究所或者研究中心。然而，大学在改革运动中所扮演的角色和其在伦理运动中所扮演的角色是不同的。一些学术研究项目，特别是公共行政研究领域的学术项目，在政府改革运动中是有影响力的。大部分处于领导地位的大学都提供了这样的项目，这些项目几乎成了政治科学系的项目的一部分。在这些项目中，研究的视角是多样的，如历史的、法律的、哲学的、推理的等等。

159 政治科学作为基于经验研究基础上的社会科学的发展，公共行政作为一门跨学科的、应用性的社会科学学科的出现，以及近年来公共政策研究的发展，都使得政府改革运动延迟了。结果，大学对伦理问题的研究，尽管依旧根植于哲学和推理层面的研究，但同样深受社会和政治科学研究的影响。

通过把研究发现的结果运用到政府伦理的基本理论中，至少可以表明这些理论是否可以发挥作用。哪一种应用性的伦理理论是最有效的？除了其他环境之外，它们在特定的环境下是绝对有效的吗？哪一种理论的应用性比较差？什么时候讲究实现伦理的政府是以牺牲行政的绩效和政治的回应性为昂贵的代价？诸如此类的问题都可以通过研究和分析得到解决。

这并不意味着道德的真理和人类的价值通过经验可以得到验证。它们是不能验证的。然而，只要诚实的概念是明确的，作为价值表现的人类行为，就能够被判定是否是诚实的行为。民主的政府，包括美国的宪法和法律，可以视为人们一致认同的价值的集中表达，或者是对价值的界定。前政府的或者政府之外的其他形式的社会协议，如个人的诚实，也被作为集体的价值得到接受。个人或群体行为，一旦被断定违反了社会的惯例，违反了宪法和法律时，人们可以说这种行为符合规范，因此也是符合道德的，也可以说是不合规范和不道德的。应用现代社会科学的研究工具，以这种方式对人们道德的行为进行评价是可能的。

此外，政府设计制定政策、项目，建立组织的目的在于改善个人和群体的道德水平。社会科学应该有助于确定这些旨在提升伦理道德的政策、项目和组织的范围。

政府改革运动和伦理运动的另外一个重要区别在于，在 20 世纪早期，人们知道他们不喜欢什么：政府腐败。所采取的许多矫正政策都是行政性或者管理性的。到 20 世纪 30 年代中期，政府开始迅速膨胀。到 20 世纪 50 年代，政府成为“行政国”（Waldo，1949），文官被认为是“政府的第四部门”。到 20 世纪 80 年代，作为 160
大政府标志的官僚制成为人们讨论的焦点问题。抨击官僚制以及反对浪费、欺诈和权力滥用成为政治选择的主要武器。政府腐败现在又成了一个问题。但这次是一个与官僚制密切相关的问题，它有效地把公众对大政府和高税率的憎恨与对政府腐败的关注结合在一起。

在 20 世纪早期的政府改革运动中，腐败通常被理解为政治的腐败。在目前的伦理改革运动中，人们经常把腐败同官僚制联系在一起。是否有证据表明当代政府的道德问题主要表现为大政府和官僚制问题？或者官僚机器，尽管效率不高，但却比改革前的政府和政治更讲道德？是否当前政府道德的主要问题是政治的而不是行政的或官僚制的问题？

我们在进行这一探究中所使用的范畴是很广泛的，而且与伦理学领域的理论建构是适应的。然而，政府伦理的研究范畴往往是比较狭窄的，其研究的问题是很有限的。因此，让研究发现的结果与看起来最恰当的理论范畴相符合是非常必要的。尽管伦理学的理论家和研究者可能对此使用的范畴产生争议，但与关心拓展政府伦理的知识相比，我们不大关心研究的范畴是否完善。

价值是公共行政的灵魂（Cooper，1990）。我们从来不认为公共行政的理论和实践仅仅是技术的或者管理的问题。那种一方面把政府政治和政策制定过程作为价值表达，另一方面把行政作为单纯技术的和价值中立的政策执行的做法，是失败的。无论任何人，欲研究行政问题，皆要涉及价值之研究；任何从事行政实务的人，他实际上都在进行价值的分配（Waldo，1949）。

在政府管理中，人们通常把价值与政治或政策等同起来。政治的价值，比如谁 161
负责选举办公室，谁应该行使州政府的制裁权等，都与公共行政紧密相关，因为官僚或者公务员通常拥有广泛的裁量权。政策的价值，比如在项目 A 和 B 之间做出政府开支的选择，经常要受到公共管理者的影响。诸如此类的政治和政策价值和偏好，又经常同伦理问题联系在一起。例如，一个警察部门，对一些人提供了保护，而对另一些人没有提供保护，如果警察部门这样行使权力，这就是一个政策的伦理问题。公共行政的研究很少关注像这样的政策伦理问题。

诸如个人守法、诚实、遵从职业伦理规范、个人道德、遵守对宪法原则（特别是权利法案）的承诺等，通常都是公共行政伦理研究所具有的特色（Denhardt，1988；Cooper，1990；Rohr，1986；Bowman，1991；Lewis，1991）。本章在行政伦理问题上，也强调这样的观点。

7.1　一些主张

本章下面总结归纳了在研究公共行政伦理方面所取得的一些成果。

人性：善还是恶?

在政治哲学对于人性的主张以及行政人这一概念的演化之间，我们可以发现两条有趣的研究脉络。按照霍布斯（Hobbes）的观点，人类挣扎在一个残酷的世界中——一个基于情感规则的世界。在霍布斯的利维坦（其政治科学的研究成果）中，人们聚集在一起，臣服于一个单一的主权实体，因此秩序和和平得以维持。运用这种方式，人类那种无法无天的和好斗的本性便能够得到控制。

此后，洛克认为，因为人们在自然法中无法实施纯粹的自由责任，为了维持和平和秩序，人们必须和主权国家签订契约，所以市民政府形成了。现代政治学思想
162 中，洛伊（Lowi，1969）的观点同霍布斯（Hobbes）和洛克（Locke）的观点几乎十分相似。如同我们在第 4 章中所讨论的，这些观点同柏拉图关于法律和法官的观念很一致。

相比而言，康德认为人们只能在自由的国度中找到道德。这种道德是从自然和超自然的力量中引申出来的，从而能使自由人以及自由人的联合体，在追求秩序与和平的过程中理性地结合在一起。在当代，罗尔斯（Rawls，1971）和德沃金（Dworkin，1985）的观点同康德的观点比较相近。

依照麦格雷戈（McGregor，1960）的 X 理论，行政人是通过控制和层级实施管理的。与之相反，他的 Y 理论赞同人际关系和与集体或同事管理相关的管理技术（Harmon and Mayer ，1986）。X 理论是霍布斯政治哲学的一种组织理论，Y 理论同康德的人性观相近，这两种理论都不是什么新的发现。政治学上所主张的人性善与恶的理论同行政管理中人性善与恶的理论是可以比较的。然而，更重要的是，政治人和行政人是否是有差异的，这些差异是否能够说明行政环境和政治环境下，道德的概念和道德行为方面的巨大变化。

当然，人是善还是恶是不可论证的。然而，人们彼此之间的差异还是能够证明的。很明显，在缺乏控制和强制标准的情况下，政治人通常会在公共支出中追寻个人的利益（Holbrook and Meier，1993）。同样明确的是，不同职业领域对道德的界定也是不同的（Overman and Foss，1993）。例如，同没有从事公共服务职业或者商业领域的从业人员相比较，已经从事或者准备从事公共服务职业的人士会更看重同情、公正、创新能力，更关心公共利益等价值（Nalbandian and Edwards，1983）。

选择公共服务职业的人士，与从事商业领域工作的人士相比，倾向于工作安全
163 而不愿意冒险（Bellanta and Link，1981；Baldwin，1991）。对腐败和道德行为的态度似乎因环境而不同；换句话说，对于腐败的定义和什么是符合道德的行为的看法，取决于人们所处的环境是商业的、医疗的、法律的、政治的还是公共行政的。公共服务领域的人士一般对权力和影响力的兴趣比较大，这似乎表明马基雅维利是正确的（Baldwin，1991）。而那些从事商务的人获取财富的欲望更加强烈，这似乎表明边沁是正确的（Baldwin，1991）。

因此，那种认为人们在选择工作领域时（如果有可能进行选择），至少部分是从价值偏好和个人性格的角度出发的观点，似乎是有道理的。与普通人相比，职业人员对于道德的要求比较“高”，或者更关心伦理问题（Overman and Foss，1993）。凡此种种都表明，不能仅仅询问人性是善还是恶，而把问题分解为以下几个方面也许更有价值，即政治人是善还是恶？商人是善还是恶？行政人是善还是恶？医学或者法律人是善还是恶？尽管我们不知道人类在总体上是善还是恶，但是我们知道由于工作性质的不同，人们是有差异的；由于环境和工作性质的不同，善恶的标准也是不同的。

这种解决问题的情景途径与组织理论的两个基本观念是相似的。第一种观念认为，组织、职业、立法机关、商业等都是具有“文化环境意义的”（Louis，1983）。象征、神话、隐喻、不同机构（政府机构、商业企业）的话语系统，都是其组织文化的产物。第二种观念认为，组织既是实现共同目标的集合体，也是共享的意义系统。

组织文化界定了何谓善与何谓恶，也把意义或价值归因于善和恶（Smirich，1983）。对丹麦与德国公务员对待大屠杀问题的态度所进行的比较研究便证明了这一点。在第 9 章，我们要解释丹麦的文化和公务员所持的价值为什么会使他们不接受放逐和杀害犹太人，而大部分德国公务员为什么却接受这样的做法。加拿大和美 164
国政府的不同架构也导致人们对公共部门利益冲突法产生不同的理解（Stark，1993）。历史和文化的因素也能够解释美国城市中存在的传统的腐败行为，如地方承包商之间的受贿，所发生的变化（Holbrook and Meier，1993）。

在政府环境中，个体被划分为两个群体——政治的和行政的。政治群体包括民选的和政治任命的官员，而行政群体包括基于功绩制的公务员和一些行政首长，比如市长，他们是依据职业的标准而非政治的标准任命的。在联邦政府中，1978 年的文官改革法要求大幅度地增加政治任命官员的数目，以便官僚机构能够提供更好的“政治回应性”。在里根总统任职期间，这些职位都由忠于总统政策偏好的人士所拥有。有政府工作经历的人很少，大多数人来自商业领域。无论如何，政治的回应性是建立在总统的偏好的基础之上，即使在它同宪法和法律相抵触的时候也是如此。

在当代历史上，里根政府也是最腐败的一届政府（Welfeld，1992；Pasztor，1995）。之所以如此，是因为坏人进入政府而导致的吗？是因为这些政治任命的人处于自己不熟悉的政府环境却从事了在商业领域中可以被接受或者容忍的行为吗？或者之所以发生腐败，是因为这些人不尊重政府，因为在他们的眼中政府本身就是问题？这三种解释都可能有助于理解里根时代的政府腐败，但最合理的解释可能是，政府和商业部门有不同的道德标准。

政府发生的一些丑闻表明，国会和州政府立法机关的某些议员愿意接受贿赂。
即使考虑到独特的立法环境，接受贿赂也是一种不容辩解的犯罪行为。储蓄和借款 165
丑闻表明，政治献金与立法对管制和行政过程干预的紧密结合是充满了道德问题的。很明显，接受贿赂是不道德和违法的；然而，出于政治献金者利益而进行的干预，虽然不道德，但却是合法的。

国防部的签约丑闻主要涉及了政治任命的公共官员（Pasztor，1995）。在国防采购上，对于政治任命官员和公务员的法律和道德标准是很明确的。国防部的签约丑闻所涉及的几乎都是政治任命官员。1980 年发生的涉及美国住房和城市发展部的丑闻也是高级政治官员腐败的例证，它并非仅仅涉及官僚的欺诈、浪费和滥用职权问题。

提及这些丑闻用意很简单。丑闻的大量证据都同政治任命官员、而非基于功绩制的公务员有关。一般公民很少区分政治任命的官员和公务员的行为，人们所看到的都是腐败。其结果就是政府合法性的普遍降低。具有讽刺意义的是，民选官员经常指责官僚的欺诈、浪费和滥用职权行为。然而，事实表明，从事腐败的不是官僚而是政治任命的官员。但当一个公共官员（无论是否是政治官员）犯罪时，所有的公共官员都要受到惩罚，至少在民意的法庭上是如此。

当然，解决官员腐败的一种办法是任命那些“品行较好的人”（better types），人们通常用这样的观点解释如何改善政府。从政治角度来看，这种方式意味着选举另外一些人担任政府的公职。霍尔布鲁克和迈耶（Holbrook and Meier，1995）的研究的确表明，高水平的竞选和选民积极参加投票能够减少地方政府的腐败行为。但品行较好的人通常意味着“像我们这种类型的人”。这一词语，正如企业总裁所
166 使用的那样，意味着应该选举或者任命那些出自商界或者具有商业价值观念的人任职。政客或商界的领导通常从反官僚意义上使用这一词语，他们认为公务员是懒惰的、不负责任的，认为有政治或者商业背景的人士也许更合适在政府任职。

在政府改革的年代，任命品行更好的人意味着用以功绩制为基础的文官制度代替政党分赃制，通过商界领导人和社群导向的个人的选举所产生的结构性变革弱化政党在地方的作用。在许多方面，那种主张任命品行更好的人的观点进一步证实了这样的观点：人在本质上是善或恶的问题并非与人是否倾向于政治的、官僚的、商业的、法律的或其他的价值与文化的问题一样重要。

有趣的是，道德思考水平的观点同品行更好的观点十分相似。根据科尔伯格（Kohlberg）的观点，由于个性、环境、人口统计和其他因素的差异，人的道德思考水平是从低到高发展的。因此道德或伦理发展的不同水平是可以得到验证的（Kohlberg，1980；Rest，1986）。道德思考水平的高低取决于人对问题或情景的了解、分析和理解问题的时间以及问题的性质（Stewart and Sprinthall，1993）。行政人员的个人背景和组织背景并不影响道德思考的水平。

在此，核心意思是，至少在公共行政的环境下，仔细的、问题分析的方式会提高道德或伦理问题解决的可能性（Stewart and Sprinthall，1993）。此类研究的许多方面都隐含着这样的看法：通过教育、思考和分析的过程，改善公共行政人员道德水平的可能性是存在的。因此，在特定环境下，人们都能够改变得更好。在公共行政伦理研究中，主张人文主义和群体导向的决策观的人，都对此予以肯定。

那么，从对政府伦理问题和人性问题的讨论中，我们可以得出什么结论呢？第

一，如同伦理道德的标准一样，人们对腐败的界定也因职业和环境的不同而有所差异。第二，人类从善到恶所显示出来的大致曲线或许同环境和职业有关。第三，对于政府部门，特别是政府中的行政部门，人们有严格的标准和很高的道德期望。第 167
四，来自于其他环境的人进入政府部门后，可能比政府中的其他人更倾向于破坏政府道德。第五，在政府中，民选官员同公务员在道德期望标准上有很大差别。最后，在任何组织环境下，人们的道德状况改善都是可能的。

作出符合道德的决策：对与错

现在，我们要从讨论人性善与恶的问题转到讨论决策对与错的问题。这让我们暂缓考虑不同环境中人性不同以及在界定善恶时环境的变化问题，而只是询问一个特定决策、一组决策或者决策的方式是对还是错，以及为什么。这里使用的方法依赖两个广泛的哲学传统。第一个是以基本原则为基础的决策义务论传统，另一个是基于对决策可能产生的结果或后果进行计算的决策目的论传统（Lewis，1991；Bok，1978；French，1983；Strauss and Cropsey，1987）。

决策的义务论传统，主要与阿奎那（Aquinas）和康德的思想有关。据此传统，决策是建立在正确或者错误的义务或原则基础上的，决策的结果同道德判断无关。“义务论解释来自许多方面，依赖于行为的规则是否被视为永恒的或者普遍的；可知的或者不可知的；是否来源于启示、人类法律、社会规范等等。所有这些都表明，存在着一些行为判断的潜在规则，无论结果是否符合人们的期望，总有一些事情是管理者（和政府）不可能做的。”（Lewis，1991，p. 88）

目的论传统，主要与密尔和边沁有关，在现代社会，主要是指功利主义。据此
传统，决策的后果，即人们想要实现的最大化结果，比如安全、快乐、尊严等等， 168
是判断决策的标准。决策的结果可以在个人、家庭、邻里、群体或组织、政权或民族国家的基础上进行判定。

具有明确的对与错的标准是美国政府的一个显著特色。当把联邦和州的宪法、法律、规章制度放在一起，就会发现它们很大程度上都是对对与错的界定的收集和整理。此外，为了执行法律，政府依据法律制定了无数的行政规章。这样，政府部门建立的部分目的在于解释和保护宪法和法律。在一定程度上，我们的国家是一个法律的国家而不是人民的国家，尽管这样的说法可能比较迂腐。宪法、法律、规章显然是一系列的强制性规范，它们把我们的价值以及对与错的原则法典化。很多对美国政府伦理问题的研究都是从宪法—法律的角度出发的（Rohr，1989；Rosenbloom，1983；Cooper，1992）。

尽管有法律的规定，公民对不太过分的腐败行为，如利益冲突、政治影响力的炫耀性行使、小额非法金钱交换等，表现出了很大的容忍度（Malek，1993）。但另一方面，公民又认为贿赂、敲诈、非法的巨额金钱交换在道德上是难以接受的。因此，不管法律如何规定，社会对美国政府存在的小规模的腐败，相对而言，还是比较容忍的（Malek，1993）。这似乎表明，在义务传统上，因违反道德规范的严重程

度不同，绝对的道德原则通常是具有弹性的。

如果公民对小规模的腐败表现出很大的容忍力，那是否还存在政权的合法性问题？由于小规模的腐败，政府会得不到尊重，并因此得不到公众的大力支持吗？大概不是。但大量的证据表明，如果人们相信法律是公平和正义的，如果人们相信法律的执行过程中存在着程序正义，那么人们是愿意遵守法律的（Tyler，1990）。政权的合法性是公正、平等以及法律执行过程中官员善行的表现。无论腐败的规模大
169 小，都会毁损公正、平等以及官员的善行。因此，腐败会削弱政权的合法性。在此，最重要的道义性问题就是把公正、平等和善行确认为最高的道德准则。

现阶段人们对任职者选举优势的忧虑表明，公正和平等问题似乎同政权的合法性有着十分密切的关系。限制任职者任期的努力或许可以消除选举中的不公平。就许多选举人而言，这种可能性要比立法者的经验和技能更为重要。

在政府改革过程中，为减少腐败而建立的程序控制一般都是成功的。但是，这些程序又会导致政府运作缓慢、不敢冒险、官僚主义和不负责任的繁文缛节。然而，一项研究表明，在取消了这些反腐败程序，政府的运作更加企业化时，政府中的腐败有增加的趋势，这就是反腐败程序能够发挥作用的最好证据（Henriques，1986）。

在改革时代，人们认为民选官员在价值领域工作，如制定法律和预算。行政是执行法律和贯彻立法的意图，因而是中立的，不涉及价值判断的。随着政治与行政二分法的被打破，很显然，从公共政策议程的确立到公共政策的执行，价值和政治权力都在积极地发挥作用（Waldo，1949）。公共管理者和公务员的价值和道德思考行为几乎变得同民选官员的价值一样重要（Cooper，1990）。

在这个时期，公共管理者职业联合委员会很快制定了道德准则，并且提供了道德方面的训练项目和课程。许多政府部门都接受了这些准则和标准。这些准则和项目基本上是以义务论为取向的，也就是说，它们是对人们普遍接受的价值的申述。其前提假设是康德式的，即认为独立于结果和后果之外的、绝对的正确与错误的原则是存在的，并且认为行政人员会信守这些价值。有关公共管理者的伦理问题的研究表明，康德式的假设基本上是正确的——公务员倾向于支持公民美德、诚实、程
170 序正义、平等、人类尊严等价值（Menzel，1993；Lewis，1991）。同样有很好的证据表明，公民期望政府是公正、平等的，尽管这些概念很难界定（Hochschild，1981）。

表面上看来，这似乎是一项无关紧要的发现，因为公共管理者生活和工作在一个同目的无关的、由政策和计划产生规则的世界中。在这个世界里，公共管理者践行的道德，借用西蒙的话来讲（Simon，1947），是“有限道德”。在有限道德下，行政人员是在立法授权的限制、支持或者至少支持机关目标的有限的预算范围内发挥其作用。依据道德对机关目的和行为进行质疑是比较少见的，也不鼓励这样做（Meltsner，1979；Amy，1984）。对揭发弊端者来说，揭发弊端的行为要冒很大的风险，而且很少能在根本上导致组织发生变化（Perry，1993；Glazer and Glazer 1989；Johnson and Kraft，1990；Jos，Tompkins，and Hays，1989）。

按照有限道德的观点，公共管理者，在组织目标和资金的限制范围内，几乎总是诚实的、善良的，在程序上是公正的，而且是有效率的。的确，许多高层的公共管理者在政府中都是道德的楷模（Cooper and Wright，1992）。然而，要接受这个结论，人们必须接受公共管理者所工作的范围和界限。

对于公务员的那种明显的、相对的正误感有另外一种解释。他们的工作是根植于规则、方针、检查、表格、报告以及其他道德力量约束之下的。尽管它们可能限制了工作流程和创造力，并减少了责任感，但我们从不怀疑这些要求会提升公务员的道德水准。尽管有这么多的程序指导、检查和监督，但是用什么来解释发生的各种丑闻呢？答案是，这些丑闻基本上是政治的丑闻而不是官僚行政的丑闻。保尔·莱特（Paul Light，1993a）曾经这样描述负责审查美国住房和城市发展部丑闻的检察总长是如何向国会报告这桩丑闻的："因为上层部门的影响，检察总长无法追查这种高层次的错误行为。他们的任务主要是监察下级部门，而不是上级部门的丑闻。"（p. 112）

最近 15 年以来，那种反政府的、亲企业化的思潮在政府伦理方面开始发挥其 171
影响力。民营化和第三部门政府的观念特别受到人们的欢迎。用一句时髦的话来说，政府的再造正朝着公私伙伴关系、给公民授予选择权等方向发展。总而言之，为了节约金钱和改善政府的服务，非政府化成为一种时髦。如果以前政府所承担的功能要转移到私营部门或者与私营部门共同承担的话，那么可以肯定地说，腐败行为将会增加。政府在朝着民营化方向发展的同时又更多地关注政府道德问题，这实在是一个很大的讽刺。

在大学，我们也可以发现同样的矛盾。在公共行政和公共政策研究中，目的论观点很有市场。如同市场模式和博弈论、公共选择以及成本效益分析理论流行一样，全盘接受以效率为标准衡量政策结果的政策分析也大行其道。什么是对或错，什么是道德的或者符合伦理的，要从结果的效用方面来判断。那么这样一种没有绝对正确或者错误的方法就可以理解了（Amy，1984；Tong，1986）。在这种实用主义哲学霸权面前，大学正在重新发现伦理。特别有意思的是，在大学校园里，许多新伦理群体的领导者都是新康德主义者（Jennings，1991）。

那么，从对政府伦理决策以及对与错的做法的讨论中，我们能得出什么结论呢？第一，决策的伦理是建立在宪法、法律和规章基础之上的。第二，同职业伦理标准和准则所发挥的作用一样，规章、制度、报告、检查、监督等的确能够强化伦理决策的可能性。第三，公共管理者践行的是一种有限的道德，并且在这些行为范围之内践行道德，这种有限的道德接受机关的目的和政策。第四，近年最
引人注目的道德败坏不是出现在行政领域而是在政治领域。第五，公民关心平 172
等、公平、正义等问题，而且当这些问题不能得到满意的解决或者发生丑闻时，他们可能认为政府并不怎么合法。第六，随着政府朝着民营化的方向发展，道德败坏的可能增加了。第七，尽管许多与大学伦理研究中心相关的理论是义务论取向的，但美国大学中公共政策和政策分析实务的研究采取的是目的论与功利主义的途径。

民主与伦理：责任问题

政府行政实践的核心问题是责任问题。在人们对政治—行政二分法产生困惑之前，如果不是在中立的本质上，责任问题还是可以解释的。这种情况再不存在了。从 50 年前的霍尔曼·芬纳（Herman Finer，1941）以来，学者们一直都在寻找对官僚制实施民主控制的方式。在我们的时代，洛伊（Lowi，1969）主张司法的民主，在司法民主中，法律是精确的，而官僚在执行这些法律时所拥有的自由裁量权为零。格鲁伯（Gruber，1987）主张通过立法和总统的行为来控制官僚的行为。博克（Burke，1987）则试图在立法者和民选行政首长的民主控制与官僚非正式的裁量之间寻找平衡。其中的每一种观点都有一个官僚控制问题的假设。

卡尔·弗里德里奇（Carl Friedrich，1940）反对芬纳（Finer，1941）的观点，他认为有效的行政行为需要官僚的专门技能，以及应用这些技能的自由裁量权。多年以来，许多公共行政学者支持这个观点（Willbern，1984；Long，1949；Lilla，1981）。近年来，一些学者，特别是汤普森（Dennis Thompson，1987），提出个人要对决策和行为承担责任的主张，并把此作为解决“脏手”（dirty hands）问题（指政策执行要求一个人采取肮脏的手段的情况）和“多手”（many hands）问题（指所有重要的行为通常都是集体做出的情况）的一种办法。

除了拒绝行动的情况以外，如果公共管理者没有裁量权，那么他们是不可能承担个人责任的。罗尔（John Rohr，1989）令人信服地证明，广泛的官僚的裁量权是具有宪法和法律基础的。查尔斯·古德塞尔（Charles Goodsell，1995）宣称，如果没有官僚的裁量权，政府就是无效率的。

173 这样，全部的问题就成为官僚制是否是在没有控制与责任的情况下运作的，以及在多大程度上会出现这样的问题。关于官僚控制和责任的许多讨论都简单地假定官僚缺乏控制和责任。但是，事实上，控制和责任问题经常发生在立法者（国会、州立法机构、市议会）与民选的行政首长（总统、地方长官、市长等）之间的政策偏好的政治辩论之中。标准的政治说辞认为，在官僚执行的是总统和州长所不喜欢的法律和在他们所不喜欢的项目上投入经费时，总统或者州长通常主张对官僚进行更多的控制。立法者的行为大体与此相同。这是否意味着官僚失去控制或者不负责任？当然不是。相当多的学者都认为这种说法是真实的，并以此为出发点，探讨控制与责任问题。

对此问题的现有研究成果表明：在法律和拨款范围内，官僚的回应是积极的；在缺乏责任或者违背法律以及道德标准的情况下，国会和总统的监督和控制就会失败（Hart and Hart，1992）；行政机关与其领导者都是专家而且会为他们的任务和使命进行辩护，并且会在立法者与民选首长中间寻找对其使命的支持（Kelman，1987）；利益团体和顾客群体也会支持符合他们利益的项目和部门预算（Thompson，1967）。

简而言之，官僚部门在立法和行政责任范围之外运作的例子并不多见。［这使我们想起奥利佛·诺思（Oliver North）在里根执政时的活动，但是他所在的机关并不是正式成立的具有立法授权的机关，不是官僚机构或者其预算要经国会批准的机构。]

直觉要比现实更为重要。很多人，特别是民选官员中的一些人，相信政府广泛地存在着比较严重的政治控制和责任问题。结果，政府制定了大量的旨在禁止利益冲突的法规，设计了许多精致的旨在防止利益冲突的报告程序，比如在联邦政府机构任命负责道德事务的官员，在联邦政府部门设立总检察长、制定机关道德准则、 174
设置道德热线电话，在州和地方政府设立道德委员会等。诸如此类的做法发挥作用了吗？是的。检察总长制度确实是一种有效的控制腐败的制度（Light，1993a，1993b），其作用有限，但总比什么都不做强得多（Lewis，1991，p. 140）。此外，揭发弊端对政府机关可能存在的不轨行为也是一种威慑（Perry，1993）。

更重要的是，这些步骤极有可能增加对官僚的民主控制，从而减弱行政裁量权（Lewis，1991）。这样，我们有可能接近洛伊所主张的司法民主（Lowi，1969）。当然，问题在于，这样做所产生的结果是政府事务的有效管理被削弱了。

我们再来分析一下相反的主张。摩根和卡斯（Morgan and Kass ，1993）发现，地方政府的公共管理者正在经历一种角色的转换，在这种角色转换中，民选官员不愿意或者不能决定事务或者制定政策。在这样的环境下，官僚们无所事事，特别是在无所事事严重地危害公共利益的时候，是不道德的吗？当民选官员不愿意做或者不能做的时候，公务员要负责任吗？在诸如堕胎等情感问题上或是诸如医疗政策等特别复杂的问题上，政策是如此的分歧以至于不可能有共同点吗？在这样的环境中，我们有角色转换的问题吗？我们能用政治—行政二分法进行解释吗？

依据政治—行政二分法，民选官员制定政策，任命的官员执行政策，即从事管理。那么，在如何做事——如何管理——的问题上我们似乎比在应该做些什么这个问题上更能达成一致。摩根和卡斯（Morgan and Kass）倡议建立一个修正了的道德框架，这个道德框架能使管理者把一套复杂的、符合我们宪政制度的道德要求明确地表达出来。这同罗尔（Rohr，1989）对美国政府中行政角色合法性的宪法基础的描述比较相近。

然而，并无证据表明，国会、州立法机构和市议会在法律、精确的政策方向、充足的政策实施经费或者停止干预行政事务方面更特别。管理者的问题仍然存在， 175
而且现在管理者在处理问题上的裁量权更少了。当政策的僵局在联邦政府层次上恶化时，我们会看到官僚制的复兴吗？或者由于联邦政府的行政在范围上是如此缩小，国会的微观管理是如此残缺无力，以至于最终出现两种糟糕的局面——一个无法制定政策的国会和一个不能从事管理的官僚制吗？

从对伦理、民主和责任问题的讨论中我们可以得出什么样的结论呢？第一，人们普遍感觉公共官僚制缺乏控制和不负责任，尽管缺乏支持这种感觉的证据；第二，大量的证据表明，官僚制是负责任的和受到控制的，只不过有些官僚是公共政策制定过程中强有力的参与者，而且在政治世界中是颇具影响力的保护者；第三，对官僚制的道德控制步伐坚定，而行政层面和判断力则被削弱了；第四，政策闭锁可能导致行政角色逆转，同时伴随着道德两难问题。

政策伦理与政治

细心的读者可能已经发现，本章还未涉及有关伦理的一些重大问题。的确，有些人可能认为本章前面部分的讨论主要集中在一些微不足道的伦理问题和政府腐败问题。因为本书所强调的重点是政府行政，它事实上并未涉及立法和选举的伦理问题，尽管这些伦理问题通常也被认为是微不足道的。然而，官僚制确实同政策的伦理有着明确的关系，并且对其产生很大的影响，所以我们将对此问题作简要的探讨。

在民主体制中，假定思考政策伦理问题主要集中在立法领域可能是正确的。然而实际上，许多的政策伦理问题都已经进入了司法部门管辖的范围。战争问题是一个例外；它一直是由政府行政部门和立法部门负责处理的。战争可能是与道德问题最为有关的一个问题。在对国会议员和军官对战争的态度进行比较研究之后，塔玛
176 施罗、西克里斯特、布伦克（Tamashiro，Secrest and Brunk，1993）发现，二者都同意国家的自我保护以及国家的道德权威是战争和非故意地剥夺人们生命的恰当理由。但议员比军官更愿意接受战争的风险，那些在军事部门工作的人倾向于把战争作为一种政策工具。在如何和何时介入海湾战争的问题上，柯林·鲍威尔（Colin Powell）将军和国防部长理查德·切尼（Richard Cheney）的观点截然不同，这便表明在战争风险问题上人们的观点是不同的。

其他许多重大的政策伦理问题，尽管属立法部门管辖的范围，但却是由法院作出裁决的。例如，在有关每个学生在公共教育方面的支出是否公平这个令人烦恼的问题上，有超过1/3的州是由法院来裁决的。财产权与环境保护问题也是由法院裁决的。为了回应法院的判决，大部分州已经不得不扩大了监狱的容量。

显然，无论是民选的行政首长还是立法者，都不再全力应付各种重大问题。他们同官僚一道，经常只是简单地回应法院的判决。正是因为这个原因，最高法院法官的任命人选也如同参议院或总统候选人一样，受到人们更多的关注和考察。许多研究重大的伦理问题的学者现在都成了法学教授也就不足为奇了。在公共行政和政治科学中，学者们倾向于研究一些较小的伦理问题。幸运的是，哲学家们依旧在关注重大的伦理问题。

在立法和行政部门管辖范围内的一些重大的政策伦理问题，经常涉及分配正义（Frederickson，1990）。如：医疗系统的道德问题；无家可归和低质住宅问题；强调高速公路的建设与维护而忽视改善城区交通的交通系统；代际不公正，如与贫困家庭的儿童相比，老年人的处境相对较好；废弃物品污染的成本转嫁到下一代人身
177 上；强调对某一种疾病如艾滋病的研究拨款而忽视对其他疾病如肺癌的研究拨款。很明显，所有这些政府面临的、与老百姓的生活直接相关的伦理或者道德问题，都是与公平和正义有关的问题。

依据多数决的规则，税收和利益分配可能对多数人有利，或者至少是对有影响

力的少数人的联盟有利。当然也存在着分配不当问题，而且有时候分配不当问题的范围还是比较大的。官僚制在何处与此相适应？在服务层次上，有证据表明伦理和社会公平的实践有助于改善多数决规则的某些影响（Lineberry，1977）。

那么，从有关政策伦理的讨论中我们能够得出什么样的结论呢？首先，许多政策伦理问题是由法院来处理的。第二，立法者、民选官员和官僚们经常要对法院判决的政策作出回应。第三，民选的和政治任命的政府官员经常处理一些中低层次的伦理问题。第四，民选官员和公共管理者所面临的主要伦理问题都与分配正义有关。

7.2 企业问题与政府伦理

那么，为什么与政府腐败和公共官员的伦理有关的问题在不断地增加呢？答案是：因为我们正在失去思考政府问题并成为政府支持者的能力。为了更好地理解这个观点，必须考虑当代政府的两个方面。第一是政府活动或通过政府进行活动的结构和组织。第二是在与政府有关的结构和组织中发挥功能的人的信仰、价值和经验体系。

我们考察第一个连续统一体，其一端为政府，另一端为企业。为了比较政府的结构和组织与企业的结构和组织的差异，我们要运用下面的例证。传统的政府采购是通过竞标过程、精心设计的规则和预算控制来完成的。在企业，购买相对具有弹性。在政府，人员的雇佣以功绩制为基础，人员的分类、工资和晋升都是按照组织化和程式化的方式进行，通常还有申诉程序保护雇员的权利。在企业里，工作经常是通过管理方式的选择来进行的；工作描述、同工同酬以及相似的程序和想法可能 178
适当，也可能不适当。在政府中，民选的议员、行政首长、管理者和法院之间的监督与制衡传统通常是有效的。在企业里，董事会是自我更新的，同主要股东或客户之间的联系是有限的，而且同企业本身也只有勉强的联系。在政府中，每一个官僚均执行具体的日常行政任务。在企业里，恪尽职守的责任可能界定得很清楚，也可能不清楚。政府工作要受到广泛的立法和司法监督，而且还要受到新闻媒体的广泛关注。尽管企业也要服从一些政府的管制，但是，一般而言，政府和新闻媒体对企业的监督还是比较少的。企业与政府最大的不同在于，企业是利润驱动的，而政府则是在特定服务的固定预算和规定的绩效标准基础上运作。

最近，人们普遍相信，如果政府运作更像企业的话，那么许多公共的功能就能更有效地实施。然而，分析一下有关政府腐败的研究和文献，我们便可以得出以下命题：

命题一：

当组织或结构从政府模式转向企业模式时，腐败和不道德行为有增加的倾向。

> 当我们逐渐加强政府活动的民营化——把由政府直接提供的服务外包给私人企业——的时候，我们事实上是在增加腐败和不道德行为的倾向。

第二个连续统一体是把那些有公民精神倾向的人放在一端，而把那些具有私益倾向的人放在另一端。在政府和私营企业中工作的个人都有广泛的信仰、价值和经历。那些具有公民精神倾向的人通常对政府有兴趣并尊重政府，那些具有私益倾向
179 的人通常反对政府对企业的管制。具有公民精神倾向的人有更大的善或者公共利益的观念，而具有私益倾向的人对通过商务活动获取经济利益更感兴趣。最后，对服务有兴趣的人可以被视为更有公民精神倾向的人，而关心财富的人可以视为更有私益倾向的人。

研究表明，个人信仰、价值、经历的不同对人们所选择的职业有很大的影响，对人们对企业和政府的态度也会产生很大的影响。因此，我们来看命题二。

> 命题二：
> 在一个组织中，当占优势地位的人数是从公民精神倾向的人转向具有私益倾向的人时，腐败和不道德的行为有增加的倾向。

如果政府组织中的主导精神或者集体观念是公民倾向的，那么组织强调的重点显然会集中在服务、公共利益和有效的政府上。反之，如果政府组织中持有私益观念的人增加，他们会从事一些在企业里可以被接受或容忍，但在政府中被视为不道德或腐败的行为，那么腐败就会产生。

为了说明这两点，请参看图 7—1：

		个人倾向	
		公民精神倾向	利益倾向
组织和结构	政府	最少腐败 最讲道德	在政府中可能有一些腐败和不道德行为
	企业	随着与政府距离的增加，腐败和不道德行为的机会增加了	由于缺少控制，非常可能有腐败和不道德行为

图 7—1　个人倾向和组织与结构对政府腐败与伦理的影响

当结构和组织与个人倾向相匹配时，发生的最严重的问题是图 7—1 中右下方的问题。当具有私益倾向的个人担任具有政府责任的职位时，有证据表明他们的信仰、观点和价值同政府和公众的道德观念是不一致的。也经常因为这个原因，我们会在政府中发现腐败和不道德的行为。然而，这些行为并非只局限于公务员身上，当具有私益倾向的个人进入政府服务系统中时，它同样会发生。

180 当传统政府行为转向民营化或外包行为时，第二种严重问题（如图 7—1 左下

方所示）就会发生。戴安娜·亨里克斯（Diana Henriques）在《贪婪的机器》（1986）一书中，对公共权力部门进行了出色的分析。其分析表明，通过企业化模式提供公共服务的倾向会导致大规模的腐败和不道德行为。安迪·帕兹托（Andy Pasztor）1995 年对国防部签约丑闻进行了分析，他得出结论认为，企业模式和不负责任的政治任命会导致大量的腐败。韦尔菲尔德（Welfeld，1992）在对住房和城市发展部丑闻的研究中，也得出了同样的结论。

可以肯定，没有任何一个政府能够免于腐败和不道德的问题。问题只是程度轻重而已。根据有关研究数据，这里提出的两个命题显示，随着更多的具有私益倾向的人被任命到政府部门和更多的政府服务建立在企业化模式的基础之上，腐败和不道德行为的程度在增加。

从这里得出的结论是：政府企业化运作的改革让我们付出了相当大的道德代价。此外，我们还没有直接的证据表明，所谓的企业化运作或者雇用有强烈的私益倾向的人来从事政府服务会更有效率和更经济。最后，当腐败和不道德行为增加时，公民对于政治和政府的尊重程度也会降低。因此，在公众的心目中，政府的合法性就会下降。

汉密尔顿在《联邦党人文集》中曾经这样写道："缺乏有效管理的政府，无论在理论上是如何的好，实际上它肯定是一个差劲的政府。"（Hamilton，Madison and Jay，1961，p. 423）出色地管理政府事务的关键不在于让政府企业化，而在于让政府如开国元勋们期望的那样运转。

7.3　结论

20 世纪早期的政府改革运动对美国政府发挥着持续的影响力。如今的伦理改 181
革运动是否会在持续的变革方面发挥同样的力量，产生同样的结果？答案是，这是可能的——特别是如果政府腐败的发生率一直在下降的话。但在早期的运动中，腐败的减少是通过提高政府的能力和减少政治的影响而实现的。在目前情况下，我们的方向恰恰相反——弱化行政的能力，加强政治的控制，这样可能产生的结果是腐败的增加，而不是腐败的减少。当然，今天政府对政治腐败的控制更加严密。然而，这能否产生效果，人们还要拭目以待。

下面我们要对政府行政伦理的讨论进行归纳总结，以结束本章。我们希望以下几个方面的结论能够推动对这个问题的研究和分析，并希望得到进一步的验证。

未来的行政伦理的研究应该包括以下六项任务：

第一，对与错的标准是随着环境的变化而变化的。许多伦理学著作（特别是目
的论取向的伦理学著作）设立了通用的行为准则。对于某些对或错的事情，比如人 182
类尊严、生命尊严、对宪法和法律的忠诚等标准来说，这是一种明智的方式。但是对于许多伦理的问题，标准和期望往往是由环境决定的。未来的研究应该集中在伦理问题发生的环境、职业以及文化上。

第二，一旦做到了这些，研究者就应该比较不同环境、职业与文化中的道德标准和行为。用这种方式，我们就可以描述丰富多彩的道德主题。

第三，研究者应该对传统的程序和管理控制方法与现代的方法，如道德官员制度、道德规范、检察总长制度、揭发弊端制度，进行比较，以评估其对政府官员（包括政治的和行政的官员）行为产生的影响。

第四，教育和训练是政府、职业界和大学试图用来提升道德能力的两种最重要的现代技术。研究者应该测量教育和训练对行为产生的实际效果。

第五，研究者应该评估民营化对政府腐败和道德的影响。

第六，研究者应该测量自由裁量权的减少对行政绩效和行政伦理的影响。

第 8 章

距离悖论和角色差异问题

（与戴维·G·弗雷德里克森合写）

183 美国人对官僚组织的体验是什么？……官僚组织的大部分顾客在多数情况下对他们身边所发生的事情还是满意的，甚至经常是十分满意的。人们通常认为官僚是乐于助人的、诚实的、负责的、能适应的、有效率的、可依赖的、公正的、友好的、可尊敬的、体谅人的、有礼貌的。在各级政府，甚至在名声比较差的领域如执法、公共福利和邮政服务等部门，这都是实情。

——查尔斯·T·古德塞尔（Charles T. Goodsell），
《为官僚制辩护》，第 46 页

公众对政府的怀疑——特别是对政府行政部门的怀疑——根植于我们的文化之中。正如斯蒂尔曼（Stillman，1990）所指出的那样："美国革命的主要目标在于反对王室的官僚制和乔治三世的行政恶行"（p. 20）。乔治三世的殖民地总督——其领地的雇员——是《独立宣言》所控诉的中心（ p. 20）。

美国本来是一个农业社会，崇尚自给自足的价值，不大崇尚强有力的政府。1835 年，托克维尔（Alexis de Tocqueville ）在对美国人的性格和美国人对政府态度进行观察后发现，"一个私人调停的承诺，无论怎样都与社会的福利联系在一起……他从未
184 想到恳求政府的合作……他制定一项计划，自己试图去执行它，寻求他人的援助，并努力克服一切障碍"（Tocqueville，［1835］1970，p. 79）。

甚至在国家发展的早期阶段，总统候选人便把反官僚制作为他们政治宣言的主要宗旨。例如，杰克逊认为政府的工作十分简单，任何具有中等智商的人都能很快学会（Mosher，1982）。20 世纪初期，在进步党人时代和政府改革运动时期，抨击官僚制成为时髦；行政专才和行政权被视为解决政府腐败问题的方法。无论从哪个方面来看，今天的政府比 19 世纪的政府确实更讲道德，腐败也更少。

20 世纪前半期，政府行政的大规模增长令人印象深刻。例如，大约有一半的美国城市采用委员会—市经理制这种地方政府体制，这种体制在 1900 年根本不存在（Frederickson，1995）。到了 20 世纪五六十年代，人们普遍把公共行政（包括以功绩制为基础的文官制度，正式的预算程序，采购与竞标控制，主张行政专才）视为政府的第四部门。

抨击官僚制，对公共行政中以功绩制为基础的文官制度、专才和职业主义提出挑战，在 20 世纪 70 年代又重新抬头，并且延续至今。人们对政府行政部门最大的指责是政府部门存在“欺诈、浪费、滥用职权”的情况，这些词语对于那些谋求选举的官员来说特别有用（Downs and Larkey，1986）。公众对政府，特别是对政府官员道德的看法在很大程度上受到这种政治蛊惑的影响。

我们将从两个方面对人们对政府道德的感觉进行分析。首先，我们将提出距离悖论，即公众倾向于在抽象的意义上对政府和政府事务持负面的看法。但是他们在与政府项目或具体的政府官员打交道时，公民又倾向于对政府官员持正面的看法。其次，我们将要对公众对政府官员在道德感觉上所存在的角色差异进行描述。公众
185 一般不会对民选的议员、民选的行政首长、政治任命官员和常任文官进行区分。最后，我们要用距离悖论和角色差异来解释为什么公众会对公共管理者持消极的看法。我们同样认为，出于对政府和公共管理者批评的回应，目前的行政改革有可能会产生更多、而不是更少的腐败。

8.1 距离悖论

美国公民普遍有这样的感觉，感到政府是无效的、腐败的，政府雇员是不称职的、不诚实的。最近的民意测验表明，超过 2/3 的美国公民认为，联邦政府“制造的问题比解决的问题还多”。除了质疑政府解决问题的能力之外，人们对政府效率也提出质疑。1992 年的调查发现，70％的美国人相信，“政府办事通常是无效率的和浪费的”。当被问及政府绩效不彰是否是因为“问题特别困难”或者是因为“政府不胜其任”时，压倒多数的人认为政府不胜其任是造成政府绩效不彰的原因。20 年前，60％的美国人认为政府是由少数大的利益集团控制的，今天则有 75％的人持此观点。

这些信息似乎表明公众相信政府无法完成它设定的任务。然而，这些观点反映的是公众对政府抽象的看法，而非他们对具体的政府功能或接触到的具体的政府官

员的看法。大多数调查或民意测验只是询问一般的问题，它们通常不会问及具体的政府服务提供得如何，某一个公务员是否胜任或具体的政府项目的绩效问题。

那些与官僚打过具体交道的公民的满意水平如何？公民对他们所得到的具体的公共服务是否满意？ 186

在 20 世纪 70 年代中期的一项具有开创性的研究中，密执安大学调查研究中心的一群学者发现，公众在对政府的态度上存在着一个悖论。当被问及他们对政府的一般感觉时，公民的反应通常是消极的；但当被问及具体机关在具体情况下是如何对待他们时，公民对政府的评价是积极的，持支持的态度（Katz，Gutek，Kahn and Barton，1975）。在另一项研究中，查尔斯·古德塞尔（Charles Goodsell，1980）访问了三种不同福利项目中的客户，发现"有 1/3 到 1/2 的客户感到，政府公务员很关心人、工作努力、有礼貌和效率……客户倾向于认为官员们是关心人的，有礼貌的，而且是有效率的，但又不是过分多情的"。1976 年他在一项对不同国家邮政职员的研究中，得到了相似的结果。

最近，古德塞尔在《为官僚制辩护》（1995）一书中提供了详细的调查结果，调查汇集了有关美国人对他们所熟悉的具体政府服务的态度的信息。1992 年的调查涉及许多受非议的政府部门和服务领域，包括邮政、公共福利和执法等部门。调查的结果既令人吃惊又鼓舞人心：大部分人对他们所接触到的政府官员持赞同的态度。对该调查报告有着"积极评价的反应率一般在 2/3 以上，甚至经常达到 75%。持负面态度的人下降到 1/3 以下"（p. 86）。在对调查研究进行了仔细的分析研究之后，古德塞尔得出以下结论：

> 人们一般认为官僚是乐于助人的，诚实的，负责的，适应的，有效率的，可依靠的，公正的，友好的，可尊敬的，体谅人的，有礼貌的。在各级政府，甚至在名声比较差的领域如执法、公共福利和邮政服务等部门，这都是实情。有关官僚组织的"硬性"数据，就像"软性"的公民意见一样，绝大多数人对官僚组织持支持的态度。官僚组织还是能够发挥作用的。其他的说辞要么是无 187
> 视证据，要么是说我们全都被理性典范给欺骗了，只有一些持批评态度的理论家能从这种字谜游戏中跳出。然而，当这些批评人士致函社会安全局时，官僚组织也会为他们工作（p. 90）。

在各层级政府中，公共教育是最大的国内支出项目。在过去 20 年中，人们一直认为，公立学校都是无效的，许多教师是不称职的。但人们真实的想法是很不同的。自从 20 世纪 80 年代初期起，哈瑞斯（Harris）一直就公民对美国教育的态度进行相当可靠的年度调查。当要求给国家公立学校在总体上评定一个等级时，只有 18%的人给 A 或 B，而 48%的人给 C。当要求给社区的学校评定等级时，40%的人会给 A 或 B，31%的人会给 C。当要求给自己的孩子所在的学校评定等级时，64%的人会给 A 或 B，24%的人会给 C，对教师的评估也与此相同。这些结果很多年都是这样（《教育和学校年度调查》，1992，p. 45）。

这就是距离悖论：人们相信或者崇敬离他们近的政府官员，而认为离他们远的政府官员则是懒惰、不称职和不诚实的。一个人可能认为附近学校的校长或住在街角的警官是一个例外，但同时可能相信教育和法律执行系统是一团混乱。

距离悖论，在一些方面是政治说辞的一种功能。对于那些追寻和执掌政府部门的人来说，把火力集中在政府的问题上，并把这些问题同政府工作人员联系起来，是有价值的。唐斯和拉基（Downs and Larkey，1986）把这看成是“错误问题的问
188 题”（wrong problems problem）：“社会没有能力减少犯罪，让美国更强大独立，抑制通货膨胀和失业，提供充足的低收入者住房，根源在于技术、资源和政治意愿的缺乏。这绝对不是笨拙的官僚制或者懒惰的、能力一般的政府工作人员的产物。那种认为政府的无能是导致此类失败的结果的观点可能会让选举的演说更加丰富多彩，并阻止我们处理更难的问题和选择，但是，这种观点不会使这些目标离我们更近。”（p. 241）

距离悖论也是公民脱离公共生活的一种功能，比如，这种脱离反映在参与投票的人数降低，缺乏公民知识等。现代社群主义运动在许多方面是把公民与他们的政府联系起来的一种尝试（Etzioni，1991）。

当代的任期限制运动也是距离悖论的一个有趣的反映。因为政客们都希望再度当选，一些州和政府已经制定了任期限制的规定，以此作为实现政治轮换的一种方式。有证据表明，政治职位的重要不仅是因为那些在职者已为大众所熟悉并能获得竞选经费，而且是因为人们倾向于认同本社区或州的代表。尽管政客们在代表民意上看来还不坏，但美国人通常对职业政治家抱有消极的观点。

公众怎么会产生如此矛盾的情感？人们为什么会持有如此矛盾的观点？在很多方面，我们的公共生活就是一个自相矛盾的世界。我们赞同多数人的规则又主张少数人的权利；我们希望减少税收然而又想保持在我们所喜欢的项目上的投入；我们既信奉公众的共识又相信个人自由，既信奉中央集权又相信分权的联邦制；我们既是孤立主义者又是干涉主义者，既信奉唯心主义又信奉唯物主义，既重视共识又容易走向冲突。当然，认为政府一般是无效的，公共部门官员通常是不胜任的——而我们会赞同与我们距离近的官僚并支持同我们相关的政府项目——这与我们美国人所习惯的悖论相比，一点也不过分。

距离悖论给公共管理提出一个巨大的挑战。在缺乏经济市场作为测量需求和绩效的机制的情况下，公共官员和公共组织就要同公众偏好进行艰难的斗争。一种解
189 决方案是让政府像市场一样运作，授权公民通过付费或使用优惠券来进行个人选择。这种方式可能有助于解决公民既不想交税又想要求更好的服务的矛盾。但它不能解决距离悖论。

《新约》告诫人们要“爱邻居如爱己”。正如德国神学家博霍弗（Dietrich Bonhoeffer）在 1945 年被纳粹执行死刑之前所写的那样：

> 尼采，虽然并不知道这条告诫，但当他抨击对要求爱我们的邻居的戒律进行教条的和无知的曲解时，实际上是依据《新约》的精神阐述的。他写道：

> “你十分关爱你的邻居，并且用华丽的词语描述这种关爱。但是，我要告诉你，你对邻居的爱对你来说是一种没有价值的爱。你到邻居那里寻求庇护，并把这看成一种美德；但我看透了你的自私……我建议你爱你的邻居吗？我倒建议你避开邻居而去爱那些离你最远的人！”除了邻居之外，如果一个人不把离他最远的人作为邻居，除了爱他自己，他是不会爱其邻居的。他是通过履行有限的义务得到安慰，实际上是在逃避公共的责任（Koestler，1971，p. 205）。

因为存在距离悖论，公共官员——特别是职业的公共管理者——所面临的危险在于，他们可能有效回应其邻居的需求，因为邻居的情感主导着公共舆论；而对于离他们较远的人们、其他的邻居们的要求，不能做出有效的回应，或者甚至根本没有回应。当然，对于那些乐善好施的公共管理者而言，爱他们的邻居并为他们提供有效的服务，是符合道德的。但考虑到距离悖论的存在，热爱并为那些远离他们的人们提供公平的服务，对公共官员来说，则是更大的美德。

8.2　角色差异的缺乏

里根常言：“政府不是解决问题的出路，它本身就是问题”。在竞选时，里根承诺要建立一个最小的政府，发誓要消灭政府存在的欺诈、浪费和滥用权力的现象。190
的确，在很多方面，里根政府是有先见之明的。到 1987 年，浪费、欺诈和权力滥用已经成为政府中存在的十分严重的问题。

> 在里根政府中，有 100 多人因道德或法律问题受到控告。这个数字是前所未有的。尽管里根政府的失误不像“茶壶盖”丑闻那样臭名昭著或者不像“水门”事件那样有害，但似乎比以前任何一届政府都更普遍，更深入，更根深蒂固。在其他总统任期内，诸如“水门”事件这样的丑闻似乎是从一个小的癌细胞裂变出来的；然而，在里根政府，其免疫系统已经崩溃，这样便为各种各样的伦理和道德的病毒打开了方便之门（《时代》，1987 年 5 月 25 日，pp. 18-25）。

这的确是一个有趣的讽刺。卡特政府的一个重要成绩是 1978 年的《文官改革法》，该法案的目的在于促使文官对总统承担更大的责任。这一目标的实现是通过这样的手段达到的：总统任命非常任职位的高级文官，以此代替上百个由常任文官担任的高级职务。里根是第一个完全实现这一文官模式意图的人。这种变化导致了众多结果，其中一个结果是，现在的政府比以前的政府产生更多的伦理道德问题。在里根任职期间，几乎所有受到指控的腐败案件都同政治任命有关，政治任命官员几乎占到整个行政部门和机关人数的 2%。

从“水门”事件开始，到住房和城市发展部丑闻，储蓄和信贷丑闻，“伊朗门”

丑闻以及其他小的丑闻，公众所看到的是一个不道德和腐败行为不断增加的政府。问题是这些消极的观点是针对所有的政府官员的，包括政治任命的官员和文官。因
191 为普通老百姓并不详细了解政府官员角色的差异。至少从民意的角度来看，如果政治任命官员犯了错误，所有的政府官员都要受到惩罚。

1992年罗珀（Roper）调查似乎验证了这一点，即公众对各种类型的公共官员的态度没有重大的差异。在人们把公共官员进行分类，分为联邦政府机构的官员（包括基于功绩制的公务员和政治任命官员）、参议员、众议员的时候，每个类别所得到的评价的分数几乎完全相同：4%～5%的人对政府官员的评价很高，35%～43%的人认为他们还不错。使用罗珀调查数据，利普赛特和施奈德（Lipset and Schneider，1983）发现，在公众对组织（如企业、劳工和政府）的期望与对这些组织的信任之间存在着很大的差距。尽管政府只得到少数人的信任投票，但公众对这些组织的评价都不怎么好。同样，这些调查也没有区分政府的角色和个人在这些角色上的不同看法（Dalton，1988）。

在审查美国住房和城市发展部的丑闻时，众议院政府管理委员会注意到："在20世纪80年代，美国住房和城市发展部被琐碎的事情、偏袒、权力滥用、贪婪欺诈、公款挪用和偷窃行为所包围。在许多住房项目中，客观的标准让位给了政治偏好和任人唯亲，偏袒代替了公正，自由裁量成为给人好处的手段。"（众议院，1990，p. 3）

20世纪70年代末，联邦政府设立了总检察长职位，其目的在于发现和报告政府中存在的任何欺诈或腐败的例子。在分析住房和城市发展部的总检察长为什么没有发现腐败时，保尔·赖特（Pawl Light，1993a）认为："总检察长没有追查如此高层次的腐败的权力，他们主要的任务是检察下层的腐败，而非上层的腐败行为"（p. 112）。根据文官改革法的有关条款，在住房和城市发展部的高层职位中增加了成打的政治任命职位，这样，政治任命职位的轮换率是比较高的。政治任命官员间的承诺与联系似乎比对美国住房和城市发展部的使命的承诺更为重要。

192 在这种官员像"走马灯"一样不断变换的环境下，前任的美国住房和城市发展部的政治任命官员转而从自己亲近的老朋友那儿得到好处。而且他们也的确得到了好处。詹姆斯·瓦特（James Watt），与前内务部长关系密切，因向住房和城市发展部部长富兰克林·皮尔斯（Franklin Pierce）和其他试图以欺骗手段得到房屋修缮基金的人传递消息，而得到上百万美元的好处。通过竞标进行拨款的公平程序就这样被放到一边。住房和城市发展部的总检察长和公务员给国会所提出的警告也没有人理睬。一旦丑闻爆发，那些政治任命的官员就成了受指控的对象（Light，1993b；Welfeld，1992）。

大多数公民并不了解政府官员之间的区别。他们只知道住房和城市发展部是腐败的，而且他们可能只是基于有限的知识而形成他们对政府伦理的看法。

在理解政府绩效上的角色差异的缺失可能是由于公众与政府接触不多造成的。根据戴维·马修斯（David Mathews，1994）的观点，公众对政府幻想的破灭，部分原因在于普遍的无力感或者被排除在政府决策过程之外。马修斯引用1991年的

研究成果证明，美国人感到他们“被职业的游说者、专职政客、竞选活动的管理者和媒体的精英排除在政治系统之外”（p. 12）。该项研究也表明，美国人感觉利益集团和金钱在政府决策中所扮演的角色比公民投票更加重要。简而言之，美国人看到的“是对普通公民紧闭大门的政治制度”（p. 12）。

值得注意的是，这里所涉及的问题与官僚制和常任公务员并无关系。同学校老师和警察也没有关系。马修斯的观点是：公民发现自己无权参与的领域是选举政治和政府的政策制定领域，而不是执行政策的官僚们工作的领域。

马修斯认为，尽管公众感觉自己被排除在政治系统之外，但他们依然是有公民观念的。当投票减少时，公民的自愿服务与参与行为就会增加；在政治上遭受挫折 193
之后，人们就会参与“公民政治”，自己动手解决问题。公民政治的例子包括：社区守卫和社区参与群体、非营利性的邻里组织，以邻里为基础的特殊利益群体等。尽管这些活动带有明显的政治性，但参与者很少使用政治词汇来描述他们所做的一切。

在马修斯看来，公众是有效政治不可或缺的组成部分。但是个体的集合要成为公众，必须有一个能够充分讨论的论坛。没有充分讨论，人们就不能给政府指明方向，政府也就失去了合法性。在此环境下，公民成为政策制定的顾客或者对象而不是政策制定的主人。随着司法的发展，政府官员和公共管理者没能发起这种论坛以及其他集体审议的方式。

8.3 结论

公民对政府和公共官员长期持负面的评价，已经导致了一场新的改革运动。改革的一些想法，诸如给予学校更多经费，给予教师更高标准和更好的报酬等，都是积极的。但是，由于各种原因，其他一些当代改革运动的观念实际上可能会导致一个更不道德的政府。第一，裁减公务员的数量成为一种普遍的趋势，但随之而来的，可能产生制度记忆的丧失和政府的空心化（Milward and Provan，1994）。第二，放松管制特别流行。摒弃官僚制与放松管制可能是产生腐败和丑闻的温床；储蓄与借贷丑闻应该被视为早期的警告。第三，契约外包也是一种普遍采用的改革方式，但人们似乎忘记了契约总是容易产生回扣与欺诈的诱惑的环境。第四，另一种
流行的改革是建立公共事业管理局与特区。理由是这些管理部门需要免除繁文缛节 194
的干扰并同政治隔离，以使其运作起来更加企业化。许多公共事业管理局和特区——比如航空港、公路收费站、经济发展单位——都是依赖其服务费自我支撑的。它们也容易产生腐败环境。

这让我们得出我们的结论。这些改革之所以获得广泛支持，其中一个原因是人们普遍认为政府是无效的，政府官员是不道德的。因此，改革似乎是顺理成章的。改革所采取的措施，在某种程度上，可以使政府更具有效率，但同时，几乎可以肯定地说，这些措施也会导致一个更不道德的政府。

在这种情况下，我们将会看到另一种政府改革运动，它会强调官僚技能，强调不受政治干预的、以功绩制为基础的文官制度，强调运用管制来控制腐败。因此，从短期来看，国家会为摒弃官僚制而付出道德的代价。从长期的观点来看，公共管理者应该感到兴高采烈，因为我们已经听到了对政府行政能力的呼唤。

第 9 章

爱国主义、乐善好施和公共行政

（与戴维·K·哈特合写）

195 当人们看到其伙伴身处险境，有责任伸出援助之手；强者多做，弱者少做，但弱小并非是袖手旁观和拒绝合作的理由。

——托克维尔（Tocqueville），
《政治与社会书信选》，第 95 页

在公共行政领域，随着许多公共项目和公共部门的削减，人们普遍认为（尽管大多未经证实），对公共官僚组织的幻想已经破灭。其结果，对公共管理者而言，以负责的精神来履行其职业责任正变得日益困难。更有甚者，目的的丧失似乎是公共服务职业者的普遍苦恼。在总结美国公共行政学会（ASPA）中心议程委员会的工作时，詹姆斯·卡罗尔和艾菲瑞德·朱克（James Carroll and Alfred Zuck，1983）这样讲道："美国的公共行政事实上是同社会相脱离的，它为复杂性所折磨，受到有限知识和理解的指导。"（Newland，1984，p. 6）这种状况必须得到彻底的改变。

并非只有一小部分问题是公共行政对企业行政的价值期望过多和不加鉴别的依赖所造成的。除了一些明显的例外，许多有关官僚制和公共服务的著作对公共部门和私人部门服务的道德责任
196 根本不加以区分。把公共服务等同于商业所产生的最严重的毁灭性影响就是把公共服务贬低成一个个人可以满足个人野心的领域。理想主义取代了"职业主义"。

根植于利己主义、实用主义哲学基础上的职业主义，几乎在

所有的美国管理理论中，都被视为主要的诱因（Barnard，1938；Simon，1947；March and Simon，1958；Scott，1982）。那么，对组织而言，有效行为的主要诱因就是，通过晋升和安全，实现一个人职业的发展。所有的组织行为都被视为个人职业发展的工具。效率、生产绩效甚至忠诚之所以被追求，不是因为它们自身有价值，而是因为它们对一个人的职业有价值。

在公共行政中，这种倾向特别具有破坏性，因为它攻击民主政治中公民与公务员之间应当存在的特殊关系的假设（Frederickson，1982；Frederickson and Chandler，1984；Frederickson，1972）。一个有害的影响就是把公民贬低为“顾客”，即机关的顾客，而机关依据协议的估价，进行商业的交换（Smith，1982，p. 1759）。公民对官僚组织的期待甚多。实际上，公共管理者也期待甚多。

美国民主的理想假定，公务员同公民之间应该存在某种特殊的关系。简单地说，这种信仰就是，所有的公共行政必须依赖蕴含在构成我们国家基石的授权文献之中的道德真理，并受到这种道德真理的指引。正如威尔逊在 1887 年所写的那样：“自由不能离开宪法的原则而生存；如果行政建立于不自由的政府原则之上，那么，不论其方法如何完善和自由，它所给予人们的只能是虚假的自由”（Wilson，［1887］1941，p. 212）。

人们还需要更多的东西。阿伦特（Hannah Arendt）在其对阿道夫·艾克曼（Adolf Eichmann）的责难中提及这一点。依据多萨（Dossa，1884）的看法，“阿
197 伦特政治理论的基本点是对公共领域和私人领域进行了区分……公共领域是社区法所关注的，其以关爱公民的精神著称。与此相反，私人领域是本能的个人主义所关注的，其特征在于人们追求自我的利益。那种过分的、几乎排除关注私我及其利益的公共生活是罪恶的前提条件；尽管它不是充分的条件，但确是必要的条件”（p. 165）。

除了信守正确的原则，公务员还必须关爱公民。在这一方面，作为一名公务员，艾克曼没有履行其作为公务人员的道德责任。因为对他以及大多数纳粹政府的公务员而言，公共服务只是实现个人抱负的一个场所，与公众并无特殊的关系。

我们认为，这种特殊关系存在于政治社群的概念中，而政治社群是以乐善好施的爱国主义为标志的。为了阐明这个概念，我们将比较德国和丹麦的公务员和公众在第二次世界大战期间对待犹太人的态度和行为，因为丹尼斯（Danes）的行为是乐善好施的爱国主义的典范。

9.1 官僚：职业主义者还是道德英雄？

为了把所有的犹太人清除出欧洲，纳粹（毫无内疚地）认为，最有效的方法是实施种族灭绝的大屠杀（Hilberg，1967；Dawidowicz，1975）。虽然有必要列出德国许多暗杀犹太人的组织，但主要的组织就是官僚组织（Arendt，1963）。希尔伯格（Hilberg，1967）写道：“屠杀犹太人……不是偶然的。早在 1933 年初，当第

一个公务员把‘非亚利安民族’的定义写入公务员法时，欧洲犹太人的命运就被注定了”(p. 662)。我们并未断言，就如希尔伯格所说的那样：“任何人都知道最终解决”。但是有证据表明这样的事实：身处要职的官僚们知道不幸正降临在犹太人身上（Hilberg，1971；1967，pp. 662-669)。

当筹划在东欧设立大屠杀中心的时候，几乎所有身处要职的官僚都知道什么样的厄运将降临到犹太人身上。但他们几乎毫无例外地继续他们的工作，大屠杀也未终止。正如亚希尔（Yahil，1969）所写的那样：“令人惊奇的是政府中那些‘老兵们’，他们都是深受传统和文化的熏陶、有教养的和受人尊敬的人，但他们忠实地 198
为希特勒的利益服务。在外交部，这个现象并不罕见；甚至在整个政治和行政部门，在很大程度上，在第三帝国的军队中，都是一大特色。”(p. 402)

战后，除了少数人以外，那些被控告为共犯的官僚辩解说，作为官员，除了遵从领导的命令之外，他们别无选择，因为官员的主要责任便是服从。但是，“行政中立”根本不能成为他们支持纯粹的邪恶行为的理由。在意识到这一点之后，大部分官僚退到另外一条防线上：自我保护。然而历史的记录并不支持他们的申辩。涉嫌参与犯罪者，很少有因为受到强迫而参与大屠杀。他们可以退休或者转业（而且确实有人这样做了)。唯一的报复可能是他们的职业生涯到了尽头，这似乎是他们决策时的考虑。他们把所有的一切都投身于他们的职业。除了最狂热的纳粹分子，这些官僚并不是受超越职业发展之外的意识形态驱使的。

与此相反，丹麦人给我们树立了一个官僚道德责任的榜样。在 1940 年 4 月 9 日德国入侵之后，丹麦成了一个模范保护国，其政府保持完整并受到德国外交部的一名官员的全权监管。开始，柏林强迫丹麦政府剥夺国内犹太人的公民权，并把他们驱逐到集中营。令德国人惊奇的是，这项命令立刻受到了来自丹麦社会各界，包括政治家与大臣、企业和劳工领袖、教师和一般市民的完全反对。

驱逐丹麦犹太人的压力不断增加，并在 1943 年夏末和秋天达到高峰。丹麦武装军队被驱散，丹麦被实行了军管，丹麦政府被驱赶到监狱。由于出现了这样的危机，国王克里斯蒂安十世（Christian Ⅹ）要求行政机关的首长接管政权，管理国家。这样，在 1943 年 10 月的危机期间，当纳粹驱逐丹麦犹太人时，丹麦政府是由其官僚来领导的。

我们没有足够的篇幅来描述这一几乎令人难以置信的、持续不断的营救活动。 199
我们只要说丹麦人民（包括公共部门和私营部门)，为人们能做什么和应该做什么树立了榜样就足够了（Flender，1963；Bertelsen，1954)。更重要的是，尽管开始有所动摇，但官僚以无比的勇气投入营救行动。他们寻找经费，保证犹太人的家庭和财产的神圣不可侵犯，保护丹麦人的财物，他们还承担了无数其他的责任。对那些被纳粹逮捕的犹太人，丹麦政府提供了细心的照顾。负责看守集中营中的犹太人的丹麦官员最后帮助他们逃离并转移到瑞典。

尽管从总体上来看，丹麦人在保护其公民方面展现出了英雄主义精神，但是我们必须特别注意政府官僚所展示的道德勇气。在犹太人权利问题上，他们拒绝妥协。与他们的主要职业责任——保护所有人的权利——相比，他们的职业是次要的。“尽管观点不同，然而人民及其领导者都理解这些基本的价值，虽然不是每一个人都认同这些价值，但每一个赞同宪法精义的丹麦人都准备为之战斗。这些基本的价值就是自由、平等、法律和正义的基本原则”（Yahil，1969，p. 33）。

因为有对丹麦国家民主价值的坚定承诺，所以官僚们立场坚定。阿伦特（Arendt，1963）在描写丹麦人时这样写道：“那是真正的政治意识，是对公民精神的要求、责任和独立的真正理解之后所产生的结果。”（p. 179）

200 最后，有人可能认为丹麦和纳粹的例子太过于戏剧化。但戏剧必须同战争的背景相分离。纳粹官僚的日常行为同和平时期的行为很相近，他们从事的是细微的、日常的工作，其目的在于实现国家的政策。所以，即使国家政策骇人听闻，难以理解，他们的例子并不具有戏剧性。

然而，丹麦官僚的行为却是真正的戏剧。但这一幕是否不如 20 世纪 50 年代美国地方政府官员拒绝歧视黑人的例子真实？马丽·雷格汉提（Marie Ragghianti）曾经揭发田纳西州州长布兰顿（Ray Blanton）出售赦免令，并最终使州长被绳之以法，她的这种道德英雄主义行为难道不是真正的戏剧吗（Maas，1980；Hejka-Ekins，1992）？我们并不怀疑我们自己的官僚英雄主义的事例，我们也无需怀疑其他国家的英雄主义事例。无论如何，他们的行为充分表明，道德的真理和民主的义务是没有国界的。

9.2 职业主义与乐善好施的爱国主义

这样，我们有两个截然相反的公共服务的道德责任的例子。在丹麦，官僚的行为是以民主服务中的道德英雄主义而著称的。而在纳粹德国，官僚的行为是以痴迷职业的成功而著称的，这种职业的成功最终助长了邪恶。我们如何解释二者的差异？在此，我们的目的并不是讨论不同国家间文化的差异。相反，我们相信，通过思考爱国主义与乐善好施之间的关系，人们便可以理解这种文化的差异。

人们投身公共服务的一个重要原因是某种爱国主义情感。德国和丹麦的官员都热爱自己的国家并认为自己是爱国主义者。他们的不同在于，他们对爱国主义的道
201 德责任有着不同的理解。在丹麦，官僚们认为他们的道德责任处于职业服务的核心，而德国纳粹官僚则把政府职业置于对人民的道德责任之上（Arendt，1963；Yahil，1969；Speer，1970）。换句话说，纳粹官僚是国家职业主义者，而丹麦官僚是人民的爱国者。

对纳粹官僚而言，爱国主义意味着服从最高领袖，他的意志是国家法律的基础，也是民族主义的组成部分。但他们的道德责任在制服、敬礼和集会的游行中终结了。通过限制爱国主义道德的展示，德国官僚从必须进行道德思考的限制中解脱出来，或者更重要的是，从责任政治所要求的热爱人民中解脱出来。这就让他们能够把全部的精力投入到他们的职业上。

相比之下，丹麦人的爱国主义是由人们对国家民主价值的高度承诺和对人民的

真诚的热爱所构成的。如亚希尔（Yahil，1969）所观察的那样，“在此，重要的是，对丹麦人而言，国家意识和民主意识是一回事，是一样的。只有在法治和民主国家，作为一个自由的公民，丹麦人才能重视其爱国主义……宪法所规定的平等、自由，每个丹麦人所拥有的权利、义务等，无一例外对所有公民都是有效的，所有的公民都互相保证维护这些原则”（p. 402）。

这样，丹麦官僚就把对理想的承诺同具有政治意义的、人们相互之间的爱戴连接在了一起。这是每个人都享有民主权利的保证。丹麦人认为人们的道德责任和乐善好施的爱国主义是民主国家公共服务的首要的和必要的条件，他们这种理解当然是正确的。然而，丹麦人并没有从此得到安慰，正如亚希尔所观察的那样：“可能最令人惊讶的现象，也是最伟大的地方在于，丹麦人认为他们的行为普普通通，并不值得人们的赞扬和敬佩。在他们的观念中，他们只是在做很自然的和必须要做的事，他们从未想过对犹太人弃之不理。”（pp. Ⅺ-Ⅻ）

在美国，我们把公共服务中基本的道德责任界定为乐善好施的爱国主义：一种对美国人民的无限的爱，以及宪法和法律所赋予的基本权利必须受到保护的规则。如果我们不爱他人，我们为什么要致力于政体价值的保护？在民主国家，公务员同公民之间的应该存在的特殊关系是建立在公民知晓他们是受到官僚爱戴的基础之上的。

9.3　重振乐善好施

在此，我们的目的不在于详细讨论乐善好施的概念，但我们的确要强调，把乐善好施的爱国主义作为公共服务的理想，具有十分重要的意义。政治理想主义，正如开国元勋们所预想的那样和以杰斐逊（Jefferson）为典型代表的，其本质是理想在现实中的化身。根据弗伦沃和默菲（Flower and Murphey，1977）的观点，“杰斐逊的政治理论基本上是一个道德——也即规范——的理论。它不是关于人民和国家如何行动的理论，而是关于他们应该行动和如何才能行动的理论……但杰斐逊也相信可以在现实世界中创造道德政治的秩序，并且认为美国已经接近这样的秩序。这样，它是一种人们所认同的、具有高度实践性的道德，人们可以据此设计他们的政治结构，从而实现这种道德秩序”（pp. 337-338）。 202

这就是公共服务的模式——爱国主义（热爱政体的价值）和行动上的乐善好施（热爱他人）的结合体。亚当·史密斯（Adam Smith）在1759年，曾经对这种结合进行了总结：

> 热爱我们的国家，从一般意义上而言，似乎包含了两个不同的原则：首先，要尊敬和尊重已经确立的宪法或政府形式；其次，要有一种尽我们的可能让公民享受安全的、体面的、快乐的生活的真挚愿望。不遵守法律，不服从官员命令的人不是好公民，不想尽其全力提升整个社会福利水平的人也肯定不是一个好公民（［1759］1982，p. 231）。

既然我们政府的目的是把政体的价值扩展到所有公民身上并保护每一位公民，那么，乐善好施就是这个目的的必要条件。然而，问题在于爱国主义的遗产并不和乐善好施的遗产一样多。18 世纪乐善好施的含义要求不仅要爱别人，而且要无私
203 地去爱：“从代理人的观点看，在这样的情况下，一个人的行为才是道德的行为，即其行为能够使他人幸福，不是出于自利的动机，也不是出于其他的动机”（Roberts，1973，p.7）。

在当代文献中，人们极其轻率地认为乐善好施是知识史上的一个怪物，很少有人建议我们应该采取严肃的态度对待它，并把它付诸实践。我们几乎完全丧失了这样的信念：乐善好施是民主政治绝对不可缺少的。但在那些对开国元勋们产生影响的 18 世纪的政治哲学家们看来，乐善好施对任何有价值的民主都是至关重要的（Becker，1942；Lovejoy，1961；White，1978；Wills，1978；Bryson，[1945] 1968）。他们看重乐善好施和自爱，并把二者视为人们行动的主要动力。

尽管某些情感或者感情能够激励人们的行为，但自爱和乐善好施是最重要的。这样，乐善好施就不仅仅是个理论上的概念，它是某种要付诸实践的东西（Jensen，1971；Hume，[1739] 1968）。在当代美国，我们已经把这种二元动力削减为根源于享乐的利己主义的自爱的一元动力，就如一句警语：“私人的堕落，公共的美德”。美国的开国元勋们大都反对这种观念，这并没有什么关系；但在如今，它是主导的观念。

乐善好施的概念是理解开国元勋们关于如何在国家实现民主这一志向的关键。当然，他们理解人性的弱点，也不把所有希望都寄托在人们自愿的、乐善好施的行为之上。威尔逊承认这一问题，他说：“在一些人看来，人是完全自私的；而在另一些人看来，乐善好施是大自然的最高目标。一个人把道德纯粹建立在同情的基础上，另一个人可能把道德纯粹建立在功用的基础上。但多样的人性并非可以如此简单地理解。它是一架复杂的机器；要想回答建立和设立各种重要目标的目的，人性不可避免是非常复杂的”（McCloskey，1967，p.200）。

《联邦党人文集》是开国元勋们希望创造一个能够弥补人性弱点的制度的证据。尽管他们列举了人性的弱点，但他们也强调了人的力量的重要。他们十分理解乐善好施的重要性，并把它包括在了他们给政府开的药方之中。在谈到杰斐逊道德哲学
204 的基础时，科克（Koch，[1943] 1957）这样讲道：“杰斐逊……把乐善好施，或者对他人的积极情感，视为人性和本能的道德特质的真实表现。在杰斐逊看来，任何试图把道德建立在自利基础上的道德体系都注定要失败”（p.30）。绝大多数开国元勋都持有相似的观点（Howe，1966；Koch，1966）。

对杰斐逊和其他人来说，政府制度的成功取决于公务员和公民对政体价值真理的接受。但这立即引起了另一个问题。即使每个人都相信这些价值，但人们仍然没有理由把这些价值扩展到其他人身上，并使它们产生影响，特别是当这样做会给个人造成损失或不便的时候。用今天的行话来说，人们为什么不使自己的功用最大化，而让其他人自己养活自己呢？

开国元勋们对此问题进行了广泛深入的讨论。当然，他们知道自利问题，但他

们相信实现真正民主的必要条件是，公民和公务员要有一种对他人的广泛而积极的爱，换句话说，他们要有一种乐善好施的意识。没有它，用来确保政体的价值的就只有职业主义、利己主义的动机。仅此是不够的，正如当代历史中出现的丑闻所证明的那样。

9.4　乐善好施的爱国主义与公共行政的精神

在今天，乐善好施的爱国主义怎样才能在公共行政的精神中得到体现？首先，我们必须抛弃这样的观念，即理想主义在官僚组织中没有立足之地。传统的观点认为，官僚组织的本性是排除公务员对待其顾客的道德行为，除非是受到政策的指
导。梅因泽（Mainzer，1964）在一篇杰出的论文中这样写道："以服从、常规化、 205
合作、匿名的行为为特质的官僚组织，难道没有破坏个人行为责任的可能性？难道它没有破坏个人荣誉的可能？如果是这样，官僚组织在我们今天的生活中处于统治地位的事实可能要求人们重新审视传统的美德，或者要求我们自己要接受不可能在一个大型组织中过一种值得过的生活的现实。"（p. 71）

需要注意的是，梅因泽引用的例证大多是大型组织的消极功能，而不是公共服务固有的东西。不幸的是，他的悲观主义情绪反映了对公共服务的一种共识——由于官僚组织的本性，公共管理者很少有展现道义和道德英雄主义的机会。

不过，开国元勋们主张，所有的公务员应该把政府过程视为一种道德努力；这不仅有助于管理，而且也有助于把民主的观念化为现实。杰斐逊确立了这种模式，正如帕林顿（Parrington，1927）在论述《独立宣言》时所说的那样，"这些词句远非是获取公众支持的政治姿态；它们是杰斐逊信念的具体体现，从那时起，他把全部的生命投入到为美国提供这样一种政治制度的工作，那就是保证所有的人都享有不可剥夺的权利"（p. 350）。

正因为如此，公务员必须既是道德的思考者，又是道德的实践者，这要求他们：（1）理解和相信美国政体的价值；（2）有对国家和人民的广泛的乐善好施的意识。因此，公务员的基本责任是作为美国政体价值的监护者和保证人。这并不意味着公共管理者应该篡夺民选官员的政策责任。民选官员必须明确地说明依据环境变化而制定的政策是实现政体价值的最有效的途径。当然，官僚必须尽其所能，有效率地、有效能地、平等地执行这些政策。但是，我们必须把政体的价值和公共政策区分开来。政体的价值是所有的民选官员和公共管理者都必须誓死捍卫的绝对价值。它们是试金石。在这一领域，公共管理者不管在法律上还是实践上都不能有任何妥协。

例如，如果一项公共政策是建立在种族或性别歧视的基础之上，那么它就违反了政体的价值，其自然是无效的。公共管理者应该遵守任职时的誓言，拒绝执行这
样的政策。当然，在第二次世界大战期间丹麦公务员就是这样做的，而大部分美国 206
公务员在种族歧视的年代里却没有做到这一点。显然，公共管理者不能轻易地拒绝

执行政策，也不能出于政党政治的理由，拒绝执行政策。但是，无论在什么地方，如果政体的价值受到侵犯，正直的官僚都必须坚决拒绝执行这样的决策。

但是，这为什么应该是公共管理者的责任呢？密切关注政体的价值难道不是法院的责任吗？当然，它也是法院的责任。但即使法院做出了公正的裁决，人们也可能规避这种裁决。例如，在“布朗诉托普卡市教育局”一案中，法院于1954年就做出了公正的判决，但直到今天，我们依旧没有实现教育上的种族平等。更有甚者，种族和性别的歧视依旧在美国政府中存在，有些时候，一些政府官员甚至赞同歧视。

有些人可能认为，密切关注政体价值是民选官员的责任。他们确实也有这样的责任，但他们同样要关注政治的变化以及不断变化的民意。而且，最重要的是，政客们你来我往，受定期选举的约束，并要受制于选民的不断变化。他们的注意力必须集中在其他方面。然而，官僚要对日常的政策执行负责。正是因为官僚是常任的，因此他们要对政体的价值承担更大的政治责任——因为他们必须确保这些价值在公民的日常生活中得到实现。

9.5 结论

最后，有人可能认为，乐善好施的爱国主义过于理想化，似乎理想主义在公共服务领域没有存在的空间。他们把实用的要求看得十分重要，把理想主义视为浪费时间。但这种对实用的美化对于指导公共服务的理想主义是有害的。尽管实用是必不可少的，但我们的政府同样要实现理想。抛弃理想主义而赞同实用主义背离了我们政府的核心目的。更重要的是，对实用主义的迷恋也不能使我们迎接所面临的挑
207 战。艾瑞克·霍弗（Eric Hoffer，1951）曾经意味深长地讲道：“快乐无忧的生活方式是如此的实在，以至于它使其他实际存在的东西——无论它们是多么的急迫——都显得模糊和不合实际。如此，就会出现这样的事情：在时代出现动荡时，恰巧是那些不受人注意的讲求实际的人以及那些看起来不讲实际的人坚持那些不存在的事情”（p. 72）。

在当代美国的公共服务中，我们还没有这种爱国主义或者道德英雄主义的典型事例。在城市、乡村、州和国家无数的日常管理事务中，公务员对正义、公正、平等以及人类尊严等问题均发挥着重要的影响。如果他们的行为是正直的和乐善好施的，所有公民都能获益；当他们不这样做时，公民就会与政府离心离德，并对公共服务持敌视的态度（Frederickson，1980）。我们认为：乐善好施的爱国主义的要求就是在从未出现过的环境下，公务员应该干什么的问题。

在当代，一些公共行政学者重新强调回归到建国时的理想主义。这些学者通常把理想主义的概念局限于界定官僚不应该干什么的伦理。对于公共行政精神的重生来说，这种伦理是必需的，但仅此是不够的。我们必须界定公共行政应该干什么——这会引导我们认识乐善好施至高无上的价值。高思罗普（Gawthrop，1984b）

在谈到这个问题时，提醒我们既要看到乐善好施的重要，又要看到其面临的困难。在公共行政伦理中，“爱你的邻居”的戒律相对比较容易。最大的困难是超越家庭、邻居，把未曾谋面的其他国家和全世界的人都包括在乐善好施的范围之内。

约翰·罗尔斯（John Rawls，1971）也承认乐善好施的重要性。不幸的是，他认为乐善好施是一种“超道德”（a morality of supererogation），并不是为普通人设定的道德。这不是我们开国元勋的信念。尽管对身旁的人的爱是可以达到的，但对人类的爱的确需要某种道德的英雄主义，这种道德的英雄主义并非很容易就可以达到，但如果人们全力以赴，它还是可以实现的。

因此，公务员必须把这种乐善好施的爱国主义付诸实践。尽管理想主义是要付 208
出代价的，但我们既受到理想的约束，也受到实际的约束。正是在乐善好施的爱国主义之中，理想与现实融合在一起。就如帕林顿（Parrington，1927）在写到杰斐逊时所说的那样，我们如此景仰他，是因为：“杰斐逊是一个理想主义者，他给美国留下了十分宝贵的财富；我们需要用理想主义来影响和改变现时代功利的现实主义”（p. 350）。

第 10 章

作为代表性公民的公共管理者

209 我们的确应当重视官员，因为没有他们谨慎、细心的工作，一个国家就无法存在。事实上，共和国的全部品性是由有关官员的制度安排所决定的。我们不仅应让他们清楚行政权威的界限，而且应该引导公民，使公民有服从他们的义务。因为现在的统治者有可能以前是服从别人的人，而现在服从别人的人有朝一日也有可能成为统治者。因此，服从别人的人应该有望在将来成为统治者，统治别人的人也应记住，不久以后，他可能不得不服从别人。

——西塞罗（Cicero），《论法律》

在本章中，我们将提出美国公共管理者的一个全新的角色——代表性公民。在公民代表和代表性公民这两种概念之间存在着含义上的迷惑和冲突。前者包括类似于第 9 章描述的爱国主义的一些东西，后者则强调公共管理者对社会公正的承诺。

如果公共管理者是人民的代表，那么，他们就是公共利益的托管者，就像保护平民利益，免受罗马贵族侵袭的罗马护民官，或者是按照普通法的规定，保护公民的利益免受地主和国王侵袭
210 的英国执法官。按照这一观点，公务员和其他政府官员一样，都宣誓谨守同一部宪法，他们事实上也能够在其权限范围内界定公共利益。公共管理者和公民的关系就如同民选的代表和公民之间的关系那样密切。而事实上，立法者有可能会偏离和沉迷于立法

的程序，或者为特殊的利益所俘获。在这种情况下，一线的公共管理者能够并且应当承担起作为那些被现代政府的复杂性所迷惑的公民的代理人的角色。

如果公共管理者是代表性的公民，那么他们的角色就会有细微的、并且是重要的差异；这样的人会少一些高人一等的优越感和傲慢，而更多一些民主和信任感。根据这一观点，公共管理者首先是公民，正如特里·L·库珀（Terry L. Cooper，1991）所言，公共管理者受雇于公民，代表公民的利益，执行和管理公民的事务。作为我们其中的一部分，公共管理者是公民和公共组织之间联系的主要桥梁。

在库珀看来，如果这种桥梁纽带作用得到良好的体现，公共行政会对社会契约的重新肯定和不断更新贡献力量。当我们的清教徒祖先于 1620 年在新英格兰海岸踏上新大陆，并写下《五月花号合约》的时候，公共管理者便帮助人们订立契约。从这个意义上讲，《五月花号合约》的起草者，年轻的威廉·布鲁斯特（William Brewster）可能是美国历史上第一位公共管理者。作为他的“后代”，我们定期地对民主政治中公民相互之间的期望进行不断的调整或重组。因此，公共管理者就承担着公民的职责。

公共管理者通常一直是其他公民的代理人。如果公务员是地地道道的公仆，人们就会问他们是谁的公仆，为什么要做公仆？他们仅仅是那些由社会各界选举出的政治人物的公仆吗？还是一些特定的理念如正义与公正的仆人呢？亚里士多德曾给公民下过这样的定义，他说，公民是一个“进能治国，退能守法”的人。我们同意这样的观点：作为代表性公民，公共管理者必须寻找用于治理国家和遵守法度的合法的个人权威及制度权威。

10.1 低公民精神与低行政管理问题

代表性公民这一概念存在的一个明显问题是，无论是托管者，还是公务员，都 211
是自利的。如果政府是由一群不同于一般公民的人管理，因为一般公民，正如开国元勋们所说的那样，经常会超越自私的合理界限，那么，人们为什么又会对在本质上是程序性的公共服务伦理不满意呢？公共行政为什么还要对道德、伦理、公民精神、乐善好施、正义或公平进行界定呢？

代表性公民的概念显然与美国人的低公民精神的偏好相冲突。约翰·A·罗尔（J. A. Rohr，1986）曾指出，早在《联邦党人文集》第 63 篇中，詹姆斯·麦迪逊（James Madison）明显地拒绝公民要在政府中发挥积极作用的古老观念，其主要的理由是人是自私自利的。麦迪逊认为，欧洲各共和国与美国政府之间的主要差别在于，后者完全把公民集体参与排除在外（Hamilton，Madison and Jay，1961，p. 387）。麦迪逊认为美国政治发展中的这一令人瞩目的特点，应当在新宪法中得到强化。

伴随着低公民精神的是低行政管理。在行政学发展的历史上，莱昂那多·D·怀特（Leonard D. White，1951）曾反复强调行政官员在新共和国中所表现的低姿态。主张中央集权和干涉主义的联邦党人记得他们只是以微弱的优势在宪法的批准中取得胜利，因此，他们召集了许多谦虚、具有绅士风度的人出任公务员，这些人是不会煽动贱民闹事的。大约 65%的高层联邦党人职位由贵族、商人和职业人士担任。

当联邦党人的反对者托马斯·杰斐逊（Thomas Jefferson）当权后，他将联邦党人出任的 92 个高层职位中的 72 个职位，替换为自己的拥护者。在安德鲁·杰克逊（Andrew Jackson）执政时期，公共服务民主化也没有改善政府的职业化水平。权力从一个群体转移到另外一些群体，即从贵族转移到政党。但公民参与仍然停留在较低的水平。

在美国公共行政的诞生时期，并未确立英国或欧洲模式中的行政管理阶层或
212 “永久性文官”。在 20 世纪初的改革中，政治中立和职业主义备受推崇，为了追求行政效率，牺牲了公民参与和社会回应。在 20 世纪末临近的时候，美国人发现他们处在一个十分糟糕的公共服务世界中，因为不仅联邦党人的低公民精神的观点最终占据了优势地位，而且联邦党人的反对者的低行政管理的观点也取得了胜利。

低公民精神—低行政管理与其他模式的比较

一个详尽描述公民精神和行政管理模式的四维矩阵将包括以下几种组合：

- 高公民精神—低行政管理
- 高公民精神—高行政管理
- 低公民精神—高行政管理
- 低公民精神—低行政管理

也许历史上的一些公共组织管理模式的事例要比美国的低—低模式更能开阔我们的视野，引发我们对美国公共行政重建工作的思考。远古的事例比当代的事例更能够说明问题，因为早期试验的效果已经显而易见。因此，我们用古代的雅典，而非瑞士的州，作为高公民精神—低行政管理模式的例证，用古罗马，而非斯堪的纳维亚的民主国家，作为高公民精神—高行政管理模式的例证，用古埃及，而非苏联，作为高公民精神—高行政管理模式的例证。图 10—1 展示了这一综合模式。

213

	高公民精神		
低行政管理	高公民精神 低行政管理 古雅典	高公民精神 高行政管理 古罗马	高行政管理
	现代美国 低行政管理 低公民精神	古埃及 高行政管理 低公民精神	
	低公民精神		

图 10—1　政府中公民与行政参与模式

古雅典的高公民精神与低行政管理

主张公民高度参与政府活动的支持者会在五世纪的雅典找到自己的家园，尤其

是如果他们有幸成为雅典公民的话（见图10—1）。雅典的公民大会包括所有的城邦公民。由500人组成一个委员会，作为公民大会的执行委员会，下设一个行政机构，威廉·C·贝尔（William C. Beyer，1982）称之为“业余委员会”。执政委员会下设独立的委员会，分别承担政府各种不太技术化的职能，比如监督度量衡、购买谷物、上演公共剧目等。雅典唯一实行高行政管理的特例是设立单独的行政机构，掌管人力、财政和建筑。

雅典人是如此的热衷于公民参与，以至于他们会采取特殊措施防止委员会成员成为有经验的专家。委员会成员是从公民中通过抽签的方式产生的——这很像本·巴伯提出的强势民主的概念（Ben Barber，1986）。假如一个公民恰巧拥有从事委员会分配工作所需要的特殊才能，这也纯属偶然。官员的任期只有一年，并且不得在同一委员会内连任。而且委员除了发少许的肉之外，没有任何报酬。正如贝尔（Beyer）所言，雅典人对政府工作的效率不大感兴趣，他们感兴趣的是如何使政府能够回应公民的希望和要求。

古雅典的公共管理者的确没有必要有效率地工作。因为没有需要监督的公共土地，没有需要管制的庞大农业，也没有需要管理的社会福利系统。政府的作用主要局限于军事防御方面。教育的功能是由私立学校承担的，政府仅提供有限的警察保
卫工作。公共建筑和其他公共工程的建设，是通过与私人建筑商签订契约，由私人 214
建筑商承包。甚至税收工作也由企业家负责。

这种个人主义的文化产生了大量的艺术家、雕刻家、建筑家、修辞家、诗人、剧作家、哲学家——雅典毫无疑问占据着古代文化和艺术的领导地位。因此，不能认为雅典政府的不成熟是因为人类的发展处于不发达的阶段。尽管如此，有些人还是要做家庭杂务。有些人必须教孩子读书、记账、实施法律。

这就是奴隶。

古雅典公共行政的显著特征之一就是，在很大程度上，城邦使用奴隶从事政府服务。在政府机关内外，奴隶组成了一个永业劳动的大军。他们是教师、会计、警察、战士、监狱看守、监守者和制币厂的工人。他们大约从事一百多种职业，这些职业与今天的人事管理分类系统大体一致。雅典人通过抽签选择监督者，防止公共行政中出现派别活动的做法的确显示了他们的政治才华。

然而，我们不能被雅典政府公民参与的名声所误导。在小规模的雅典民主政治中，尽管公民所起的作用远远大于行政官员所起的作用，但是，在等级体制中，重要的职位还是由常任的、能干的行政官员担任。大量的有才能的公共服务奴隶支持这些行政官员的工作。雅典之所以能够实施高公民精神模式是由于其他一些人——奴隶——为此付出了很大的代价，如果美国想采取高公民参与模式，同样必须有一批人付出代价。只要有广袤的土地，只要废弃物能被吸收，只要开放的空间、大量的工作机会、大量的自然财富是美国人生活的真实环境，那么人们就有可能在没有真正理解公民精神，特别是没有理解有关正义和公平精神的情况下，谈论高公民精神。

美国人再也不可能这样做。任何有关美国政府中公民参与的好处的理想化的想
法，或者任何想回归到以前从未存在过的自由民状态的浪漫想法，都会在严酷事实 215

和那种现代公共管理者需要界定诚实，需要设法对付资源短缺这一不可避免的任务面前搁浅。

在美国，如果富庶是充满竞争的个人主义产生的天然土壤，那么，短缺就是互助主义和国家行政管理艺术产生的土壤。显然，美国的公共管理者必须把人们定居的土地加以划分后分配出去。如果高行政管理不能保护我们有限的资源，那么古雅典的高公民精神模式就无法在 21 世纪的美国得到实施。

古埃及的低公民精神与高行政管理

如果说高公民精神的支持者能够在古雅典找到他们的家园，那么高行政管理的支持者同样也会在古埃及找到自己的家园。埃及的行政管理阶层介入到国王和其臣民之间存在的那种独一无二的关系之中。埃及人把权威视为一种私人关系。法老既是国王，又是神，国王、国王的代表及与国王有关的人共同组成一个全国性的大家庭。大型公共工程项目，如修筑金字塔、治理尼罗河，是国王、工程师以及臣民共同参与的。人们并不认为这些项目是有权有势的人剥削弱势阶层的象征，而是受雇用的普通劳动者为自己兴建纪念碑。每个人都把国王看得神圣无比。当婆罗门教开始统治的时候，这种私人关系被翻译成希腊术语，神成为国家的绝对权威，埃及文明瓦解了。

埃及的公务员的名声非常好，是当时人人趋之若鹜的职业。埃及设立皇家学院来培训公务员使之懂得领导艺术；高层官员出任教师。但是，在培训课程中，教学的内容并非局限于给学生教授有关政府部门实际工作的知识，而且还对学生进行文学教育，对埃及未来的管理者进行智力开发。皇家学院的毕业生有望得到报酬良好的职位，绩优者有固定的奖金，晋升的机会比较大，职业的稳定性也很高。

216 埃及王子摩西（Moses）可能是皇家学院的毕业生。他所学的组织才能可以从公元前 1290 年他领导以色列人出埃及中反映出来。格拉登（E. N. Gladden，1972）这样写道："一次如此大规模的游牧民族的迁移，大群的人带着他们的牲畜和财产，路上还会受到埃及人的侵袭，但是组织和管理工作却有条不紊"（p. 38）。在出埃及之后，摩西推行了很多被后人称为"行政科学"的做法，其中包括管理幅度、期望管理和授权。

《圣经》中有关约瑟的故事记载了许多古代埃及实行高行政管理的事例。《旧约》中的《创世纪》能够使我们更为真切地了解埃及的风俗习惯和管理事务，可以说是一部展示行政管理事例的故事。

故事本身是人所共知的。约瑟是父亲雅各最心爱的儿子，但是 11 个妒忌他的兄弟把他贩卖为奴。最后，约瑟成为法老的内臣，护卫长波提乏的仆人。约瑟因为拒绝波提乏的妻子同寝的要求，而受其诬告，被关进了监狱。在监狱，约瑟给关在监狱的埃及国王的酒政和缮长解梦。酒政在获释之后，找机会把约瑟推荐给法老，约瑟为法老解梦。法老非常赏识他的才华，立他为埃及的宰相，全权负责治理埃及。

约瑟成为埃及的宰相之事可以视为埃及所有成功的公共管理者所作所为的一个典型事例。约瑟引导国家度过了艰难的时期，他在收成好的年份储藏大量的粮食以防止灾年的到来。他扩大了公共领地的面积，并派人去耕种，只收其五分之一的收成，如此也增加了国库的财富。他把埃及的农产品作为外交政策的工具。他通过和大祭司波提非拉的女儿亚西纳结婚，巩固了自己的地位。并且，他一直忙于埃及下一代公共管理者的职业伦理教育和培训工作（Wildavsky，1998）。

埃及政府治理艺术的产生并不完全来自于对行政能力的信奉。它来自教育和继 217
续教育这样一个过程；来自阅读、思考、倾听、反思；来自一整套全景的关系，这些关系是以 Z 理论和治理理论为代表的现代管理思想所主张的。根据弗里德里克·C·莫舍（Frederick C. Mosher，1982）的观点：

> 在我们以前的文化和许多其他文明国家的文化中，公共服务的性质和质量主要依靠教育制度。几乎所有未来的行政官员都将是大学毕业生，在二三十年之内，他们中间的大部分人可能获得研究生学位。越来越多的公共管理者正在重新回到大学，更新知识，接受职业培训，取得更高的学位。这种趋势表明，无论在专业知识方面，还是与他们的职业发生作用的更为广阔的空间领域内，大学都对公务员的培训与发展起着越来越重要的作用。大学为确保职业人士支持民主提供了最好的方法。至少人们希望如此（p. 219）。

古罗马的高公民精神与高行政管理

古罗马的高公民精神—高行政管理模式是代表性公民角色的最佳例证。尽管这一模式的表现形式在罗马共和国和罗马帝国时期有所不同，但其主要特征都是一样的。无论在共和国时期还是在帝国时期，罗马文官都是一个管理国家事务的气势恢宏的职业群体，罗马公民的社会地位也为文明程度较高的西方世界所羡慕。

要理解公民精神，便要理解古罗马的法律标准。最初，罗马法仅适用于城市居民，他们生来就是市民遗产的一部分，人数有限。但是，后来，随着罗马政治权力与财富的增长，越来越多的境外居民涌入罗马。他们既要与罗马人进行生意往来，又要进行相互之间的商业交往。这样罗马人就遇到了合法确认外国商品的问题，于
是他们就设立了一个特殊的法官——执政官，他的任务是思考公正和公平的问题， 218
制定出正式的法律。罗马法的有效主体即来源于此，这一法律是根据公平交易的要求、常识和人们公认的诚实与公正的最佳生意实践制定的。这部法被称为国际法(jus gentium)，适用于所有的人。

国际法提倡法律面前人人平等。与此同时，国际法的斯多葛派也倡导全世界人情同兄弟的主张。斯多葛派宣称，尽管存在种族、地位和财富的差别，但人是生而平等的。这两种观点在罗马共和国时期融合在一起，形成了公民资格的观念，公民资格的观念打破了罗马公民和外国人之间的严格界限，抛弃了古希腊人认为公民应当局限于那些事实上能够分享治理权力的人。在罗马人看来，公民资格应当建立在主张友好情谊的社群的信念基础上。在此社群中，人们之间的友好情谊、而不是自私自利，成为团结的源泉。

在亚里士多德看来，公民精神只能存在于地位平等的人之间。但是，由于人是不平等的，因此他认为，公民精神必须局限在少数的、经过精心挑选的精英群体中。与之相反，西塞罗（Cicero）则认为，因为所有的人都必须遵守同一部法律，因此他们必须是平等的。在西塞罗看来，高公民精神是一种道德的要求，而非一种事实。罗马共和国的政治推论是，一个国家只有承认那种把公民紧密联系在一起的相互的责任和权利，才会永远存在。依据罗马人的观点，国家是一个道德社群，是一个共同拥有政府和法律的社会群体。这样的国家可以称之为民主共和国，人民共同管理国家事务。因此，罗马的公民经常能够否决议院的法案。

人们不难理解，罗马人的公民资格是一种宝贵的财产。正如 R. H. 巴罗（R. H. Barrow，1949）所言："随着公民资格价值的提高，罗马更慷慨地授予这种资格，由于嫉妒的首都公民严防公民权向外扩张，意大利人多年来一直愤愤不平。"（p. 165）直到公元前 89 年，意大利人才成为罗马公民，国王卡拉凯拉（Caracalla）在公元 212 年，向所有罗马帝国的民众授予了公民资格。

罗马的公共行政实践植根于法律对公民资格的理解。行政权力是全体人民的共
219 同权力。行政长官的授权就是法律，他是法律的产物。西塞罗曾说，"法律驾驭行政长官，行政长官驾驭人民，可以说行政长官是会说话的法律，法律是沉默的行政长官"（1928，英译本，Ⅲ，1）。

作为古罗马法律的执行者，行政长官经常被称为"正义的祭司"。他忠实于法律，在界定何谓正义、何谓公正方面具有很大的裁量权。人们认为执法者有责任遵守道德的法律——或其他规定，正如奥古斯丁（Augustine）后来所说的那样，政府在很大程度上只代表拦路劫匪（Barrow，1949，p. 174）。

马库斯·波克斯·卡图（Marcus Porcius Cato，公元前 95 年—公元前 46 年），是一位典型的罗马官员。普卢塔奇（Plutarch）曾详细地描述过他的性格和习惯。卡图努力工作以确保自己更了解自己的责任。在他们与有经验的工作人员打交道，处理沉闷的公共记录、复杂的法律文件和日复一日堆积起来的前例时，罗马的执政官希望保持这样一种传统，即下属是他们的仆人，而非他们的主人。"卡图在工作上兢兢业业、不知疲倦，得到民众的支持和拥护。他总是第一个到办公室，最后一个离开。他从不缺席公民大会或者议院的会议，对于那些出于个人利益投票支持某个人的人，他总是感到担忧，并保持警惕。"（Plutarch，1951，英译本，p. 42）

在罗马帝国统治时期，国家有五个行政部门，在国家事务的管理上，它们均持积极主义和干预主义，是典型的高行政管理（亚历山大·汉密尔顿也许会高兴了）。罗马以其行政管理的能力而著称，这种行政能力把共和国时期护民官手中的权力转移到帝国时期罗马教皇的使节手中。公民所拥有的正式否决权变成了非正式的公民参与权。中央政府的官员只能按照教皇使节的命令行事，而不敢越雷池半步。今年应当向高卢收多少税？达尔马提亚人应为军团提供多少新兵？迦太基人能提供哪部分谷物配额？罗马帝国统治下的和平时期仍然适用国际法。

罗马人在职位、头衔和工资等公务员管理的标准化程度方面接近于军事组织。似乎只有现代计算机技术才能够很好地适应罗马人对制度和秩序的偏好。但是，虽

然标准化提升了罗马公务员的尊严和地位，而在美国，它可能会导致官僚组织的病态。之所以产生如此大的差异，其原因并不在于政府的形式，因为美国和古罗马的 220
政体都是复合政体。其原因也许在于公务员自己的期望。罗马的公务员希望参与共和国和帝国的重大管理活动，而美国的行政官员则希望处理好批评意见，严格按照规则和程序办事。

不同的期望可能是两种不同的公务员制度的哲学基础所导致的。罗马的制度富有公民传统，而美国则缺乏这样的传统。如果美国的行政管理系统想从低公民精神—低行政管理的模式转变为罗马的高公民精神—高行政管理模式的话，它就必须崇尚罗马人的禁欲主义传统。

10.2　结论：替官僚讲几句好话

重新界定美国公共行政官员在 21 世纪的角色，并不意味着我们必须学习希腊文和拉丁文，要成为研究古典文化的学者。但是，如果我们能够了解古典时期的一些知识，并努力使这些知识与我们的需要相契合，肯定对我们有所裨益。正义和公正的信条，曾经被斯多葛学派的哲学家转化为罗马的法哲学，也是我们价值体系的一个组成部分。正义和公正的信条也成为社群、爱国主义和乐善好施观念的基础。社群的世俗化和割裂以及改革之后公民精神的丧失使得人们现在不珍惜这些观念；这只能使人产生更多的迷惑，使人们很难团结在现代共和国的周围。为了说明这一点，我们提出了四种公民精神与行政管理之间可能存在的关系，如图 10—2 和图 10—3 所示。

221

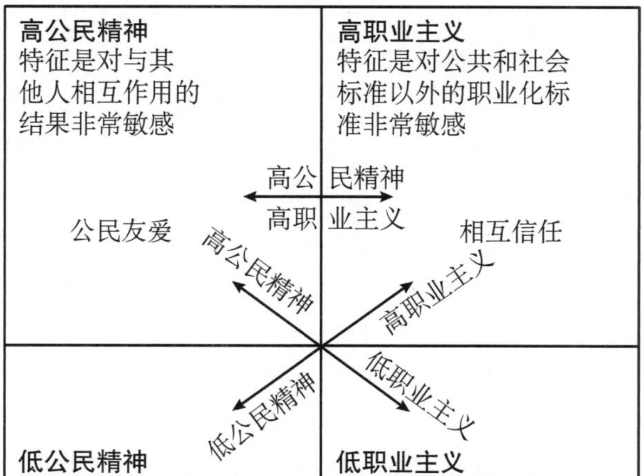

图 10—2　公民精神和职业主义的公共行政之间的关系模式

	高公民精神		
低职业主义	高公民精神 低职业主义 公民友爱和专家政治论	高公民精神 高职业主义 公民友爱与相互信任	高职业主义
	专家政治论和企业家精神 低职业主义 低公民精神	相互信任和企业家精神 高职业主义 低公民精神	
	低公民精神		

图 10—3　公民精神与职业主义的代表性观点的对照模式

如果说有人身肩复兴社会价值的责任的话，那就是每天都必须与社会问题打交道的公共管理者。无论这些问题是否与交通、通勤人员、传染病、共产主义和社群中所存在的其他方面的问题有关*[1]，美国公民的相互依赖是显而易见的。公共管理者的任务在于，在使美国的公共制度更能反映正义和公平的社会价值方面发挥不可推卸的领导作用。那种小集团式的和宗派主义的政治制度是没有能力做到这一点的。司法部门已经为自己设定了其他角色。私人机构及其管理者也有完全不同的议程。对官僚组织持这样的看法，恰恰是汉密尔顿式的公共行政的精神所在。

222 美国的公共管理者还是普遍受到美国民众的爱戴的。尽管有些人对官僚组织持否定的态度，然而，事实上（正如第 8 章所描述），大多数美国人对于官僚组织所提供的服务还是满意的。官僚组织不是铁板一块，而是由许多小的、不同的部门构成的，而这些机构也并没有远离它们所服务的民众。许多公民也了解政治家们往往出于政治的目的反对官僚组织，这也证明了一个事实，即公共组织在促进变革和实施变革方面均发挥了作用。可以肯定的是，私人部门并不见得比公共部门更有效率，或者有更高的生产力（Wamsley and others，1990）。

美国的公共行政正在实施某种程度的托管关系，并且已经实行了一段时间。美国的政治说辞需要理解我们的行为。然而，我们真正需要的是停止对权威作用的诋毁；这样做只能弱化治理。所有成熟的社会都要有世俗的“祭司”，他们使得制度方面的智慧得以保存下来。真正的政治—行政二分法不是公务员应该被动地服从政治权威，而是身居公职、具有公民精神的代表，真正充当正义和公平的监护人。这些公共的价值是超越任何统治者的暂时的政治利益的。

223 现代美国公共行政的诱惑是从图 10—1 所示的低—低模式向高公民精神（以雅典为例）及高行政管理（以埃及为例）转变。雅典是在公民参与的旗帜下发展的，

---

* 在英文中，交通（communication）、通勤人员（commuter）、传染病（communicable diseases）、共产主义（communism）、社群（community）等词语，都有一个前缀“commu”，意为相互的、共同的。作者在此列举这些问题，意思是这些问题存在于人们相互交往的过程中，社会或社群的问题具有相互依赖性。——译者注

埃及是在职业主义的旗帜下发展的。如果这两种发展方向相互独立，那么美国的制度将会出现问题。高公民精神的模式只有在利益群体不离心离德，管理稀有资源的需求不很强烈的情况下才会有效地运转。社群主义运动所预想的公民精神肯定有助于加强民主。在此，民主被定义为对共同利益的集体追求（Mathews，1994）。

当然，问题是如何平衡个人与群体的利益和要求，如何平衡个人、群体与社群的利益关系——这也是高行政管理如此重要的原因。美国的民主政府基本上能够反映有组织的、经济状况良好的团体的利益，但是，如何回应个体的权利与要求，特别是穷人的权利与要求，就成为乐善好施的公共行政的特殊责任。在低行政管理成为标准模式的地方（就像目前美国司法行政中的情况），公共组织缺乏确保法律公正和公平的能力。如果人们对职业主义的含义存在广泛的共识，如果对职业主义的界定包括了服从法典化的职业标准和统治的权力，那么高行政管理模式就能有效运行。但是，除了少数城市，特别是采用传统的议会—市经理制政府模式、同质化程度相对比较高的地区之外，美国人对高行政管理模式基本上持抵制态度。

公共管理者是代表性公民的这一想法试图弥补自利的不足，这种自利从一开始就是美国人的特质。长久以来，美国人对环境和制度的变化要求显示了高度的适应性。然而，现时代的实践需要在非技术层面上有深邃的理论思考。美国的公共行政是否有向高公民精神—高行政管理的方向发展的远见和精神，是否能够实现新世纪美国社会的道德团结，人们尚需拭目以待。

第 11 章

公共行政的首要原理

224 我把公共行政视为一种专业，特别是，作为一个学术研究领域，它以关注追求公共利益的公共部门的行为通则而著称。如果要加以区别的话，它必须同整个政治和社会理论的内容紧密联系；公共行政的实践者仅有知识是不够的，这种理解是一种智慧——杰出的人完全可能同时是有崇高抱负的。

——保罗·H·阿普尔比（Paul H. Appleby），
《公共行政与民主》，第 346 页

本书的宗旨是探寻公共行政的灵魂与精神。因此，在本书的最后一章，我们将把蕴含于《公共行政的精神》一书中的许多思想提炼为一系列主要原理。在本章中，我们将思考这样的问题：在本书所提及的概念、观点以及结论中，哪些是最重要的？

我们要问的第一个问题即是公共行政的领域问题。在公共行政研究历史的大部分时期，我们的关注领域一直都是政府——或者说是国家。国家及各州宪法、各市的宪章及授权立法都是公共行政运转的基础。因此，尽管我们称自己的工作为公共行政（public administration），而事实上我们从事的是政府行政（government administration）。

公共行政领域中的许多学者，包括博兹曼（Bozeman，1987）、马修斯（Mathews，1994）、斯蒂尔曼（Stillman，1990）、帕特南、伦纳迪及南内提（Putnam，Leonardi and

Nanetti，1993）等，均已经提醒我们，公共（public）与政府（government）在词义上是不同的。政府意味着国家，而“公共”则是一个前政府的概念，人们常用它来描述发生于私人生活之外、区别于市场或者追求利润行为的一系列集体活动。 225

公共行政中的“公共”又意味着什么？我们中一些人习惯于认为公共行政是以国家为基础的，是行动的法律，因此，把公共行政与政府行政相提并论。另外一些人则不同，他们认为公共行政的范围包括非营利组织、第三部门、志愿者、契约、公共设施、公共事业管理部门以及大量的政府、准政府和私人—政府合作组织的活动。

在公共行政的早期传统中，人们还以一种积极的眼光看待国家。但在当代，形势已发生逆转，人们转向关注国家的限度。这也是在公共行政领域问题上的另一派观点。

此外，治理（governance）一词的出现，表明人们对公共行政的范围又产生了不同的看法。人们假定治理涵盖了所有的公共活动——政府的、准政府的及非政府的。治理一词和治理这一概念的使用完全与下面的原理相吻合：

> 公共行政的前辈们明智地选择“公共行政”而非“政府行政”一词来表明这一领域的性质。公共行政包括国家的活动，的确也根植于国家。但是，其范围更广，并且应该更广，还包括集体的公共行为的行政或执行层面的各种形式与表现。

这种对公共行政领域的描述，对我们工作中的诸多细节都是充满寓意的。许多非政府的公共管理活动是以一种非民主方式进行的，并可能游离于公民或立法的控制之外。这种情况可能会导致伦理、监督、不平等及其他类似问题。然而，这些非政府的公共组织又是由公共管理者进行管理的，他们应当了解公共行政的精神，也应该具有公共行政的精神。这种对公共行政的描述无论从经验上，还是在概念上都是比较恰当的，并且它为我们讨论这样的问题——哪些公共活动由政府、准政府组织或者非政府组织承担会更好——留下了广阔的空间。

我们要提的第二个问题是公共行政的任务问题。我们应如何界定或描述公共行政的“行政”部分？ 226

在近代公共行政的发展初期，人们强调的重点是科学管理，并试图发展出一套行政的原则，关注的焦点是人事管理职能，特别是预算及人事。层级控制与协调等组织的概念也很重要。

从 20 世纪 50 年代开始，公共行政的学术研究的焦点开始向两个方向转变：一是转向决策科学；二是转向人际关系的理论与实践。到 20 世纪 70 年代，决策科学已经改变为理性选择的理论，这一理论从经济学中借用了大量的东西。几乎与此同时，公共行政研究强调的重点也从组织与管理转向政策分析与政策制定。

在此期间，公共行政的实践依然扎根于组织及管理的概念。至 20 世纪 70 年代，尽管进步主义的改革运动已经结束，然而，抨击官僚制，倡导人员精简的改革运动已经开始。随着人们开始转向政策执行，公共行政又慢慢地回到早期对管理及组织问题的研究。到 20 世纪 90 年代中期，我们看到公共行政的研究几乎完全回到了其早期的研究焦点，只是研究者使用的语言有所不同。让我们看一下当前流行的概念与术语：

- 公共行政之新原理（Hood and Jackson，1991）
- 组织设计科学
- 领导的重要性（DiIulio，1994；Behn，1991；Doig，1983）
- 制度是关键（March and Olsen，1995）
- 企业家型管理者（Osborne and Gaebler，1992）
- 国家绩效评估（1993；DiIulio，Garvey and Kettl，1993；Kettl，1994）
- 结果导向
- 使命驱动
- 全面质量管理（Cohen and Brand，1993）

总之，组织与管理问题又重新成为公共行政领域学者关注的中心议题。这或许是福音，因为与决策理论及理性选择的理念相比，这些方面更贴近具体的实际。

同时，我们也目睹了公共行政又重新回归到效率及经济的主题，人们认识到过多的法规、管制与繁文缛节阻碍效率及经济，因此主张一种简单的“良好”管理。公平与公正问题仍然是公共行政领域存在的问题。

上述情况表明了公共行政的第二条原理：

> 公共行政的任务在于高效、经济及公平地组织和管理所有具有公共性质的（包括政府、准政府及非政府的）机构。

尽管这一原理听起来相当传统，似乎不言而喻，但与其他大多数事业一样，当公共行政履行了职责时，它才处于最佳状态。这一原理非常宽泛，几乎可以涵盖所有的组织理论——从等级制到矩阵组织，再到充分授权的松散的小组制结构。该原理同样涵盖了所有的管理理论，从领导理论到人际关系理论。

我们可以大胆假定，公共机构、组织及制度的效能决定于现代公共行政的理论与实践，这便把我们引到另一个问题上，即公共行政的范围问题。

在进步主义的改革高潮时期，人们经常把公共行政视为政府的“第四部门”。如今，在经过近 20 年的反官僚主义、机构精简之后，这种提法就显得荒唐可笑。过去 20 多年的经验和教训告诉我们，在界定工作的范围时，我们应该小心谨慎。

冒着被人指责为政治—行政二分法翻版的危险，我们说，当公共行政强调政策执行、管理及公共组织的日常运作时，公共行政的作用才能得到充分的体现。当环
228 境要求我们必须介入政策的制定工作时，我们应该成为统治的一个部分。但是，在我们这样做的时候，我们必须承认，我们可能要冒脱离传统的公共行政的合法范围的风险。

让我们听听民选官员，特别是民选的行政首长的看法。他们认为是他们负责制

定政策，是他们行使统治权（可能有人问，公共行政官员是不是患有“政策嫉妒症”？答案是肯定的，不仅如此，还患有“统治嫉妒症”）。

在执行政策的过程中，公共管理者有责任确保该政策“高效”、“经济”及“公平”地实施。我们有责任本着乐善好施的爱国主义精神执行政策。这已经超出了政策制定者要依靠我们的专业知识制定政策这一问题的范围，因为政策的制定者要依靠我们的专业知识，所以，我们影响着政策。我们知道，我们并不是中立的，我们也不应该保持中立。为了履行行政机构的使命及确保美国政体的价值，我们应该成为职责（良好及公平的组织和管理）的、没有党派偏见的支持者。

当前，企业家精神的政策领导模式十分盛行，这种模式当然适用于州长、市长，甚至总统。当公共管理者从事企业家精神的领导时，他们应当对民选官员及政治任命的公务员之间的角色区别特别敏感。

公共行政的第三条原理如下：

> 公共行政的范围是执行公共政策，有效地组织与管理公共机构，不带任何党派偏私地支持公共机构，为了全体公民的利益而维护政体的价值。

在公共行政领域，我们一直在思考自由裁量权问题。公共行政领域的一些学者，包括洛伊（Lowi，1969）和格鲁伯（Gruber，1987），认为官僚的自由裁量权太大。另外一些学者如奥斯本和盖布勒（Osborne and Gaebler，1992）则用“授权”及“企业家精神”等概念，主张适当地扩大公共行政中的自由裁量权。公共行政的第三项原理对这种裁量权的扩张主义观点持谨慎态度。在实施公共政策中，我们所承担的服务相对于公民的责任是远远不够的。我们不应忘记，我们有责任信守直接选举民主政府的原则与实践，如果能够这样做，我们就要认可并支持民选官员制定法律与政策的权力。

如果把公共行政的任务与范围问题联系在一起，我们会遇到这样一个问题：最 229
好的管理（有些人可能会说是全面质量管理）能否克服有瑕疵的公共政策问题？尽管我们主张，在公共行政范围的界定上，我们要小心谨慎，但我们应坚持这样的观点，即单凭好的管理，我们不能解决前后矛盾和意图模糊的公共政策问题。这意味着，即使这种审慎的界定可能包含我们有责任告知、呼吁并坚持要求民选官员们勇敢地面对政策困境，而不是建议通过良好的管理使这些问题得到某种程度的改善。或许公共行政范围的一种界定应该建议我们持“大胆的审慎”的态度。（二者是否自相矛盾呢？不要紧，我们可以二者兼顾：遇到有瑕疵的政策时，我们须大胆；而在我们工作的范围问题上，我们则应审慎。）

在时下流行的公共行政理论中，我们经常发现“错误问题的问题”，它为政策问题提供管理上的解决方案。我们可以在“重塑政府运动”中发现某些“错误问题的问题”。

尽管有人会抵制我们的行为，但我们依然应当不断地向我们的政治领导者施加压力，以促使其选择好的政策。并且，我们还应当鼓励政治领导人为我们提供足够的资源，以有效地执行公共政策。这就是我们所说的“大胆审慎”的公共行政。

当我们不得不执行有瑕疵的公共政策时，我们必须努力强化政策中存在的积极的和正义的因素。同时，我们要尽力改善其弱点、其矛盾和过分的目标。我们必须努力使我们所执行的政策尽可能地公平、合理。如果政策与美国政体的价值或建国的文献相抵触，我们必须抵制、反对和拒绝执行。

在美国联邦体制下，层级问题不断出现。公共行政的实践一方面要平衡联邦政府的角色与职责，另一方面还要平衡联邦政府以下的各级政府的角色及职责。

230 然而，公共行政的学术研究长期以来只关注联邦政府。公共行政的研究与教育明显地偏向联邦政府。导致这种状况的部分原因在于，联邦政府如今已经介入到许多传统上属于州及地方事务的领域。当然还有另外一层原因——地位因素，人们一般认为研究联邦政府，撰写这方面的著述，为联邦政府提供咨询，或者在联邦政府任职是光荣的事。更多的学者想扬名全国，而不想在地方出名。

媒体大量报道联邦政府事务也是促使公众关注联邦政府的一个原因。结果，市民对遥远的联邦政府的了解远胜于对其身边的本地政府的了解。说点过分的话，美国人如今对联邦政府的了解越来越多，而对州政府层面（大学、高速路、健康护理）及地方政府层面（公共安全、学校、公共设施）的了解却日益减少，前者对我们的影响甚微，而后者对我们的影响更大。

公共行政，特别是在公共行政的研究领域，也是导致这一问题产生的原因之一。为了重新平衡我们的观点，这里提出公共行政的第四条原理：

> 公共行政，无论在学术研究方面，还是在实践领域，均应公平地把关注的焦点放在美国联邦体制下的联邦、州及地方政府层级上。

接下来，我们要涉及公共行政的变革问题。变革始终是公共管理者所面临的严峻挑战。公共组织的环境是动态的。我们经常会遇到这样的悖论：组织的环境瞬息万变，难以预料，而秩序和可预测性恰恰又是组织的本质所在。我们的组织一般倾向于秩序性、稳定性和可预测性——的确，它们一般是静止的和抗拒变革的。但我们必须要有回应变革的能力。

请看如下对组织及行政变革的概括：

231 （1）我们知道怎样做事，如果有充足的资源，我们能把事情做得很出色（La Porte and Thomas，1995；Landau ，1991）。其他的一些工作——例如，监狱和福利——被视作“不可能做好的工作”，即使最好的管理也只能产生有限的成绩（Hargrove and Glidewell，1990）。问题不在于如何做事，而在于决定应当做什么事。

（2）在公共行政的传统中，我们假定确立可行的目标并通过制度化途径实现目标是至关重要的。然而在充满挑战的、动荡的环境下，更合逻辑的方式是投身于符合实际的行动，这样，我们便能够理解并实现符合实际的目标。

（3）公共管理者曾经以为改革的挑战主要来自于是否妥善处理问题。在意识到妥善处理的问题并不必然保证正确之后，我们才认识到真正的挑战是使变革的程序制度化。问题的关键是围绕组织效能的评价标准来寻求共识。

（4）组织机构的兴衰都是变革的表现形式。政治领导人及公共管理者所面临的挑战在于要知道这样的兴衰在何时是有意义的。

（5）人们曾经认为，回应公民（消费者、管理的对象、顾客）的要求是培育广泛的参与（合作）及收集公民偏好信息的一项重要机制。但这经常会导致目标的置换及对变革的抵制。如今，我们意识到，回应意味着增强顾客（公民）利用组织满足其需要的能力。

当然，组织的静态特征与组织的动态环境完全和谐一致的情形是不可能出现的。但当代对变革的研究表明，如果我们遵循在本章所展示的逻辑，组织回应性的前景还是有望得到改善的。

这样，我们得出了公共行政的第五条原理：

> 我们应当以这种方式，即以增强变革的前瞻性、回应性及公民参与的方式，管理公共组织和机构。

目前人们强调公共行政的革新与创造性，这是一件很好的事情。扩大行政裁量权的范围与公民选择的机会，建立一种鼓励创造与敢于承担风险的组织文化，以及形成一种发散性创新的制度，都是有效的行政实践所要追求的目标。 *232*

然而，在把这种革新与创造性应用到我们的行政管理任务时，我们必须避免被政治操纵的危险。在两三轮人员精简之后，即使最具创新精神的行政官员也不能增进组织的绩效。简单地讲，任何革新都有其局限性。

公共行政的最后三条原理与责任、职责以及服务有关。现在，我们要从公共行政的任务、领域及层级问题转向公共行政中的伦理与道德问题。

公共管理者应向谁负责？向民选的行政首长负责？向宪法及法律负责？向民选议员及其下属负责？还是向职业的标准和伦理准则负责？答案当然是我们须向以上所有方面负责。但是，这样的答案是因问题而定的；它是一种必要的答案，而不是充分的答案。

一种比较宽泛而且更合适的回答是，公共管理者应该向公民负责。在一个民主的社会里，我们有责任权衡宪法、法律问题与政治问题，有责任作出能使我们很好地理解政策执行的决策。我们有责任建立一种为公民承担道德责任的机关（Morgan and Kass，1993；Wamsley and others，1990）。

许多人可能会说，这种层次的责任太模糊了。它的确比较抽象，不精确，但它却是我们的最终责任。我们也许不能了解公民全部的意见、态度、需求及偏好，但我们知道最终对人民负责的重要性。

也许有人会争辩说，我们只要遵循联邦及州宪法、法律及行政首长的命令就行了。如果再越雷池一步即会是在盗窃人民主权（Thompson，1975）。然而，在一个充满模糊、矛盾的法律，强调合作管理（Gilmour and Halley，1994）及权力分享的时代（Kettl，1993a），由公共管理者作出决策的空间是很大的。若没有一种对公

233 众的广泛的责任，我们会缺乏明确的指导原则。如果我们认为自己是为人民而工作，我们是代表性的公民或者公民的代表，那么，我们在工作中将不会失去方向。这种对公共行政精神的看法会使我们的工作更显崇高。

在现代公共行政的发展初期，公共行政学的创始人都是改革家，他们把公共行政的研究同公共组织管理中的公民精神及公民资格问题联系起来。这使公共行政成为一个独特的领域——公共行政并非仅仅是一件应该完成的工作。故而，要想重新发现公共行政的精神，我们必须重新发现公共行政与公民精神和公民资格的联系。

下面是公共行政的第六条原理：

> 在民主政治环境下，公共管理者最终应向公民负责。正是因为这种责任，我们的工作才显得崇高神圣。

细心的读者可能会发现，这一原理会产生另外一个问题，即应该向哪些公民负责，因为公民是各种各样的，其偏好和需求也不尽相同。长期以来，公共行政的研究忽视了这一问题，假定公共组织的管理是有效率的和经济的，那么它对任何人均是有效率的和经济的。尽管我们知道事实并非如此，但它还是被某些管理符号——如效率、经济、效能、效绩等——所掩盖。

依据当代公共行政的精神，我们负有使公共行政公平、公正及平等对待的责任。努力达致这些特质是民主政府，特别是在市场资本主义环境下的一项重要目标。无论是在政府组织，还是在第三部门中，在竞争性市场中维持机会均等及提供公共安全网络，均是公共管理者的职责所在。

公平与平等问题是民主政府，特别是分权制民主政府运作的中心。但这些问题并不仅仅属于立法者及民选行政首长关注的问题；他们可能要处理一些大的分配问
234 题和成本与收益问题，而公共管理者则要处理一些小的、涉及公平与平等的问题。这一责任为我们的工作带来了尊严和荣耀。然而，对于我们而言，如果仅依照效率、经济与效能原则，我们的言行可能会更舒服一些。依据公共行政的精神，我们还要坚持依据公平与平等的标准来管理公共事务。这无疑是我们工作伦理的一部分——我们工作的道德工具的一部分。

这样，我们就可得出公共行政的第七条原理：

> 无论在理论上还是实践上，公共行政对公平与平等的承诺，都应该与对效率、经济和效能的承诺同等重要。遵循公平与平等原则能够把我们时代的人民紧紧联系在一起，同时也使我们与未来一代的联系更加紧密。

最后，公共管理者的工作还要接受一种深层次的道德取向的指导。要想充分地体现公共行政的精神，我们必须真诚地关爱公民并与公民一道工作；我们必须关爱和相信我们的宪法与法律；我们既要对良好的管理充满激情，也要对正义充满激情。我们称之为“乐善好施”，它意味着一种对公民的广泛的和问心无愧的热爱。

同时，乐善好施也意味着一种服务于更大的公共利益、公平地照顾公民的需要的承诺。把学校的教师与其学生结合在一起，把警察与受害者结合在一起，把管制者与需要保护的公民结合在一起，这正是乐善好施的精神。

如果没有乐善好施，公共行政仅仅是一种政府的工作。如果有了乐善好施，公共行政便有了意义，远远超出了做件好事的范畴，我们所做的工作因此而显得尊贵。并非所有的乐善好施的公共行政均能得到人们的理解与欣赏，当公共行政官员处在一种对官僚制持强烈批评态度的氛围之下时，我们容易感到受排挤。在这种情况下，公共行政的精神受到削弱。然而，公共行政的乐善好施依然是构成我们领域的基石，是我们工作的支撑点。

第八条，也是最后一条原理如下：

> 公共行政的精神是建立在对所有公民的乐善好施的道德基础之上的。

总而言之，我们可以在下述的领域找到公共行政的精神：(1) 从广义的角度界定公共行政；(2) 把对公共组织与机构的高效、经济及公平的管理作为公共行政的任务；(3) 把公共行政的范围局限于高效、公平地执行公共政策，不带任何党派色彩地支持公共组织的使命；(4) 同等地关注联邦、州与地方政府的事务；(5) 管理公共组织，强化公共组织变革的能力和回应性；(6) 公平地及乐善好施地服务于公民。如果我们能够做到这些，现代公共行政就可以实现雅典护民官的抱负，我们的城市与国家将会变得更加美好。

参考文献

Aaron, H. J., Bosworth, B., and Burtless, G. T. *Can America Afford to Grow Old?* Washington, D. C.: Brookings Institution, 1989.

Allison, G. T. *Essence of Decision: Explaining the Cuban Missile Crisis.* Boston: Little, Brown, 1971.

Amy, D. J. "Why Policy Analysis and Ethics Are Incompatible." *Journal of Policy Analysis and Management*, 1984, 3, 573－591.

"Annual Survey of Education and Schooling." *Phi Delta Kappan*, Sept. 1992, 74 (1), 45.

Appleby, P. H. *Big Democracy.* New York: Knopf, 1945.

Arendt, H. *Eichmann in Jerusalem: A Report on the Banality of Evil.* New York: Viking Penguin, 1963.

Aristotle. *Nicomachean Ethics.* (M. Ostwald, ed. and trans.) New York: Bobbs-Merrill, 1962.

Aristotle. *Politics.* (C. Lord, trans.) Chicago: University of Chicago Press, 1984.

Arrow, K. *Social Choice and Justice.* Cambridge, Mass.: Belknap Press, 1983.

Baier, A. "The Rights of Past and Future Persons." In E. Partridge (ed.), *Responsibility to Future Generations.* Amherst, N. Y.: Prometheus, 1981.

Baldwin, N. J. "Public Versus Private Employees: Debunking Stereotypes." *Review of Public Personnel Administration*, 1991, 11, 1－27.

Barber, B. *Strong Democracy: Participatory Politics for a New Age.* Berkeley: University of California Press, 1986.

Barnard, C. I. *The Functions of the Executive*. Cambridge, Mass.: Harvard University Press, 1938.

Barns, N. *The Formation of American Local Governments: Private Values in Public Institutions*. New York: Oxford University Press, 1994.

Barrow, R. H. *The Romans*. New York: Penguin Books, 1949.

Barry, B. "Circumstances of Justice and Future Generations." In R. I. Sikora and B. Barry (eds.), *Obligations to Future Generations*. Philadelphia: Temple University Press, 1978.

Becker, C. *The Declaration of Independence*. (Rev. ed.) New York: Vintage Books, 1942.

Behn, R. D. *Leadership Counts: Lessons for Public Managers from the Massachusetts Welfare, Training, and Employment Program*. Cambridge, Mass.: Harvard University Press, 1991.

Bellah, R. N., and others. *Habits of the Heart: Individualism and Commitment in American Life*. Berkeley: University of California Press, 1985.

Bellanta, B., and Link, A. N. "Are Public Sector Workers More Risk Averse Than Private Sector Workers?" *Industrial and Labor Relations Review*, 1981, 34, 408-412.

Bensen, A. A., Ⅱ. "The Liability of Missouri Suburban School Districts for the Unconstitutional Segregation of Neighboring Urban School Districts." *University of Missouri at Kansas City Law Review*, 1985, 53 (3), 349-375.

Bentham, J. *The Principles of Morals and Legislation*. Riverside, N. J.: Hafner Press, 1948. (Originally published 1789.)

Berry, F. S., Chackerian, R., and Weschler, B. "Reinventing Government: Lessons from a State Capitol." Paper delivered at the Third National Public Management Research Conference, Lawrence, Kansas, October 1995.

Bertelsen, A. *October '43*. (M. Lindholm, trans.) New York: Putnam, 1954.

Beyer, W. C. "The Civil Service of the Ancient World." In J. W. Fesler (ed.), *American Public Administration: Patterns of the Past*. Washington, D. C.: American Society for Public Administration, 1982.

Bok, S. *Lying: Moral Choice in Public and Private Life*. New York: Vintage, 1978.

Bowman, J. L. (ed.). *Ethical Frontiers in Public Management: Seeking New Strategies for Resolving Ethical Dilemmas*. San Francisco: Jossey-Bass, 1991.

Bozeman, B. *All Organizations Are Public: Bridging Public and Private Organizational Theories*. San Francisco: Jossey-Bass, 1987.

Brown, D. B. *When Strangers Cooperate*. New York: Free Press, 1995.

Brown v. Topeka Board of Education,（I）3/4/47 U. S. 483，1954.

Bryson，G. *Man and Society*：*The Scottish Inquiry of the Eighteenth Century*. New York：Kelley，1968.（Originally published 1945.）

Bryson，J. M.，and Crosby，B. C. *Leadership for the Common Good*：*Tackling Public Problems in a Shared-Power World*. San Francisco：Jossey-Bass，1992.

Buchanan，J. M.，and Tullock，G. *The Calculus of Consent*：*Logical Foundations of Constitutional Democracy*. Ann Arbor：University of Michigan Press，1962.

Burke，J. P. *Bureaucratic Responsibility*. Baltimore，Md.：Johns Hopkins University Press，1986.

Burns，J. M. *The Deadlock of Democracy*. Englewood Cliffs，N. J.：Prentice Hall，1963.

Burns，N. *The Formation of American Local Governments*：*Private Values in Public Institutions*. New York：Oxford University Press，1994.

Callahan，D. "What Obligations Do We Have to Future Generations?" In E. Partridge (ed.)，*Responsibility to Future Generations*. Amherst，N. Y.：Prometheus，1981.

Carroll，J. D.，and Zuck，A. M. *The Study of Administration Revisited*. Washington，D. C.：American Society for Public Administration，1983.

Carroll，L. *Through the Looking Glass*：*What Alice Found There*. New York：Grosset & Dunlap，1960.（Originally published 1871.）

Chase-Dunn，C. K. *Global Formation*：*Structures of the World Economy*. Cambridge，Mass.：Basil Blackwell，1989.

Cicero. *Laws*.（C. W. Keyes，trans.）Cambridge，Mass.：Harvard University Press，Loeb Classical Library，1928.

City of Richmond v. J. A. Croson Company，109 S. Ct. 706，1989.

Cleveland，H. *The Future Executive*：*A Guide for Tomorrow's Managers*. New York：HarperCollins，1972.

Cohen，S.，and Brand，R. *Total Quality Management in Government*：*A Practical Guide for the Real World*. San Francisco：Jossey-Bass，1993.

Cooper，P. *Hard Judicial Choices*. New York：Oxford University Press，1992.

Cooper，T. L. *The Responsible Administrator*：*An Approach to Ethics for the Administrative Role*.（3rd ed.）San Francisco：Jossey-Bass，1990.

Cooper，T. L. *An Ethic of Citizenship for Public Administration*. Englewood Cliffs，N. J.：Prentice Hall，1991.

Cooper，T. L.，and Wright，N. D.（eds.）. *Exemplary Public Administrators*：*Character and Leadership in Government*. San Francisco：Jossey-Bass，1992.

Dahl，R. A. *A Preface to Democratic Theory*. Chicago：University of Chicago

Press, 1956.

Dalattre, E. "Rights, Responsibilities, and Future Persons." *Ethics*, Apr. 1972, 82, 254-258.

Dalton, R. J. *Citizen Politics in Western Democracies: Public Opinion and Political Parties in the United States, Great Britain, West Germany and France*. Chatham, N. J.: Chatham House, 1988.

Dawidowicz, L. S. *The War Against the Jews*: 1933 - 1945. Austin, Tex.: Holt, Rinehart & Winston, 1975.

DeGeorge, R. T. "The Environment, Rights and Future Generations." In K. E. Goodpaster and K. M. Sayer (eds.), *Ethics and Problems in the 21st Century*. Notre Dame, Ind.: University of Notre Dame Press, 1979.

Denhardt, K. G. *The Ethics of Public Service: Resolving Moral Dilemmas in Public Organizations*. Westport, Conn.: Greenwood Press, 1988.

Derr, T. S. "The Obligation to the Future." In E. Partridge (ed.), *Responsibility to Future Generations*. Amherst, N. Y.: Prometheus, 1981.

Derthick, M. "American Federalism: Madison's Middle Ground in the 1980's." *Public Administration Review*, Jan./Feb. 1987, 47, 66-74.

Dewey, J. *Individualism, Old and New*. New York: Minton, Balch, 1930.

Dewey, J. *The Public and Its Problems*. Chicago: Swallow Press, 1954.

DiIulio, J. J. "Principled Agents: The Cultural Bases of Behavior in a Federal Government Bureaucracy." *Journal of Public Administration Research and Theory*, 1994, 4, 277-320.

DiIulio, J. J., Garvey, G., and Kettl, D. F. *Improving Government Performance: An Owner's Manual*. Washington, D. C.: Brookings Institution, 1993.

"Dissatisfaction with Our Government." *The Public Perspective*, Mar./Apr. 1994, 5 (3), 88.

Doig, J. W. "To Claim the Seas and Skies: Austin Tobin and the Port of New York Authority." In J. W. Doig and E. C. Hargrove (eds.) *Leadership and Innovation: A Biographical Perspective on Entrepreneurs in Government*. Baltimore, Md.: Johns Hopkins University Press, 1983.

Dossa, S. "Hannah Arendt on Eichmann: The Public, the Private and Evil." *Review of Politics*, Apr. 1984, 46, 165-166.

Downs, A. *Inside Bureaucracy*. Boston: Little, Brown, 1967.

Downs, G. W., and Larkey, P. D. *The Search for Government Efficiency: From Hubris to Helplessness*. New York: Random House, 1986.

Dworkin, R. *A Matter of Principle*. Cambridge, Mass.: Harvard University Press, 1985.

Edelman, M. J. *Political Language: Words That Succeed and Policies That*

Fail. Orlando, Fla.: Academic Press, 1977.

Etzioni, A. *A Responsive Society: Collected Essays on Guiding Deliberate Social Change*. San Francisco: Jossey-Bass, 1991.

Evans, K. G., and Wamsley, G. L. "Where's the Institution? Neo-Institutionalism and Public Management." Paper delivered at the Third National Public Management Research Conference, Lawrence, Kans., Oct. 1995.

Finer, H. "Administrative Responsibility in Democratic Government." *Public Administration Review*, 1941, 14, 335-350.

Flathman, R. E. *The Public Interest: An Essay Concerning the Normative Discourse of Politics*. New York: Wiley, 1966.

Fleishman, J. "Self-Interest and Political Integrity." In J. Fleishman, L. Liebman, and M. H. Moore (eds.), *Public Duties: The Moral Obligations of Government Officials*. Cambridge, Mass.: Harvard University Press, 1981.

Flender, H. *Rescue in Denmark*. New York: Simon & Schuster, 1963.

Flower, E., and Murphey, M. G. *A History of Philosophy in America*. (Vol. 1.) New York: Putnam, 1977.

Frederickson, H. G. "Toward a New Public Administration." In F. Marini, *Toward a New Public Administration: The Minnowbrook Perspective*. Scranton, Pa.: Chandler, 1971.

Frederickson, H. G. (ed.). "Curriculum Essays on Citizens, Politics and Administration in Urban Neighborhoods." *Public Administration Review*, Oct. 1972, 32 (special issue), 565-738.

Frederickson, H. G. (ed.). "Symposium on Social Equity and Public Administration." *Public Administration Review*, Jan./Feb. 1974, 34 (1), 1-51.

Frederickson, H. G. *The New Public Administration*. Tuscaloosa: University of Alabama Press, 1980.

Frederickson, H. G. "The Recovery of Civism in Public Administration." *Public Administration Review*, Nov./Dec. 1982, 42 (6), 501-509.

Frederickson, H. G. "Citizenship, Social Equity, and Public Administration." In R. G. Denhardt and E. T. Jennings Jr. (eds.), Frederickson, H. G. "Public Administration and Social Equity." *Public Administration Review*, 1990, 50 (2), 228-237.

Frederickson, H. G. (ed.). *Ideal and Practice in Council-Manager Government*. (2nd ed.) Washington, D. C.: International City/County Management Association, 1995.

Frederickson, H. G., and Chandler, R. C. (eds.). "Citizenship and Public Administration." *Public Administration Review* (Special issue on citizenship and public administration), Mar, 1984, 44, 97-209.

French, P. A. *Ethics in Government*. Englewood Cliffs, N. J.: Prentice Hall, 1983.

Friedrich, G. J. "The Nature of Administrative Responsibility." *Public Policy*, 1940, 1, 3-24.

Fukuyama, F. *Trust: The Social Virtues and the Creation of Prosperity*. New York: Free Press, 1995.

Fullilove v. Klutznik, 448 U. S. 448, 1980.

Garvey, G. *Facing the Bureaucracy: Living and Dying in a Public Agency*. San Francisco: Jossey-Bass, 1993.

Gaus, J. "Trends in the Theory of Public Administration." *Public Administration Review*, 1950, 10, 161-168.

Gawthrop, L. C. "Civis, Civitas and Civilitas: A New Focus for the Year 2000." *Public Administration Review* (Special issue on citizenship and public administration, H. G. Frederickson and R. C. Chandler, eds.), Mar. 1984a, 44, 101-107.

Gawthrop, L. C. *Public Sector Management, Systems and Ethics*, Bloomington: Indiana University Press, 1984b.

Gilmour, R. S., and Halley, A. A. (eds.). *Who Makes Public Policy: The Struggle for Control Between Congress and the Executive*, Chatham, N. J.: Chatham House, 1994.

Gladden, E. N. *A History of Public Administration*. (Vol. 1.) London: Frank Cass, 1972.

Glazer, M. P., and Glazer, P. M. *The Whistleblowers: Exposing Corruption in Government and Industry*. New York: Basic Books, 1989.

Glendon, M. A. *Rights Talk: The Impoverishment of Political Discourse*. New York: Free Press, 1991.

Golding, M. P. "Obligations to Future Generations." In E. Partridge (ed.) *Responsibility to Future Generations*. Buffalo, NY: Prometheus Books, 1981, 61-72.

Goodsell, C. T. "Cross-Cultural Comparison of Behavior of Postal Clerks Toward Clients." *Administrative Science Quarterly*, Mar. 1976, 12, 140-150.

Goodsell, C. T. "Client Evaluation of Three Welfare Programs." *Administration and Society*, Aug. 1980, 12, 123-136.

Goodsell, C. T. *The Social Meaning of Civic Space*. Lawrence: University Press of Kansas, 1988.

Goodsell, C. T. *The Case for Bureaucracy: A Public Administration Polemic*. (3rd ed.) Chatham, N. J.: Chatham House, 1995.

Green, R. M. "Intergenerational Distributive Justice and Environmental Responsibility." In E. Partridge (ed.), *Responsibility to Future Generations*.

Amherst，N.Y.：Prometheus，1981.

Green v. School Board 391 U.S. 430，437－438，1968.

Griggs v. Duke Power Company，401 U.S. 424，1971.

Gruber，J.E. *Controlling Bureaucracies：Dilemmas in Democratic Governance*. Berkeley：University of California Press，1987.

Gusfield，J.R. *Symbolic Crusade：Status Politics and the American Temperance Movement*.（2nd ed.）Urbana：University of Illinois Press，1986.

Haar，C.M.，and Fessler，D. *Fairness and Justice：Law in the Service of Equality*. New York：Simon & Schuster，1986.

Hamilton，A.，Madison，J.，and Jay，J. *The Federalist Papers*，New York：New American Library，1961.

Hardin，G. *Promethean Ethics*，Seattle：University of Washington Press，1980.

Hargrove，E.C.，and Glidewell，J.C. *Impossible Jobs in Public Management*. Lawrence，Kans.：University Press of Kansas，1990.

Harmon，M.M. "'Decision' and 'Action' As Contrasting Perspectives in Organization Theory." *Public Administration Review*，1989，49（2），144－149.

Harmon，M.M.，and Mayer，R.T. *Organization Theory for Public Administration*，Boston：Little，Brown，1986.

Hart，D.K. "The Virtuous Citizen，the Honorable Bureaucrat and Public Administration." *Public Administration Review*（Special issue on citizenship and public administration，H.G. Frederickson and R.C. Chandler，eds.），Mar，1984，44，111－119.

Hart，D.K.，and Hart，D.W. "George G. Marshall and J. Edgar Hoover：Noblesse Oblige and Self-Serving Power." In T. L. Cooper and N.D. Wright（eds.），*Exemplary Public Administrators：Character and Leadership in Government*. San Francisco：Jossey-Bass，1992.

Hartle，T.W. "Sisyphus Revisited：Running the Government Like a Business." *Public Administration Review*，Mar./Apr. 1985，45，341－351.

Hartmann，N. "Love of the Remote." In E. Partridge（ed.），*Responsibility to Future Generations*. Amherst，N.Y.：Prometheus，1981.

Hartshorne，C. "The Ethics of Contributionism." In E. Partridge（ed.），*Responsibility to Future Generations*. Amherst，N.Y.：Prometheus，1981.

Hawkins v. Town of Shaw，303 F. Supp. 1162，1171，N.D. MISS. 1969.

Heclo，H. "Issue Networks and the Executive Establishment." In A. King（ed.），*The New American Political System*. Washington，D.C.：American Enterprise Institute，1978.

Hejka-Ekins，A. "Marie Ragghianti：Moral Courage in Exposing Corruption." In Cooper，T.L.，and Wright，N.D.（eds.），*Exemplary Public Administrators*：

Character and Leadership in Government. San Francisco: Jossey-Bass, 1992.

Henriques, D. B. *The Machinery of Greed: Public Authority Abuse and What to Do About It*. Lexington, Mass.: Lexington Books, 1986.

Hero, R. E. "The Urban Service Delivery Literature: Some Questions and Considerations." *Polity*, Summer 1986, 18, 659—677.

Hilberg, R. *The Destruction of the European Jews*. (Rev. ed.) Chicago: Quadrangle, 1967.

Hilberg, R. (ed.). *Documents of Destruction*. Chicago: Quadrangle, 1971.

Hirschman, A. O. *Shifting Involvements: Private Interest and Public Action*. Princeton, N. J.: Princeton University Press, 1982.

Hochschild, J. L. *What's Fair? American Beliefs About Distributive Justice*. Cambridge, Mass.: Harvard University Press, 1981.

Hoffer, E. *The True Believer*. New York: HarperCollins, 1951.

Holbrook, T. M., and Meier, K. J. "Bureaucracy and Political Corruption: Patterns in the American States." In H. G. Frederickson (ed.), *Ethics and Public Administration*. Armonk, N. Y.: Sharpe, 1993.

Hood, C., and Jackson, M. *Administrative Argument*. Brookfield, Vt.: Dartmouth, 1991.

Howard, P. K. *The Death of Common Sense: How the Law Is Suffocating America*. New York: Random House, 1995.

Howe, J. R., Jr. "A Virtuous People." In J. R. Howe (ed.), *The Changing Political Thought of John Adams*. Princeton, N. J.: Princeton University Press, 1966.

Hume, D. *Treatise on Human Nature*. New York: Oxford University Press, 1968. (Originally published 1739.)

Hume, D. "Of Goodness and Benevolence." *Enquiry Concerning the Principles of Morals*. (Sec. 11.) New York: Liberal Arts Press, 1957. (Originally published 1751.)

Ingraham, P. W., and Rosenbloom, D. H. "The New Public Personnel and the New Public Service," *Public Administration Review*, Mar./Apr. 1989. 49, 116—124.

Jefferson, T. *The Writings of Thomas Jefferson*. (Vol. 15, A. A. Lipscomb and A. E. Bergh, eds.) Washington, D. C.: Thomas Jefferson Memorial Association, 1905.

Jenkins v. State of Missouri, 593 F. Supp. 1485, W. D. MO, 1984.

Jenkins v. State of Missouri, 855 Fed. R. 8th Circuit 1297—1319, 1984.

Jennings, B. "Taking Ethics Seriously in Administrative Life: Constitutionalism, Ethical Reasoning and Moral Judgement." In J. S. Bowman (ed.), *Ethical*

Frontiers in Public Management: Seeking New Strategies for Resolving Ethical Dilemmas. San Francisco: Jossey-Bass, 1991.

Jensen, H. *Motivation and the Moral Sense in Francis Hutcheson's Ethical Theory*. The Hague: Martinus Nijhoff, 1971.

John, D. J., Kettl, D. F., Dyer, B., and Lovan, W. R. "What Will New Governance Mean for the Federal Government?" *Public Administration Review*, Mar./Apr. 1994, 54 (2), 170-175.

Johnson, R. A., and Kraft, M. E. "Bureaucratic Whistleblowing and Policy Change." *The Western Political Quarterly*, Dec, 1990, 43 (4), 849-874.

Jonas, H. "Technology and Responsibility: The Ethics of an Endangered Future." In E. Partridge (ed.), *Responsibility to Future Generations*. Amherst, N. Y.: Prometheus, 1981.

Jones, B. D., Greenberg, S. R., Kaufman, C., and Drew, J. "Service Delivery Rules and the Distribution of Local Government Services: Three Detroit Bureaucracies." *Journal of Politics*, 1978, 40, 333-368.

Jos, P. H., Tompkins, M. E., and Hays, S. W. "In Praise of Difficult People: A Portrait of the Committed Whistleblower." *Public Administration Review*, 1989, 49, 552-561.

Kammen, M. *People of Paradox: An Inquiry Concerning the Origins of American Civilization*. New York: Knopf, 1972.

Katz, D., Gutek, B. A., Kahn, R. L., and Barton, E. *Bureaucratic Encounter: A Pilot Study of the Evaluation of Government Services*. Ann Arbor: Survey Research Center, Institute for Social Research, University of Michigan, 1975.

Kaufman, H. *Time, Chance, and Organization: National Selection in a Perilous Environment*. Chatham, N. J.: Chatham House, 1985.

Kavka, G. "The Futurity Problem." In E. Partridge (ed.), *Responsibility to Future Generations*. Amherst, N. Y.: Prometheus, 1981.

Kelman, S. *Making Public Policy: A Hopeful View of American Government*. New York: Basic Books, 1987.

Kemmis, D. *Community and the Politics of Place*. Norman: University of Oklahoma Press, 1990.

Kennedy, P. M. *Preparing for the Twenty-First Century*. New York: Random House, 1993.

Kettl, D. F. "Public Administration: The State of the Discipline." In A. W. Finifter (ed.), *Political Science: The State of the Discipline* Ⅱ. Washington, D. C.: American Political Science Association, 1993a.

Kettl, D. F. *Sharing Power: Public Governance and Private Markets*. Washington, D. C.: Brookings Institution, 1993b.

Kettl, D. F. *Reinventing Government? Appraising the National Performance Review*. Washington, D. C.: Brookings Institution, 1994.

Kingdon, J. W. *Agendas, Alternatives and Public Policies*. (2nd ed.) New York: HarperCollins, 1995.

Koch, A. *The Philosophy of Thomas Jefferson*. Gloucester, Mass.: Peter Smith, 1957. (Originally published 1943.)

Koch, A. "Liberty." In *Madison's "Advice to My Country."* Princeton, N. J.: Princeton University Press, 1966.

Koestler, A. "Beyond Holism and Atomism—The Concept of the Helon." In A. Koestler and J. R. Smythies (eds.), *Beyond Reductionism*. Boston: Beacon Press, 1971.

Kohlberg, L. *The Meaning and Measurement of Moral Development*. Worcester, Mass.: Clark University Press, 1980.

Kotlikoff, L. J. *Intergenerational Accounting*. New York: Free Press, 1991.

Krislov, S. *Representative Bureaucracy*. Englewood Cliffs, N. J.: Prentice Hall, 1974.

La Porte, T. R., and Thomas, C. W. "Regulatory Compliance and the Ethos of Quality Enhancement: Surprises in Nuclear Power Plant Operations." *Journal of Public Administration Research and Theory*, 1995, 5, 111-139.

Lan, Z., and Rosenbloom, D. "Public Administration in Transition." *Public Administration Review*, 1992, 52 (6), 535-539.

Landau, M. "Multiorganizational Systems in Public Administration." *Journal of Public Administration Research and Theory*, Jan, 1991, 1 (1), 5-18.

Lasch, C. *The Culture of Narcissism: American Life in an Age of Diminishing Expectations*. New York: Norton, 1978.

Lasch, C. *The True and Only Heaven: Progress and Its Critics*. New York: Norton, 1990.

Lasch, C. *The Revolt of the Elites: And the Betrayal of Democracy*. New York: Norton, 1995.

Lehane, R. *The Quest for Justice: The Politics of School Finance Reform*. White Plains, N. Y.: Longman, 1978.

Lerner, N. W., and Wanat, J. "Fuzziness and Bureaucracy." *Public Administration Review*, 1983, 47, 500-509.

Levy, F. *Dollars and Dreams: The Changing American Income Distribution*. New York: Russell Sage Foundation, 1987.

Lewis, C. W. *The Ethics Challenge in Public Service: A Problem-Solving Guide*. San Francisco: Jossey-Bass, 1991.

Leys, W. A. R. *Ethics for Policy Decisions*. New York: Prentice Hall, 1952.

Liddell v. State of Missouri, 731 F. 2D 1294, 1323, 8 Cir., 1984.

Light, P. C. "Federal Ethics Controls: The Role of Inspectors General." In H. G. Frederickson (ed.), *Ethics and Public Administration*. Armonk, N. Y.: Sharpe, 1993a.

Light, P. C. *Monitoring Government: Inspectors General and the Search for Accountability*. Washington, D. C.: Brookings Institution, 1993b.

Lilla, M. "Ethos, 'Ethics,' and Public Service." *Public Interest*, 1981, 63, 317.

Lindblom, C. E. "The Science of Muddling Through." *Public Administration Review*, 1959, 19, 79-88.

Lindblom, C. E. *The Intelligence of Democracy: Decision Making Through Mutual Adjustment*. New York: Free Press, 1965.

Lineberry, R. L. *Equality and Urban Policy: The Distribution of Urban Public Services*. Thousand Oaks, Calif.: Sage, 1977.

Link, A. S. *The Higher Realism of Woodrow Wilson, and Other Essays*. Nashville, Tenn.: Vanderbilt University Press, 1971.

Lippmann, W. *Essays in the Public Philosophy*. Boston: Little, Brown, 1955.

Lipset, S. M., and Schneider, W. *The Confidence Gap: Business, Labor and Government in the Public Mind*. New York: Free Press, 1983.

Lipsky, M. *Street-Level Bureaucracy*. New York: Russell Sage Foundation, 1980.

Lipsky, M. "Advocacy and Alienation in Street-Level Work." In C. T. Goodsell (ed.), *The Public Encounter: Where State and Citizen meet*. Bloomington: Indiana University Press, 1981.

Locke, J. *Two Treatises of Government*. (2nd Treatise, sect. 4, P. Laslett, ed.) New York: NAL/Dutton, 1965. (Originally published 1690.)

Long, N. E. "Power and Administration." *Public Administration Review*, Autumn 1949, 9, 257-264.

Long, N. E. "Bureaucracy and Constitutionalism." *American Political Science Review*, 1952, 46 (3), 808-818.

Louis, M. R. "Organizations As Culture-Bearing Milieux." In L. R. Pondy and others (eds.), *Organizational Symbolism*. Greenwich, Conn.: JAI Press, 1983.

Lovejoy, A. O. *Reflections on Human Nature*. Baltimore, Md.: Johns Hopkins University Press, 1961.

Lowi, T. J. *The End of Liberalism: Ideology, Policy and the Crisis of Public Authority*. New York: Norton, 1969.

Lynn, L. E. *Managing Public Policy*. Boston: Little, Brown, 1987.

Lynn, L. E. "Assume a Network: Reforming Mental Health Services in Illinois." *Journal of Public Administration Research and Theory*. Apr. 1996, 6 (2),

297－314.

Maas, P. *Marie: A True Story*. New York: Random House, 1980.

Mainzer, L. C. "Honor in the Bureaucratic Life." *Review of Politics*, Jan. 1964, 26, p. 71.

Malek, K. "Public Attitudes Toward Corruption: Twenty-five Years of Research." In H. G. Frederickson (ed.), *Ethics and Public Administration*. Armonk, N. Y.: Sharpe, 1993.

March, J. G., and Olsen, J. P. *Democratic Governance*. New York: Free Press, 1995.

March, J. G., and Simon, H. A. *Organizations*. New York: Wiley, 1958.

Marini, F. *Toward a New Public Administration: The Minnowbrook Perpective*. Scranton, Pa.: Chandler, 1971.

Marone, J. A. *The Democratic Wish: Popular Participation and the Limits of American Government*. New York: Basic Books, 1990.

Mathews, D. "The Public in Theory and Practice." *Public Administration Review* (Special issue on citizenship and public administration, H. G. Frederickson and R. C. Chandler, eds.), Mar. 1984, 44, 122－123.

Mathews, D. *Politics for People: Finding a Responsible Public Voice*. Urbana: University of Illinois Press, 1994.

McCloskey, R. G. (ed.). *The Works of James Wilson*. (Vol. 1.) Cambridge, Mass.: Harvard University Press, 1967.

McDowell, G. L. *Equity and the Constitution*. Chicago: University of Chicago Press, 1982.

McGregor, D. *The Human Side of Enterprise*. New York: McGraw-Hill, 1960.

McKerlie, D. "Equality and Time." *Ethics*, Apr. 1989. 99 (3), 475－491.

Meier, K. J. *Regulation: Politics, Bureaucracy, and Economics*. New York: St. Martin's, Press. 1985.

Meltsner, A. *Policy Analysis in the Bureaucracy*. Berkeley: University of California Press, 1979.

Menzel, D. C. "The Ethics Factor in Local Government: An Empirical Analysis." In H. G. Frederickson (ed.), *Ethics and Public Administration*, Armonk, N. Y.: Sharpe, 1993.

Milliken v. Bradley, 418 U. S. 717, 1974.

Milward, H. B., and Provan, K. G. "The Hollow State: Provision of Public Services." In H. Ingram and S. R. Smith (eds.), *Public Policy for Democracy*. Washington, D. C.: Brookings Institution, 1994.

Milward, H. B., Provan, K. G., and Else, B. "What Does the Hollow State Look Like?" In B. Bozeman (ed.), *Public Management: The State of the*

Art. San Francisco：Jossey-Bass，1993.

Missouri v. Jenkins，115 S. Ct. 2573，June 14，1995.

Mladenka，K. R. "Organizational Rules，Service Equality，and Distributional Decisions in Urban Politics." *Social Science Quarterly*，1978，59，192－201.

Mladenka，K. R. "Responsible Performance by Public Officials." In C. T. Goodsell（ed.），*The Public Encounter*：*When States and Citizens Meet*. Bloomington：Indiana University Press，1981.

Moe，T. M. "Regulatory Performance and Presidential Administration." *American Journal of Political Science*，1982，26，197－224.

Morgan，D.，and Kass，H. D. "The American Odyssey of the Career in Public Service：The Ethical Crises of Role Reversal." In H. G. Frederickson（ed.），*Ethics and Public Administration*. Armonk，N. Y.：Sharpe，1993.

Mosher，F. C. *Democracy and the Public Service*.（2nd ed.）New York：Oxford University Press，1982.

Murchland，B. "Thinking About the Public." *Kettering Review*，Winter 1984，11－17.

Nalbandian，J. "The U. S. Supreme Court's 'Consensus' on Affirmative Action." *Public Administration Review*，Jan./Feb. 1989. 49（1），38－45.

Nalbandian，J.，and Edwards，J. T. "The Values of Public Administration：A Comparison with Lawyers，Social Workers and Business Administrators." *A Review of Public Personnel Administration*，1983，4，114－129.

Nathan，R. P. *The Administrative Presidency*. New York：Wiley，1983.

National performance Review（Vice President Albert Gore）. *From Red Tape to Results*：*Creating a Government That Works Better and Costs Less*. Washington，D. C.：U. S. Government Printing Office，1993.

Neustadt，R. E. *Presidential Power*. New York：Wiley，1960.

Neustadt，R. E.，and May，E. R. *Thinking in Time*：*The Uses of History for Decision Makers*. New York：Free Press，1986.

New York Times. Jan. 24，1989. pp. 1，12.

Newland，C. A. *Public Administration and Community*：*Realism in the Practice of Ideals*. McLean，Va.：Public Administration Service，1984.

Newland，C. A. "Public Executives：Imperium，Sacerdotium，Colloquium? Bicentennial Leadership Challenges." *Public Administration Review*，1987，47，45－56.

Niskanen，W. A. *Bureaucracy and Representative Government*. Hawthorne，N. Y.：Aldine de Gruyter，1971.

Osborne，D.，and Gaebler，T. *Reinventing Government*. Reading，Mass.：Addison-Wesley，1992.

Ostrom, V. *The Intellectual Crisis in American Public Administration*. University: University of Alabama Press, 1973.

Overman, E. S., and Foss, L. "Professional Ethics: An Empirical Test of the 'Separatist Thesis.'" In H. G. Frederickson (ed.), *Ethics and Public Administration*. Armonk, N. Y.: Sharpe, 1993.

Page, B. *Who Gets What From Government*. Berkeley: University of California Press, 1983.

Palmer, P. J. *The Company of Strangers*. New York: Crossroads, 1981.

Parfit, D. *Reason and Persons*. Oxford, England: Clarendon Press, 1984.

Parrington, V. L. *Main Currents in American Thought: The Colonial Mind* — 1620–1800. (Vol. 1.) Orlando, Fla.: Harcourt Brace Jovanovich, 1927.

Partridge, E. "Who Cares About the Future." In E. Partridge (ed.), *Responsibility to Future Generations*. Amherst, N. Y.: Prometheus, 1981.

Pasztor, A. *When the Pentagon Was for Sale: Inside America's Biggest Defense Scandal*, New York: Scribner, 1995.

Perry, J. L. "Whistleblowing, Organizational Performance, and Organizational Control." In H. G. Frederickson (ed.), *Ethics and Public Administration*. Armonk, N. Y.: Sharpe, 1993.

Peters, B. G., and Savoie, D. J. (eds.). *Governance in a Changing Environment*. Montreal: McGill-Queens University Press, 1995.

Pfiffner, J. P. "Political Public Administration." *Public Administration Review*, Mar. /Apr, 1985, 45, 352–356.

Plato. *The Laws*. (T. J. Saunders, trans.) New York: Penguin Books, 1970.

Plato. *The Republic*. (G. M. A. Grube, trans.) Indianapolis: Hackett, 1974.

Plessy v. Ferguson, 163 U. S. 537, 1896.

Plutarch. *The Lives of the Noble Grecians and Romans*. (J. Dryden trans.) New York: Modern Library, 1951.

"Present Critique of Government." *The Public Perspective*, Mar. /Apr. 1993, 4 (3), 89.

Pressman, J. L., and Wildavsky, A. *Implementation: How Great Expectations in Washington Are Dashed in Oakland: Or, Why It's Amazing That Federal Programs Work at All, This Being a Saga of the Economic Development Administration As Told by Two Sympathetic Observers Who Seek to Build Morals on a Foundation of Ruined Hope*. (3rd ed.) Berkeley: University of California Press, 1984.

Pryer, C. *The Debt Trap: The IMF and the Third World*. New York: Monthly Review Press, 1975.

Putnam, R. D., Leonardi, R., and Nanetti, R. Y. *Making Democracy Work*:

Civic Traditions in Modern Italy. Princeton, N. J.: Princeton University Press, 1993.

Pye, L. W. "The Myth of the State: The Reality of Authority." In R. K. Arora (ed.), *Politics and Administration in Changing Societies: Essays in Honor of Professor Fred W. Riggs*. New Delhi: Associated Publishing House, 1992.

Rae, D., and Associates. *Equalities*. Cambridge, Mass.: Harvard University Press, 1981.

Rawls, J. *A Theory of Justice*. Cambridge, Mass: Belknap Press, 1971.

Redford, E. S. *Democracy in the Administrative State*. New York: Oxford University Press, 1981.

Rest, J. *Moral Development: Advances in Research and Theory*. New York: Praeger, 1986.

Roberts, T. A. *The Concept of Benevolence: Aspects of Eighteenth Century Moral Philosophy*. Old Tappan. N. J.: Macmillan, 1973.

Rohr, J. A. *To Run a Constitution: The Legitimacy of the Administrative State*. Lawrence, Kans.: University Press of Kansas, 1986.

Rohr, J. A. *Ethics for Bureaucrats: An Essay on Law and Virtue*. (2nd ed.) New York: Dekker, 1989.

Romzek, B. S., and Dubnick, M. J. "Accountability in the Public Sector: Lessons from the Challenger Tragedy." *Public Administration Review*, May-June 1987, 47, 227-238.

Rosenau, J. N., and Czempiel, E. *Governance Without Government: Order and Change in World Politics*. New York: Cambridge University Press, 1992.

Rosenbloom, D. H. *Public Administration and Law: Bench v. Bureau in the United States*. New York: Dekker, 1983.

Rourke, F. E. *Bureaucracy, Politics and Public Policy*. Boston: Little, Brown, 1984.

Rourke, F. E. "Bureaucracy in the American Constitutional Order." *Political Science Quarterly*, 1987, 102, 217-232.

Salamon, L. M. *Beyond Privatization: The Tools of Government Action*. Washington, D. C.: Urban Institute Press, 1989.

Scharr, J. "Some Ways of Thinking About Equality." *Journal of Politics*, 1964, 26, 867-895.

Scharr, J. "Equality of Opportunity and Beyond," in Rowland Pennock and John W. Chapman, (eds.) *NOMOSIX: Equality*. New York: Atherton, 1967, 226-252.

Schervish, P. G., Hodgkinson, V. A., and Gates, M. *Care and Community in Modern Society: Passing on the Tradition of Service to Future Generations*. San Francisco, Jossey-Bass, 1995.

Schlesinger, A. M. *The Cycles of American History*. Boston: Houghton Mifflin, 1986.

Schubert, G. A. *The Public Interest: A Critique of the Theory of the Political Concept*. New York: Free Press, 1960.

Schultze, C. *The Public Use of Private Interest*. Washington, D. C.: Brookings Institution, 1976.

Scott, W. G. "Barnard on the Nature of Elitist Responsibility." *Public Administration Review*, May/June 1982, 42, 197-201.

Seidman, H., and Gilmour, R. *Politics, Position and Power: From the Positive to the Regulatory State*. (4th ed.) New York: Oxford University Press, 1986.

Selznick, P. *Leadership and Administration*. New York: Harper Collins, 1957.

Sennett, R. *The Fall of Public Man*. New York: Knopf, 1977.

Serrano et al. v. Ivy Baker Priest, 5 Cal. 3d 584, 1978.

Shapiro, M. A. "The Presidency and the Federal Courts." In Arnold J. Meltsner (ed.), *Politics and the Oval Office*. San Francisco: Institute for Contemporary Studies, 1981.

Simon, H. A. *Administrative Behavior: A Study of Decision-Making Processes in Administrative Organizations*. New York: Free Press, 1947.

Simon, H. A. *The New Science of Management Decision*. New York: HarperCollins, 1960.

Skowronek, S. *Building a New American State*. Cambridge, England: Cambridge University Press, 1982.

Smirich, L. "Organizations as Shared Meanings." In L. R. Pondy and others (eds.), *Organizational Symbolism*. Greenwich, Conn.: JAI Press, 1983.

Smith, A. *The Theory of Moral Sentiments*. (D. D. Raphael and A. L. Macfie, eds.) Indianapolis: Liberty Classics, 1982.

Smith, S. R., and Lipsky, M. *Nonprofits for Hire: The Welfare State in the Age of Contracting*. Cambridge, Mass: Harvard University Press, 1993.

Smith, T. A. *Time and Public Policy*. Knoxville: University of Tennessee Press, 1988.

Speer, A. *Inside the Third Reich: Memoirs*. (R. Winston and C. Winston, trans.) Old Tappan, N. J.: Macmillan, 1970.

Stark, A. "Public-Sector Conflict of Interest at the Federal Level in Canada and the U. S.: Differences in Understandings and Approach." In H. G. Frederickson (ed). *Ethics and Public Administration*. Armonk, N. Y.: Sharpe, 1993.

Statistical Abstracts. Washington, D. C.: U. S. Government Printing Office, 1993.

Stewart, D. W., and Sprinthall, N. A. "The Impact of Demographic, Professional and Organizational Variables and Domain on the Moral Reasoning of Public

Administrators." In H. G. Frederickson (ed.), *Ethics and Public Administration*. *Armonk*, N. Y.: Sharpe, 1993.

Stiefel, L., and Berne, R. "The Equity Effects of State School Finance Reform: A Methodological Critique and New Evidence." *Policy Sciences*, 1981, 13 (1), 75-98.

Stillman, R. J. *Preface to Public Administration: A Search for Theories and Directions*. New York: St. Martin's Press, 1990.

Strange, S. *States and Markets*. London: Pinter, 1988.

Strauss, L., and Cropsey, J. (eds.). *History of Political Philosophy*. Chicago: University of Chicago Press, 1987.

Strauss, W., and Howe, N. *Generations: The History of America's Future*, 1584-2069. New York: Morrow, 1991.

Sullivan, W. M. *Reconstructing Public Philosophy*. Berkeley: University of California Press, 1982.

Swann v. Charlotte-Mecklenburg Board of Education 402 U. S. 1, 1971.

Tamashiro, H., Secrest, D., and Brunk, G. "Ethical Attitudes of Members of Congress and American Military Officers Toward War." In H. G. Frederickson (ed.), *Ethics and Public Administration*. Armonk, N. Y.: Sharpe, 1993.

Thompson, D. *Political Ethics and Public Office*. Cambridge, Mass.: Harvard University Press, 1987.

Thompson, J. D. *Organizations in Actions*. New York: McGraw-Hill, 1967.

Thompson, V. A. *Without Sympathy or Enthusiasm: The Problem of Administrative Compassion*. University: University of Alabama Press, 1975.

Time. (Several stories on cover topic of corruption in the Reagan administration.) May 25, 1987, pp. 14-29.

Tocqueville, A. de. *Democracy in America*. (Part 1.) New Rochelle, N. Y.: Arlington House, 1970. (Originally published 1835.)

Tocqueville, A. de. "Alexis de Tocqueville to Louis de Kergorlay, January 1835." In R. Boesche (ed.), *Alexis de Tocqueville: Selected Letters on Politics and Society*. Berkeley: University of California Press, 1985.

Tong, R. *Ethics in Policy Analysis*. Englewood Cliffs, N. J.: Prentice Hall, 1986.

Truman, D. B. *The Governmental Process*. New York: Knopf, 1957.

Tuchman, B. W. *The March of Folly: From Troy to Vietnam*. New York: Ballantine, 1984.

Tucker, R. C. *Politics as Leadership*. Columbia: University of Missouri Press, 1983.

Tyler, T. R. *Why People Obey the Law*. New Haven, Conn.: Yale University Press, 1990.

U. S. House of Representatives. Committee on Government Operations, Abuse and Mismanagement at HUD, 101st Congress, 1st Session. Washington, D. C.: U. S. Government Printing Office, 1990.

University of California Regents v. Bakke, 438 U. S. 265, 1978.

Ventriss, C. "The Current Dilemmas of Public Administration: A Commentary." *Dialogue*, Summer 1984, 6 (4), 3-11.

Waldo, D. *The Administrative State*. Somerset, N. J.: Ronald Press, 1949.

Waldo, D. *The Enterprise of Public Administration: A Summary View*. Novato, Calif.: Chandler and Sharp, 1980.

Waldo, D. "A Theory of Public Administration Means in Our Time a Theory of Politics Also." In N. B. Lynn and A. Wildavsky (eds.), *Public Administration: The State of the Discipline*. Chatham, N. J.: Chatham House, 1990.

Walster, E., and Walster, G. W. "Equity and Social Justice." *Journal of Social Issues*, 1975, 31 (3), 2-43.

Walzer, M. *Spheres of Justice: A Defense of Pluralism and Equality*. New York: Basic Books, 1983.

Wamsley, G., and others. *Refounding Public Administration*. Thousand Oaks, Calif.: Sage, 1990.

Warren, M. A. "Do Potential Persons Have Rights?" In E. Partridge (ed.), *Responsibility to Future Generations*. Amherst, N. Y.: Prometheus, 1981.

Weingast, B. R., and Moran, M. J. "Bureaucracy, Discretionary Congressional Control? Regulatory Policy Making by the Federal Trade Commission." *Journal of Political Economy*, 1983, 91, 756-800.

Welfeld, I. H. *The HUD Scandals: Howling Headlines and Silent Fiascos*. New Brunswick. N. J.: Transaction, 1992.

White, L. D. *The Jeffersonians: A Study in Administrative History*, 1801-1929. New York: Free Press, 1951.

White, M. *The Philosophy of the American Revolution*. New York: Oxford University Press, 1978.

White, O. "The Citizen of the 1980's." In C. T. Goodsell (ed.), *The Public Encounter: Where State and Citizen Meet*. Bloomington: Indiana University Press, 1981.

Whitehead, B. D. "Dan Quayle was Right." *The Atlantic Monthly*, Apr. 1993. 271 (4), 47-84.

Wildavsky, A. "Ubiquitous Anomie: Public Service in an Era of Ideological Dissensus." *Public Administration Review*, 1988, 48 (4), 753-755.

Wilensky, P. "Efficiency or Equity: Competing Values in Administrative Reform." *Policy Studies Journal*, 1981, 9, 1239-1249.

Will, G. F. *Statecraft as Soulcraft*: *What Government Does*. New York: Simon & Schuster, 1983.

Willbern, Y. "Is the New Public Administration Still with Us?" *Public Administration Review*, July-Aug. 1973, 33 (4), 376.

Willbern, Y. "Types and Levels of Public Morality." *Public Administration Review*, 1984, 44 (2), 102–108.

Wills, G. *Inventing America*. New York: Doubleday, 1978.

Wilson, J. Q. *Bureaucracy*: *What Government Agencies Do and Why They Do It*. New York: Basic Books. 1989.

Wilson, J. Q. "The Moral Sense." *American Political Science Review*, 1993, 83 (1), 1–10.

Wilson, W. "The Study of Administration." *Political Science Quarterly*, Dec. 1941, 56 (2), 197–222. (Originally published 1887.)

Wilson, W. J. *The Truly Disadvantaged*: *The Inner City*, *the Underclass and Public Policy*. Chicago: The University of Chicago Press, 1987.

Wood, B. D., and Waterman, R. W. "The Dynamics of Political Control over the Bureaucracy." *American Political Science Review*, 1991, 85, 801–828.

World Commission on Environment and Development. *Our Common Future*. New York: Oxford University Press, 1987.

Yahil, L. *The Rescue of Danish Jewry*. (M. Gradel, trans.) Philadelphia: Jewish Publication Society of America, 1969.

Yates, D. *Bureaucratic Democracy*: *The Search For Democracy and Efficiency in American Government*. Cambridge, Mass.: Harvard University Press, 1982.

人名索引①

① 人名后数字为原书页码；“[ ]”+n+数字表示见第几章的第几个注释。

C

D

E

F

N

O

P

R

Y

Z

主题索引

A

B

C

H

I

J

K

L

M

R

T

人大版公共管理类翻译（影印）图书

公共行政与公共管理经典译丛

书名	著译者	定价
公共管理名著精华："公共行政与公共管理经典译丛"导读	吴爱明　刘晶　主编	49.80 元

经典教材系列

书名	著译者	定价
公共管理导论（第三版）	［澳］欧文·E·休斯　著 张成福 等　译	39.00 元
政治学（第三版）	［英］安德鲁·海伍德　著 张立鹏　译	49.80 元
公共政策分析导论（第四版）	［美］威廉·N·邓恩　著 谢明 等　译	49.00 元
公共政策制定（第五版）	［美］詹姆斯·E·安德森　著 谢明 等　译	46.00 元
公共行政学：管理、政治和法律的途径（第五版）	［美］戴维·H·罗森布鲁姆 等　著 张成福 等　译校	58.00 元
比较公共行政（第六版）	［美］费勒尔·海迪　著 刘俊生　译校	49.80 元
公共部门人力资源管理：系统与战略（第四版）	［美］唐纳德·E·克林纳 等　著 孙柏瑛 等　译	49.80 元
公共部门人力资源管理（第二版）	［美］埃文·M·伯曼 等　著 萧鸣政 等　译	49.00 元
行政伦理学：实现行政责任的途径（第五版）	［美］特里·L·库珀　著 张秀琴　译　音正权　校	35.00 元
民治政府——美国政府与政治（第二十版）	［美］詹姆斯·麦格雷戈·伯恩斯 等　著 吴爱明 等　译	69.80 元
比较政府与政治导论（第五版）	［英］罗德·黑格　马丁·哈罗普　著 张小劲 等　译	48.00 元
公共组织理论（第五版）	［美］罗伯特·B·登哈特　著 扶松茂　丁力　译　竺乾威　校	32.00 元
公共组织行为学	［美］罗伯特·B·登哈特 等　著 赵丽江　译	49.80 元
组织领导学（第五版）	［美］加里·尤克尔　著 陶文昭　译	49.80 元
公共关系：职业与实践（第四版）	［美］奥蒂斯·巴斯金 等　著 孔祥军 等　译　郭惠民　审校	68.00 元
公用事业管理：面对 21 世纪的挑战	［美］戴维·E·麦克纳博　著 常健 等　译	39.00 元
公共预算中的政治：收入与支出，借贷与平衡（第四版）	［美］爱伦·鲁宾　著 叶娟丽　马骏 等　译	39.00 元
公共行政学新论：行政过程的政治（第二版）	［美］詹姆斯·W·费斯勒 等　著 陈振明 等　译校	58.00 元
公共和第三部门组织的战略管理：领导手册	［美］保罗·C·纳特 等　著 陈振明 等　译校	43.00 元
公共行政与公共事务（第十版）	［美］尼古拉斯·亨利　著 孙迎春　译	52.00 元
公共管理案例教学指南	［美］小劳伦斯·E·列恩　著 郄少健 等　译　张成福 等　校	26.00 元

书名	著译者	定价
公共管理中的应用统计学（第五版）	［美］肯尼思·J·迈耶 等 著 李静萍 等 译	49.00元
现代城市规划（第五版）	［美］约翰·M·利维 著 张景秋 等 译	39.00元
非营利组织管理	［美］詹姆斯·P·盖拉特 著 邓国胜 等 译	38.00元
非营利组织战略营销（第五版）	［美］菲利普·科特勒 等 著 孟延春 等 译	58.00元
公共财政管理：分析与应用（第六版）	［美］约翰·L·米克塞尔 著 白彦锋 马蔡琛 译 高培勇 等 校	69.90元
企业与社会：公司战略、公共政策与伦理（第十版）	［美］詹姆斯·E·波斯特 等 著 张志强 等 译	59.80元
公共行政学：概念与案例（第七版）	［美］理查德·J·斯蒂尔曼二世 编著 竺乾威 等 译	75.00元
公共管理中的量化方法：技术与应用（第三版）	［美］苏珊·韦尔奇 等 著 郝大海 等 译	39.00元
公共与非营利组织绩效考评：方法与应用	［美］西奥多·H·波伊斯特 著 肖鸣政 等 译	35.00元
政治体制中的行政法（第三版）	［美］肯尼思·F·沃伦 著 王丛虎 等 译	78.00元
政府与非营利组织会计（第12版）	［美］厄尔·R·威尔逊 等 著 荆新 等 译校	79.00元
政治科学的理论与方法（第二版）	［英］大卫·马什 等 编 景跃进 张小劲 欧阳景根 译	38.00元
公共管理的技巧（第九版）	［美］乔治·伯克利 等 著 丁煌 主译	59.00元
领导学：理论与实践（第五版）	［美］彼得·G·诺斯豪斯 著 吴爱明 陈爱明 陈晓明 译	48.00元
领导学（亚洲版）	［新加坡］林志颂 等 著 顾朋兰 等 译 丁进锋 校译	59.80元
领导学：个人发展与职场成功（第二版）	［美］克利夫·里科特斯 著 戴卫东 等 译 姜雪 校译	69.00元
二十一世纪的公共行政：挑战与改革	［美］菲利普·J·库珀 等 著 王巧玲 李文钊 译 毛寿龙 校	45.00元
行政学（新版）	［日］西尾胜 著 毛桂荣 等 译	35.00元
官僚政治（第五版）	［美］B·盖伊·彼得斯 著 聂露 等 译	39.80元
理解公共政策（第十二版）	［美］托马斯·R·戴伊 著 谢明 译	45.00元
公共政策导论（第三版）	［美］小约瑟夫·斯图尔特 等 著 韩红 译	35.00元
公共政策分析：理论与实践（第四版）	［美］戴维·L·韦默 等 著 刘伟 译校	待出
应急管理概论	［美］米切尔·K·林德尔 等 著 王宏伟 译	55.00元
公共行政导论（第六版）	［美］杰伊·M·沙夫里茨 等 著 刘俊生 等 译	65.00元
城市管理学：美国视角（第六版）	［美］戴维·R·摩根 等 著 杨宏山 陈建国 译 杨宏山 校	49.00元

书名	著译者	定价
公共经济学：政府在国家经济中的作用	［美］林德尔·G·霍尔库姆　著 顾建光　译	69.80 元
公共部门管理（第八版）	［美］格罗弗·斯塔林　著 常健 等　译　常健　校	75.00 元

公共管理实务系列

书名	著译者	定价
新有效公共管理者：在变革的政府中追求成功（第二版）	［美］史蒂文·科恩 等　著 王巧玲 等　译　张成福　校	28.00 元
驾御变革的浪潮：开发动荡时代的管理潜能	［加］加里斯·摩根　著 孙晓莉　译　刘霞　校	22.00 元
自上而下的政策制定	［美］托马斯·R·戴伊　著 鞠方安 等　译	23.00 元
政府全面质量管理：实践指南	［美］史蒂文·科恩 等　著 孔宪遂 等　译	25.00 元
公共部门标杆管理：突破政府绩效的瓶颈	［美］帕特里夏·基利 等　著 张定淮　译校	28.00 元
创建高绩效政府组织：公共管理实用指南	［美］马克·G·波波维奇　主编 孔宪遂 等　译　耿洪敏　校	23.00 元
职业优势：公共服务中的技能三角	［美］詹姆斯·S·鲍曼 等　著 张秀琴　译　音正权　校	19.00 元
全球筹款手册：NGO 及社区组织资源动员指南（第二版）	［美］米歇尔·诺顿　著 张秀琴 等　译　音正权　校	39.80 元

政府治理与改革系列

书名	著译者	定价
新公共服务：服务，而不是掌舵	［美］珍妮特·V·登哈特 罗伯特·B·登哈特　著 丁煌　译　丁煌　方兴　校	28.00 元
公共决策中的公民参与	［美］约翰·克莱顿·托马斯　著 孙柏瑛 等　译	28.00 元
再造政府	［美］戴维·奥斯本 等　著 谭功荣 等　译	45.00 元
构建虚拟政府：信息技术与制度创新	［美］简·E·芳汀　著 邵国松　译	32.00 元
突破官僚制：政府管理的新愿景	［美］麦克尔·巴泽雷　著 孔宪遂 等　译	25.00 元
政府未来的治理模式（中文修订版）	［美］B·盖伊·彼得斯　著 吴爱明 等　译　张成福　校	38.00 元
无缝隙政府：公共部门再造指南（中文修订版）	［美］拉塞尔·M·林登　著 汪大海 等　译	48.00 元
公民治理：引领 21 世纪的美国社区（中文修订版）	［美］理查德·C·博克斯　著 孙柏瑛 等　译	38.00 元
民营化与公私部门的伙伴关系	［美］E.S. 萨瓦斯　著 周志忍 等　译	39.00 元
持续创新：打造自发创新的政府和非营利组织	［美］保罗·C·莱特　著 张秀琴　译　音正权　校	28.00 元
政府改革手册：战略与工具	［美］戴维·奥斯本 等　著 谭功荣 等　译	59.00 元
公共部门的社会问责：理念探讨及模式分析	世界银行专家组　著 宋涛　译校	28.00 元

书名	著译者	定价
公私合作伙伴关系：基础设施供给和项目融资的全球革命	[英] 达霖·格里姆赛 等 著 济邦咨询公司 译	29.80 元
非政府组织问责：政治、原则与创新	[美] 丽莎·乔丹 等 主编 康晓光 等 译 冯利 校	32.00 元
市场与国家之间的发展政策：公民社会组织的可能性与界限	[德] 康保锐 著 隋学礼 译校	49.80 元
建设更好的政府：建立监控与评估系统	[澳] 凯思·麦基 著 丁煌 译 方兴 校	30.00 元

学术前沿系列

书名	著译者	定价
公共行政的精神（中文修订版）	[美] H·乔治·弗雷德里克森 著 张成福 等 译 张成福 校	48.00 元
后现代公共行政：话语指向（中文修订版）	[美] 查尔斯·J·福克斯 等 著 楚艳红 等 译 吴琼 校	38.00 元
公共行政的合法性：一种话语分析（中文修订版）	[美] O.C. 麦克斯怀特 著 吴琼 译	待出
公共行政的语言：官僚制、现代性和后现代性（中文修订版）	[美] 戴维·约翰·法默尔 著 吴琼 译	待出
官僚制内幕	[美] 安东尼·唐斯 著 郭小聪 等 译	38.00 元
领导学	[美] 詹姆斯·麦格雷戈·伯恩斯 著 常健 孙海云 等 译 常健 校	69.00 元
官僚经验：后现代主义的挑战（第五版）	[美] 拉尔夫·P·赫梅尔 著 韩红 译	待出
制度分析：理论与争议（第二版）	[韩] 河连燮 著 李秀峰 柴宝勇 译	待出
情绪劳动	[美] 玛丽·E·盖伊 等 著 周文霞 等 译	待出

案例系列

书名	著译者	定价
公共管理案例（第五版）	[美] 罗伯特·T·戈伦比威斯基 等 主编 汪大海 等 译	28.00 元
组织发展案例：环境、行为与组织变革	[美] 罗伯特·T·戈伦比威斯基 等 主编 杨爱华 等 译	29.00 元
公共部门人力资源管理案例	[美] T·赞恩·里夫斯 主编 句华 主译 孙柏瑛 统校	22.00 元
非营利组织管理案例与应用	[美] 罗伯特·T·戈伦比威斯基 等 主编 邓国胜 等 译	23.00 元
公共管理的法律案例分析	[美] 戴维·H·罗森布鲁姆 等 著 王丛虎 主译	33.00 元
公共政策分析案例（第二版）	[美] 乔治·M·格斯 等 著 王军霞 等 译	待出

学术经典系列

书名	著译者	定价
新公共行政	[美] H·乔治·弗雷德里克森 著 丁煌 方兴 译 丁煌 校	23.00 元

公共政策经典译丛

书名	著译者	定价
公共政策评估	［美］弗兰克·费希尔　著 吴爱明 等　译	38.00 元
议程、备选方案与公共政策（第二版）	［美］约翰·W·金登　著 丁煌　方兴　译	38.00 元
公共政策工具——对公共管理工具的评价	［美］B·盖伊·彼得斯 等　编 顾建光　译	29.80 元
第四代评估	［美］埃贡·G·古贝 等　著 秦霖 等　译　杨爱华　校	39.00 元
政策规划与评估方法	［加］梁鹤年　著 丁进锋　译	39.80 元

当代西方公共行政学思想经典译丛

书名	编译者	定价
公共行政学中的批判理论	戴黍　牛美丽 等　编译	29.00 元
公民参与	王巍　牛美丽　编译	45.00 元
公共行政学百年争论	颜昌武　马骏　编译	49.80 元
公共行政学中的伦理话语	罗蔚　周霞　编译	45.00 元

当代世界学术名著

书名	著译者	定价
政策悖论：政治决策中的艺术（修订版）	［美］德博拉·斯通　著 顾建光　译	58.00 元
公共行政的语言——官僚制、现代性和后现代性	［美］戴维·约翰·法默尔　著 吴琼　译	49.80 元
公共行政的精神	［美］乔治·弗雷德里克森　著 张成福 等　译	45.00 元
公共行政的合法性——一种话语分析	［美］O. C. 麦克斯怀特　著 吴琼　译	48.00 元

卓越领导

书名	著译者	定价
领袖	［美］詹姆斯·麦格雷戈·伯恩斯　著 常健 等　译	49.00 元
特立独行：从肯尼迪到小布什的总统领导艺术	［美］詹姆斯·麦格雷戈·伯恩斯　著 吴爱明 等　译	39.80 元
创新型领导艺术：激发团队创造力	［英］约翰·阿代尔　著 吴爱明 等　译	25.00 元
创造性思维艺术：激发个人创造力	［英］约翰·阿代尔　著 吴爱明 等　译	25.00 元

公共管理英文版教材系列

书名	作者	定价
公共管理导论（第三版）	［澳］Owen E. Hughes （欧文·E·休斯）　著	28.00 元
理解公共政策（第十二版）	［美］Thomas R. Dye （托马斯·R·戴伊）　著	34.00 元

书名	作者	定价
公共行政学经典（第五版）	［美］Jay M. Shafritz （杰伊·M·莎夫里茨）等　编	59.80 元
组织理论经典（第五版）	［美］Jay M. Shafritz （杰伊·M·莎夫里茨）等　编	46.00 元
公共政策导论（第三版）	［美］Joseph Stewart，Jr. （小约瑟夫·斯图尔特）等　著	35.00 元
公共部门管理导论（第六版）	［美］Grover Starling （戈文·斯塔林）　著	49.80 元
政治学（第三版）	［英］Andrew Heywood （安德鲁·海伍德）　著	35.00 元
公共行政导论（第五版）	［美］Jay M. Shafritz （杰伊·M·莎夫里茨）等　著	58.00 元
公共组织理论（第五版）	［美］Robert B. Denhardt （罗伯特·B·登哈特）　著	32.00 元
公共政策分析导论（第四版）	［美］William N. Dunn （威廉·N·邓恩）　著	45.00 元
公共部门人力资源管理：系统与战略（第六版）	［美］Donald E. Klingner （唐纳德·E·克林纳）等　著	待出
公共行政与公共事务（第十版）	［美］Nicholas Henry （尼古拉斯·亨利）　著	39.00 元
公共经济学：政府在国家经济中的作用	［美］Randall G. Holcombe （林德尔·G·霍尔库姆）　著	62.00 元

更多图书信息，请登录 www. crup. com. cn 查询，或联系中国人民大学出版社管理出版分社获取

地址：北京市海淀区中关村大街甲 59 号文化大厦 1501 室　　邮编：100872
电话：010－82501868　　传真：010－62514775
E-mail：glcbfs@crup. com. cn　　网站：http：//www. crup. com. cn

图书在版编目（CIP）数据

公共行政的精神/（美）弗雷德里克森著；张成福等译；张成福校．—2 版（修订本）．—北京：中国人民大学出版社，2012．12

（公共行政与公共管理经典译丛．学术前沿系列）

“十二五”国家重点图书出版规划项目

ISBN 978-7-300-16519-6

Ⅰ．①公… Ⅱ．①弗…②张… Ⅲ．①行政学-研究 Ⅳ．①D035

中国版本图书馆 CIP 数据核字（2012）第 308675 号

公共行政与公共管理经典译丛

学术前沿系列

“十二五”国家重点图书出版规划项目

公共行政的精神（中文修订版）

［美］H·乔治·弗雷德里克森（H. George Frederickson） 著

张成福 刘 霞 张 璋 孟庆存 译

张成福 校

Gonggong Xingzheng de Jingshen

出版发行	中国人民大学出版社		
社　　址	北京中关村大街 31 号	**邮政编码**	100080
电　　话	010－62511242（总编室）		010－62511770（质管部）
	010－82501766（邮购部）		010－62514148（门市部）
	010－62515195（发行公司）		010－62515275（盗版举报）
网　　址	http://www.crup.com.cn		
经　　销	新华书店		
印　　刷	天津鑫丰华印务有限公司	**版　　次**	2003 年 10 月第 1 版
			2013 年 1 月第 2 版
开　　本	787 mm×1092 mm　1/16		
印　　张	14 插页 2	**印　　次**	2024 年 6 月第 3 次印刷
字　　数	302 000	**定　　价**	68.00 元